WiKu ®

www.wiku-verlag.de

Markus Bratke

Lehrkommentar Logistikrecht

Nationales & internationales Transport- und Lagerprivatrecht
samt kurzer Einführung in das deutsch-europäische
Genehmigungsrecht im Hinblick auf die EU-Osterweiterung

Inkl. 59 Abbildungen und Tabellen

WiKu ®

Bildnachweis Cover:

Bimodalhafen Ladbergen/Münsterland

Mit freundlicher Genehmigung der Firma
M. Oelrich GmbH & Co, Ladbergen

ISBN 3-86553-139-3

Printed in Germany

Inhaltsverzeichnis

Abbildungsverzeichnis

Tabellenverzeichnis

Abkürzungsverzeichnis

AA	Auswärtiges Amt
a. a. O.	am angegebenen Ort
a.D.	Anno Domini, lateinisch: im Jahre des Herrn – für Jahresangaben
ABl.	Amtsblatt
Abs.	Absatz
abw.	abweichend
ADSP	allgemeine deutsche Speditionsbedingungen
a.F.	alte Fassung
AG	Amtsgericht
AGB	Allgemeine Geschäftsbedingungen
allg.	allgemein
Alt.	Alternative
Anm.	Anmerkung
Art.	Artikel
Aufl.	Auflage
Bd.	Band, Bände
bes.	besonders
BG	Bundesgericht
BGL	Bundesverband Güterkraftverkehr Logistik und Entsorgung e. V.
BGB	Bürgerliches Gesetzblatt
BGBl	Bundesgesetzblatt
BGHZ	Entscheidungen des Bundesgerichtshofs in Zivilsachen
BinSchG	Binnenschifffahrtsgesetz
BinSchLV	Binnenschifffahrts-Liegeverordnung
Bl.	Blatt
BVerfG	Bundesverfassungsgericht
BVerfGE	Entscheidungssammlung des Bundesverfassungsgerichts
bzgl.	bezüglich
bzw.	beziehungsweise
CMR	internationales Straßengüterübereinkommen
CIM	internationales Eisenbahnüberkommen
CLNI	internationales Binnenschifffahrtsübereinkommen
ders.	derselbe
d. h.	das heisst
dies.	dieselbe
EGBGB	Einführungsgesetz zum Bürgerlichen Gesetzbuch
EGHGB	Einführungsgesetz zum Handelsgesetzbuch
Einf.	Einführung
Einl.	Einleitung
EuGH	Europäischer Gerichtshof
EuZW	Europäische Zeitschrift für Wirtschaftsrecht
Exw.	Ex works, Englisch: Ab Werk
f.	folgende Seiten oder Paragraphen
ff.	mehrere folgende Seiten oder Paragraphen
Fn.	Fussnote
FS	Festschrift
FL	Finanzielle Leistungsfähigkeit
GBl.	Gesetzblatt
gem.	gemäß

grds.	grundsätzlich
GüKG	Güterkraftverkehrsgesetz
HGB	Handelsgesetzbuch
h. M.	herrschende Meinung
Hrsg.	Herausgeber
HS	Halbsatz
H-VR	Hague-Visby Rules
int.	international
i. d. F.	in der Fassung
IHK	Industrie und Handelskammer
i. V. m.	in Verbindung mit
insb.	insbesondere
IWF	Internationaler Währungsfond
LG	Landgericht
LFF	Luftfrachtführer
MOE	Mittel-Osteuropa
MÜ	Montrealer Übereinkunft
MüKo	Münchener Kommentar zum BGB
n. F.	neue Fassung
NJW	Neue Juristische Wochenschrift
NJW-RR	NJW Rechtsprechungsreport Zivilrecht
NZV	Neue Zeitschrift für Verkehrsrecht
OLG	Oberlandesgericht
Rspr.	Rechtsprechung
Rdnr.	Randnummer
S.	Seite
SE	Schadensersatz
SHR	Seehandelsrecht
s.o.	siehe oben
sog.	sogenannte
StVG	Straßenverkehrsgesetz
s.u.	siehe unten
TIR	Transport International par Route (Zollübereinkommen über den internationalen Warentransport)
TranspR	Transportrecht
u. a.	unter anderem
UN	Unternehmen
UNIDROIT	Internationale Kaufrechtsorganisation
usw.	und so weiter
u. U.	unter Umständen
VersR	Versicherungsrecht – Juristische Rundschau für die Individualversicherung
vgl.	vergleiche
VGBL	Vertragsbedingungen für den Güterkraftverkehrs- und Logistikunternehmer
vs.	versus, lateinisch: gegen
VWZ	Verkehrswirtschaftliche Zahlen
WA	Warschauer Abkommen
WÜ	Wiener Übereinkommen
z. B.	zum Beispiel
ZAG	Zusatzabkommen von Guadajarala

1 Einleitung

Die Europäische Union (*EU*) mit ihren nunmehr 25 Mitgliedstaaten wächst stetig zusammen und erweitert sich dabei kontinuierlich. Beide politische Prozesse als auch die anhaltende Globalisierung ermöglichen und bedingen zugleich einen erhöhten Güteraustausch zwischen den Nationen. Folglich erwächst dem hiermit zusammenhängenden Rechtsgebiet, des Logistikrecht, auf nationaler wie auch internationaler Ebene, eine immer größere Bedeutung.

Für die Transportbranche ist es deshalb von großer Wichtigkeit, über jene Chancen und Risiken informiert zu sein, die sich durch eine Partizipation am Transportmarkt ergeben. Die vorliegende Ausarbeitung will ihren Teil hierzu leisten, indem sie dem Praktiker als auch Studenten in das deutsche wie auch international geltende Transport- und Logistikrecht einführt, welches den Handlungsspielraum für die Unternehmen vorgibt.

Die im Mai 2004 stattgefundene EU-Osterweiterung hat ebenso Auswirkungen auf die Zielgruppe dieser Ausarbeitung, da der innerdeutsche Transportmarkt künftig zunehmend interessanter für ausländische Transportdienstleister werden könnte. Im Gegenzug dazu verhält es sich natürlich ähnlich für expansiv-orientierte deutsche Fuhrunternehmen, die sich in den internationalen Verkehrsbereich vorwagen möchten. Um den speziellen Informationsbedürfnissen dieser Gruppen Rechnung zu tragen, wird mit Kapitel zwei eine kurze Einführung in die relevanten Vorschriften betreffend dem Marktzugang für ausländische Transporteure und Anwendung des deutschen Frachtrechts gegeben. Es dient sozusagen für jene Gruppen als logische Herleitung auf das Kernthema dieser Ausarbeitung hin, dem deutschen und internationalen privaten Frachtrecht.

Das Frachtrecht in Deutschland wurde durch das Transportrechts-Reformgesetz (*TRG*) 1998 grundlegend neu geordnet, wobei fortan dem vierten Buch des Handelsgesetzbuches (*HGB*) eine zentrale Rolle erwächst. Im gleichen Zuge wurden Gesetze wie die KVO zusammengestrichen oder komplett verworfen. Nun soll ein Regelwerk vorliegen, dass ein einheitliches Recht über die wichtigsten Verkehrsträger, exkl. der Seeschifffahrt, schafft

Analog zum deutschen Frachtrecht wird im dritten Kapitel zudem das internationale Frachtrecht betrachtet, welches als Vorbild für das deutsche Transportrecht im Sinne der Rechtsvereinheitlichung gedient haben könnte. Hier wird neben der Schaffung eines allgemeinen Überblicks besonderer Wert auf die Herausarbeitung der Unterschiede zum deutschen Frachtrecht gelegt.

Besonders interessant für viele Einsteiger in die Logistik ist das vierte Kapitel, indem kurz und bündig die beiden wichtigsten Geschäfte im Logistikgewerbe, der Transport- und Lagerbereich, juristisch und organisatorisch ausgeleuchtet werden. Hier kann auch auf komplizierte Haftungsrechtsfiguren verzichtet werden, wenn es darum geht, aufzuzeigen, was bspw. bei einem ordentlichen Transport beachtet werden muss. Der geneigte Leser des dritten Kapitels erblickt häufig dabei förmlich die aus dem Haftungsrecht strafbewährten Tatbestände, diesmal positiv als Pflicht ausgedrückt, wieder.

2 Deutsch-Europäischer Transportmarkt und EU-Expansion

Wie eingangs bereits erläutert, macht Europa im Zuge der weiteren Integration und Rechtsvereinheitlichung auch vor einer gemeinsamen Verkehrspolitik nicht Halt. Vor diesem Hintergrund kann die Verkehrspolitik nicht mehr nur national isoliert betrachtet werden; vielmehr wirken sich immer mehr Brüsseler Bestimmungen auf den deutschen Transportmarkt aus. Neben diesem Trend der Vertiefung und Ausweitung der Regelwerke bestimmt ein weiterer wichtiger Faktor zurzeit die Arbeit der EU: Ihre dritte Osterweiterung[1]. Grund und Anlass genug den derzeitigen und künftigen nationalen Transportmarkt aus Sicht in- und ausländischer Logistikdienstleister genauer unter die Lupe zu nehmen.

Mit dem 1. Mai 2004 wurden nicht nur über Nacht zehn neue Länder in die EU aufgenommen[2] - aus wirtschafts- und verkehrspolitischer Sicht wurde vielmehr die zweite von drei Phasen der Integration der Beitrittsstaaten auf den europäischen Transportmärkten eingeläutet:

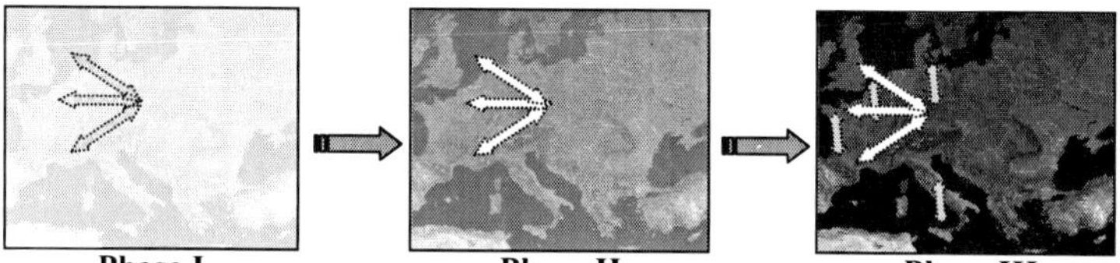

Phase I	Phase II	Phase III
≈ 90 Jahre	1 Mai 2004	< 2009 / 2011

Abb. 2.1: Phasen der dritten EU-Osterweiterung

Die Phasen zur vollständigen Liberalisierung des europäischen Gütermarktes stellen sich wie folgt dar:

Phase I

Vor und während der ersten Phase unterlag der internationale Güterfernverkehr mit den osteuropäischen Nachbarn bürokratischen Hürden. So mussten beispielsweise bilaterale Transportgenehmigungen, Fahrtgenehmigungen, Transit-

[1] Beitrittsstaaten 01. 05. 2004: Estland, Lettland, Litauen, Malta, Polen, Slowakei, Slowenien, Tschechien, Ungarn und der griechische Teil Zyperns.

[2] Die geplante vierte EU-Osterweiterung 2007 mit den Beitrittsländern Bulgarien und Rumänien wird hier expliziert nicht berücksichtigt, wobei das Integrationsverfahren wahrscheinlich weitgehend analog verläuft.

genehmigungen, bzw. CEMT- Genehmigungen[3] eingeholt werden, um den Warenverkehr in und von diesen Destinationen durchzuführen (*hellblaue Pfeile*).[4] Diese erhöhten den administrativen Aufwand erheblich, zudem unterlagen diese Genehmigungen oftmals Kontingenten,[5] sodass nicht jedes Unternehmen, welches die qualitativen Kriterien[6] erfüllte, zu derlei Beförderungen befugt wurde. Die Einführung der relativ bekannten Eurolizenz (*auch Gemeinschaftslizenz*) durch die Verordnung (EWG) Nr. 881/92 im Jahre 1992 führte dazu, dass ab 1993 praktisch jedes europäische Transportunternehmen grenzüberschreitende Verkehre innerhalb der EU durchführen durfte.[7] Für Verkehre mit den damaligen Beitrittskandidaten änderte sich dadurch jedoch nichts Wesentliches.

Die zweite zur Zeit noch weitaus unbedeutsamere Klasse der „pseudo-internationalen" Güterbeförderungen war indes nur den alten Mitgliedstaaten (EU-15), ebenfalls unter Einschränkungen, vorbehalten. Bei der Kabotage handelt es sich um inländische Güterbeförderungen eines ausländischen Transporteurs, also z. B. immer dann wenn ein italienischer Dienstleister etwas von Hamburg nach München transportiert. Geregelt wird die Kabotage auf europäischer Ebene seit 1994 durch die Verordnung (EWG) Nr. 3118/93, mit der diese Verkehre für Inhaber einer Euro-Lizenz schrittweise bis Mitte 1998 völlig freigegeben wurden. Hiervon waren aber die osteuropäischen Transporteure zu diesem Zeitpunkt natürlich ausgeschlossen, da sie nicht Mitglied der EU waren.

Um fortan den grenzüberschreitenden und Kabotage-Verkehr mit den Osteuropäern ebenso zu regeln, bedurfte es der Vollmitgliedschaft, die natürlich nicht nur aus verkehrspolitischen Gründen angestrebt wurde. Anfang bis Mitte der 90er Jahre nahm die EU Beitrittsverhandlungen mit den zehn nunmehr neuen Mitgliedsstaaten auf, die von Harmonisierungs- und Assoziierungsabkommen[8] flankiert wurden. Diese Maßnahmen hatten die Absicht, die neuen Beitrittsländer auf eine Integration vorzubereiten, denn hierfür mussten jene die

---

3 Abk. (frz.): Conférence Européene des Ministres des Transport.

4 Vgl. § 6 I-IV GüKG zur Befreiung von der Erlaubnispflicht.

5 Vgl. *BAG, CEMT-Genehmigungen* S.8. Die Kontingente gelten aber weiterhin für Nicht-EU-Mitgliedsstaaten.

6 Vgl. §§ 4 I, 8 Verordnung über den grenzüberschreitenden Güterkraftverkehr und Kabotageverkehr; Genaue Übersicht vgl. *BAG, Genehmigungserfordernisse* S. 3f.

7 Wenn es wiederum die BAG-Kriterien bzw. der Richtlinie 74/561/EWG n.F. erfüllt. Vgl. *BAG, Genehmigungserfordernisse*.

8 Vgl. *EG, Erweiterung*.

Kopenhagener-Kriterien von 1993[9] erfüllen. Sie teilen sich in drei Hauptgruppen auf:

Politische Kriterien

- institutionelle Stabilität
- demokratische und rechtsstaatliche Ordnung
- Wahrung der Menschenrechte sowie Achtung und Schutz von Minderheiten

Wirtschaftliche Kriterien

- funktionsfähige Marktwirtschaft
- die Fähigkeit, dem Wettbewerbsdruck innerhalb des EU-Binnenmarkts standzuhalten

Aquis-Kriterium

- Die Fähigkeit, sich die aus einer EU-Mitgliedschaft erwachsenden Verpflichtungen und Ziele zu Eigen zu machen

Phase II

Durch den Beitritt am 1. Mai 2004 wurde die zweite Phase des Übergangs mit dem wichtigsten Punkt, der weitgehenden Übernahme des gemeinschaftlichen Besitzstands am europäischen Gemeinschaftsrecht (*aquis communautaire*), eingeläutet.[10] Zum Schutz der bisherigen und neuen Binnenwirtschaften wurden in vielen Bereichen Übergangsregelungen geschaffen, so auch für das Güterverkehrsgewerbe.[11]

Mit dem Beitrittsdatum wurde das bisherige System der bisherigen einzelnen bilateralen Genehmigungen gegenstandslos. Seitdem sind osteuropäische Transportteure genauso wie ihre Wettbewerber aus den alten Mitgliedsstaaten berechtigt, mit einer Eurolizenz aus ihrem Heimatland Verkehre nach und durch Westeuropa durchzuführen. Gleiches gilt natürlich auch in die Gegenrichtung. Durch diese Maßnahme wurden Beförderungen erheblich vereinfacht (*weiße Pfeile*).

Für die Kabotage wurden im Gegensatz zum grenzüberschreitenden Verkehr Schutzvorschriften erlassen, welche in den einzelnen nationalen Anhängen der EU-Beitrittsakte hinterlegt sind.

---

9 Vgl. *AA, Kopenhagener Kriterien 1993.*

10 Vgl. *EG, Beitrittsakte 2003* – erster Teil.

11 *Beitrittsakte 2003 Art. 60* i.V.m. Anhängen V – XIV; vgl. *EG, Beitrittsakte 2003* – erster Teil & *EG, Beitrittsakte 2003* – Anhänge V-XIV /Übergangsfristen Beitrittsländer.

Phase III

Nach Beendigung dieser Schutzvorschriften, die vertraglich auf max. fünf bzw. sieben Jahre begrenzt sind, beginnt die dritte Phase der vollständigen Liberalisierung der Gütermarktes, auch in Hinsicht auf die Kabotage (*2009 a. D.*). Dann dürfen alle europäischen Unternehmen, die eine Euro-Lizenz besitzen, Kabotageleistungen in anderen EU-Ländern anbieten (*graue, kurze Pfeile*).

2.1 Transportmarkt und Verkehrsentwicklung

Der deutsche Güterverkehrsmarkt unterliegt durch marktwirtschaftlichen und politischen Veränderungen einer hohen Dynamik. Doch zunächst einmal ist es bedeutsam zu wissen, wie wichtig überhaupt der Transportmarkt in Bezug auf logistische Dienstleistungen[12] ist und welche Verkehrsträger den Löwenanteil in der Güterbeförderung ausmachen.

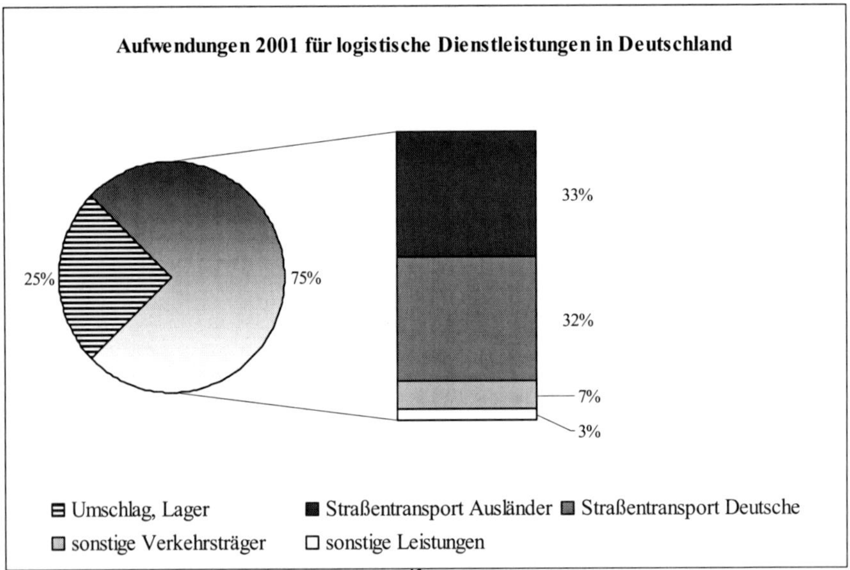

Abb. 2.2: Logistiksektor nach Bereichen[13]

[12] Definition: Traditionell fasst man unter dem Logistikbegriff im engeren Sinne alle produktionsexternen Aktivitäten des Transports, des Umsortierens und Umschlagens, der Kommissionierung und der Lagerung zusammen; vgl. *Klaus, Top 100 der Logistik*, S. 5.

[13] Vgl. *BAG, Sonderbericht Strukturwandel 2004* S. 20.

Der deutsche Logistikmarkt ist hauptsächlich in zwei Sektoren unterteilt, den Lager und Umschlagsbereich mit vielen Anknüpfungspunkten zur Intralogistik, und dem klassischen Transportgewerbe, welches oftmals auch als Extralogistik bezeichnet wird. Dabei machen die Aufwendungen, bzw. Erlöse allein im Transportgewerbe ¾ (≈*112 Mrd. Euro*) des gesamten Logistikmarktvolumens (≈ *150 Mrd. Euro*) aus. Der Lagerbereich schlägt immerhin noch mit ¼ zu Buche.[14] Zwar fehlen neuere Erhebungen, aber es ist davon auszugehen, dass sich die Relationen nicht allzu sehr verschoben haben dürften.[15]

Hieraus ergibt sich die überaus wichtige Bedeutung des Transportsektors für den Logistikmarkt. Aus dieser monetären Betrachtung haben die Straßentransporte den größten Anteil; die sonstigen Leistungen wie Auftragsabwicklung, Logistikplanung und Administration schaffen es nur auf geringe drei Prozent.

14 Vgl. *BAG, Sonderbericht Strukturwandel 2004* S. 3.

15 Annahme aufgrund gegenläufiger Entwicklungen – hin zu mehr Transporten durch erhöhten Güteraustausch und Just-In-Time Konzepten (*JIT*) einerseits, andererseits aber auch effektiveres und intelligentes Warenmanagement sowie internationales Modular-Sourcing, also der Bezug von ganzen Baugruppen anstatt Einzelteilen von vielen Lieferanten.

Interessant ist daher ein vertiefter, mengenmäßiger Blick auf das Transportgewerbe, wozu natürlich auch Straßentransporte von Ausländern mit Anknüpfungspunkten in Deutschland (*Be- und Entladen*) zählen:

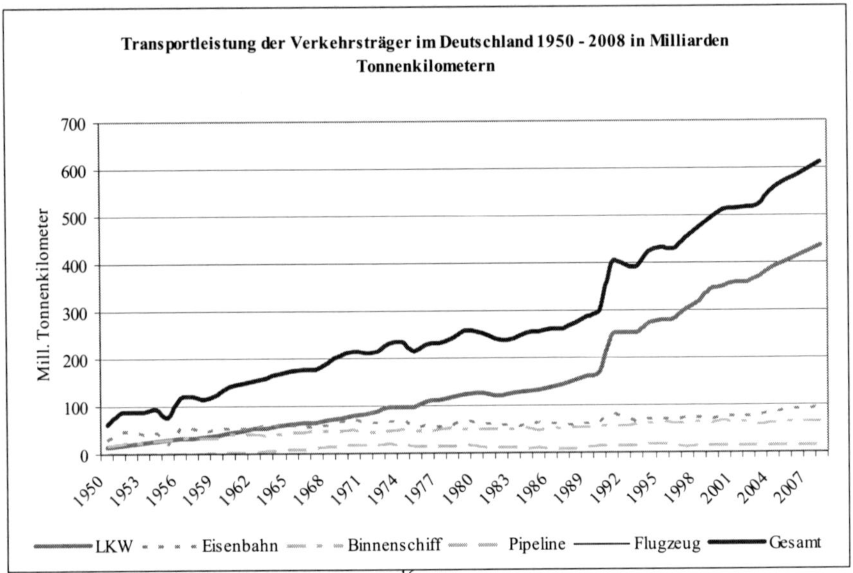

Abb. 2.3: Modal-Split im Güterverkehr[16]

Hier ist es der Straßentransport, der sich seit Beginn der Bundesrepublik Deutschland (*BRD*), hinsichtlich der verfrachteten Tonnage-Mengen – ausgelassen – und Tonnenkilometer zum Hauptverkehrsträger entwickelt hat.[17] Zurzeit werden etwa 82 % der Tonnagemengen bzw. 70,3 % der Tonnenkilometerleistung (*Tkm*) über die Straße abgewickelt. Die Eisenbahn mit 8,5 % bzw. 15,6 % und Binnenschifffahrt mit 6,4 % bzw. 11,1% werden auf die Plätze Zwei und Drei verwiesen. Das Flugzeug tritt als nennenswerter Güterbeförderer demgegenüber mit 0,1 % bzw. 0,2 % überhaupt nicht in Erscheinung. Bemerkenswert ist die relative Dominanz der Straße im Vergleich – Änderungen etwa konjunktureller Art schlagen voll auf die Gesamtleistung des Marktes durch. Eisenbahn und Binnenschifffahrt entwickeln sich hingegen gleichbleibend stagnativ, mit nur eher geringen Zuwächsen.

---

16 Vgl. *BGL, Daten & Fakten – Transportleistung*.

17 Bei Anwendung der Tonnage als Maßstab spielt es keine Rolle, ob eine Sendung nur einen Kilometer oder 100 Kilometer bewegt wird. Dies wird beim relativen Maß der Tonnenkilometer berücksichtigt. Hier zählt ein Güterzug mit 100 Tonnen Frachtgewicht auf einer Strecke von 100 Kilometern ebensoviel wie 2 LKW´s mit je 20 Tonnen Zuladung auf einer Strecke von 250 Kilometern.

Fortan stellt sich die Frage, wie der deutsche Straßentransportmarkt strukturiert und welchen Einflüssen er derzeit unterworfen ist. Auf der einen Seite gibt es Entwicklungstendenzen hin zu immer höherwertigen Logistikdienstleistungen, andererseits bringt die EU-Osterweiterung ein höheres Güterverkehrsaufkommen mit sich. Dies alles hat Auswirkungen auf die erzielten Mengen in den einzelnen Sparten, wovon generell drei unterschieden werden: der innerdeutsche Güterverkehr, der grenzüberschreitende Güterverkehr mit Inlandsberührung[18] und der Kabotageverkehr (*innerdeutsche Verkehr durch Ausländer*).

In den letzten Jahren ergab sich folgende Verteilung:

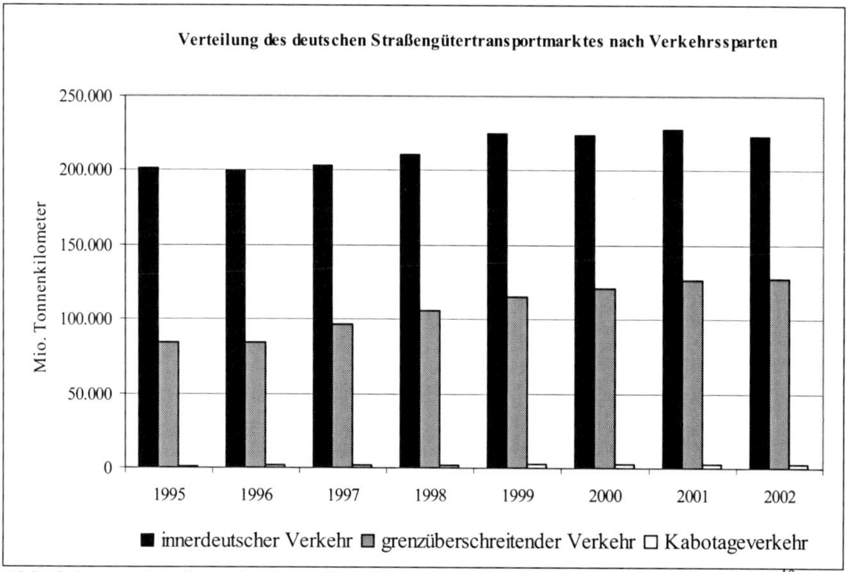

Abb. 2.4: Verteilung des deutschen Straßentransportmarktes nach Verkehrssparten[19]

Der Inlandsverkehr bildet mit etwa 222 Mill. Tkm (≈ *60 % in 2002*) klar das Schwergewicht hinsichtlich der Sparteneinteilung des nationalen Straßentransportmarktes, vor den grenzüberschreitenden Verkehren mit 127 Mill. Tkm. Dabei geht man davon aus, dass ein Großteil dieser länderübergreifenden

18 Dem grenzüberschreitenden Verkehr wird aus Vereinfachungsgründen der sog. Dreiländerverkehr (*z.B. Belgier transportiert von Deutschland nach England*) zugeordnet. Der sog. Transitverkehr (*z.B. von Polen nach England*) wird aber nicht den grenzüberschreitenden Transporten zugerechnet.

19 Daten zusammengestellt, teilw. antizipiert - Vgl. Eurostat EG, Entwicklung des Güterkraftverkehrs 90 – 02 S. 6, *EG, Kommissionsbericht zur Umsetzung der Kabotageverordnung* S. 18, BGL, VWZ 2002 S. 37.

Transporte von ausländischen Unternehmen durchgeführt wird (*70 – 90 %*).[20] Den prozentual geringsten Anteil von nur 1,3 % (*2002*) erreichen die Kabotagetransporte, wenngleich sie die höchsten relativen Wachstumsraten für sich verbuchen konnten.

Gerade die „Öffnung“ der Grenzen, besonders im Hinblick auf grenzüberschreitende Verkehre für Transportunternehmen aus den neuen Mitgliedstaaten, brachte neue Chancen und Gefahren für das deutsche Transportgewerbe mit sich. Zwar waren die Grenzen zu den MOE-Staaten auch vor der EU-Osterweiterung für Transporte durchlässig, doch führte der Wegfall von Zollgrenzkontrollen und anderen Erschwernissen zu erheblichen Erleichterungen.[21] Die Abfertigung an den ehemals wichtigen Außengrenzen mit den Beitrittsstaaten (*Deutschland – Polen; Deutschland – Tschechien; Österreich – Ungarn*), die oftmals bis zu zwanzig Stunden währte, ist nun erheblich verkürzt worden, sodass es zu immer mehr Rundläufen kommt. Dadurch ist das Verkehrsaufkommen an den großen Zollgrenzstationen teilweise um hundert und mehr Prozent angestiegen.[22]

Hierdurch erschließen sich zum einem allgemeinwirtschaftlich neue Märkte mit größeren Absatzchancen für Produkte, was zur Folge hat, dass die Nachfrage nach Transportdienstleistungen stetig steigt. Andererseits können deutsche Transportunternehmen aufgrund ihres höheren Kostenniveaus (*Löhne / Abgaben / Versicherungen*) verglichen mit ihren osteuropäischen Wettbewerbern nur schlecht den entstehenden Preisdruck für Transporte standhalten. Dies führt dazu, dass etwa 95 % der Beförderungsleistungen im grenzüberschreitenden Straßengüterverkehr zwischen Deutschland und Mittel-Osteuropa (*MOE*) von osteuropäischen Unternehmen abgewickelt werden. Aber auch im internationalen Bereich mit anderen Ländern ergibt sich ein ähnliches Bild – diese Transporte werden ebenfalls zu 75 % von ausländischen Unternehmen bedient. Trotz dieser im Vergleich schlechteren Ausgangslage konnten auch deutsche Transporteure moderate Umsatzsteigerungen wegen der allg. erhöhten Verkehrsnachfrage in diesem Segment erzielen.[23]

---

[20] Vgl. *BAG, Sonderbericht EU-Osterweiterung 2004* S.6; vgl. BAG, Marktbeobachtung Güterverkehr 2004 S. 9; vgl. *BGL, VWZ 2002* S. 55.

[21] Zum Beispiel Carnet TIR Verfahren nach dem TIR-Übereinkommen von 1975 – n.F. 17.12.1999, dem 63 Staaten inkl. der EU als Vertragsparteien angehören.

[22] Vgl. *BAG, EU-Osterweiterung 2004* S. 6 ff. .

[23] Vgl. *BAG, Marktbeobachtung Güterverkehr* S. 5.

Der inländische Transportmarkt stellt sich komplett anders dar. Hier nehmen deutsche Transporteure *(mit Sitz in der BRD)* eine Vormachtstellung ein und beherrschen dieses Geschäftsfeld. Der Anteil fremdländischer Unternehmen (*Kabotageanbieter*) bewegte sich in den letzten Jahren bei etwa einem Prozent, sodass 99 % des Transportvolumens an deutsche Unternehmen vergeben wurden. Dies liegt nur zum Teil an den rechtlichen Rahmenbedingungen, da die Kabotagekontingentierung von 1994 für Deutschland schrittweise mit den bisherigen EU-15 Ländern 1998 aufgehoben wurde.[24] Zu einem stark erhöhtem Aufkommen kam es bisher nicht, da die deutschen Grenzstaaten (*Dänemark, Benelux, Frankreich, Österreich*), welche Kabotageverkehre in Deutschland theoretisch sinnvoll anbieten könnten, keine nennenswerten Kostenvorteile besitzen. Diesem Umstand trägt auch der entsprechende Kommissionsbericht aus dem Jahr 2000 Rechnung, indem er fortan nur noch sporadische Marktbeobachtungen empfiehlt, um den Prüferfordernissen der Kabotageverordnung (Art. 12 III Nr.2 (EWG) Nr. 3318/93) gerecht zu werden.[25]

Aus der hohen Bedeutung der Straße am Gesamtgüterverkehr erklärt sich auch aus wirtschaftlicher Sicht die Fokussierung dieser Arbeit auf die juristischen Aspekte dieses Verkehrsträgers.

2.2 Rechtliche Rahmenbedingungen

Gleichwohl für den Transporteur als auch seinen Auftraggeber stellt sich aus dem steigenden Gütertransportaufkommen immer häufiger die oftmals entscheidende Frage der juristischen Beurteilung eines abgeschlossenen Vertrags. Dies kann nämlich unter Umständen erhebliche Konsequenzen für einen etwaigen späteren Streit- und Schadensfall mit sich bringen. Deshalb ist es von größter Bedeutung zu wissen, welches Recht eine Streitigkeit im Zweifelsfalle nach sich zieht. Juristisch betrachtet unterliegen die drei Verkehre (*inländische Transporte / grenzüberschreitende EU-Binnentransporte / inländische Kabotage*) normalerweise unterschiedlichen Regelwerken.

24 Vgl. Art. 12 II (EWG) Nr. 3318/93.

25 Vgl. EG, Kommissionsbericht zur Umsetzung der Kabotageverordnung S. 11.

Bei inländischen nationalen Verkehren, egal mit welchem Verkehrsträger, kommt prinzipiell deutsches HGB-Recht zur Geltung, da ausschließlich bundesdeutsches Hoheitsgebiet von inländischen Unternehmen (*Unternehmen, die in Deutschland ansässig sind*) bedient wird. Hier ist die Rechtswahl normalerweise klar.[26]

Für internationale Transporte gelten üblicherweise verkehrsträgerbezogene Übereinkommen. Dies deshalb, da sie normalerweise durch Ratifizierungen der teilnehmenden Staaten ein zwingendes Recht darstellen, welches auch nicht in Gänze durch individuelle Vereinbarungen abgedungen werden kann. Zu nennen sind hier vor allem die CMR[27] (*Straße*), CIM / COTIF[28] (*Eisenbahn*), WA/MÜ[29] (Luft) sowie Hamburg Rules / Hague-Visby Rules (*See*). Kommt es zu Rechtslücken in den einzelnen Übereinkommen und führt die Rechtsauslegung des Regelungswerkes immer noch zu keiner Vervollständigung, so ist es üblich, eine Lücke durch Rückgriff auf den Zusammenhang der Einzelvorschriften zu füllen. Dabei ist es natürlich klar, dass über diese Art und Weise der Rechtsfortbildung keine bewusst vormals offen gelassenen Lücken geschlossen werden.[30] Erst wenn diese Möglichkeiten ausgeschöpft sind, kann nationales - nicht unbedingt deutsches - Recht über die Kollisionsnormen des internationalen Privatrechts (*IPR*) angewendet werden. In Deutschland regelt das Einführungsgesetz zum Bürgerlichen Gesetzbuch (*EGBGB*) über seine Kollisionsnormen, welcher Staat und welches Recht zur Beurteilung einer weitergehenden Fragestellung herangezogen wird.[31]

Die wichtige Frage der Rechtsanwendung auf Kabotageverträge, etwa wenn eine Hamburgische Handelsfirma ihre Kunden in München und Nürnberg über einen niederländischen Dienstleister beliefern lässt, kann eingangs über das vorhandene EU-Recht und ergänzend per IPR beantwortet werden. Laut Art. 6 I Nr. 1 (EWG) Nr. 3318/93 unterliegen die Preise und Bedingungen des Beförderungsvertrags den Rechts- und Verwaltungsvorschriften des Aufnahmemitgliedstaates, also dem Land, im dem die Kabotage durchgeführt wird. Da die Bedingungen für Güterbeförderungsverträge in Deutschland über das HGB

---

[26] Die Frage der qualitativen Beurteilung, ob tatsächlich HGB, BGB oder ergänzendes AGB-Recht zum Zuge kommt, wird an dieser Stelle zunächst zurückgestellt, vgl. hierzu. Kap. 3.1.

[27] Abk. (frz.): Convention relative au Contract de Transport international par route (CMR) – zu zwingendem Recht der CMR vgl. Art. 1 I S1 CMR i.V.m. Art. 3 II S1 EGBGB.

[28] Abk. (frz.): Règles uniformes concernant le contrat de transport international ferroviaire des marchandises (COTIF / CIM).

[29] Warschauer Abkommen / Madrider Übereinkunft (WA / MÜ).

[30] Vgl. *Herber, CMR* S. 56 Rdnr. 16 f. .

[31] Vgl. *Palandt, Kurz-Kommentar BGB* S. 2340 Rdnr. 6.

geregelt werden, ist dieses demnach anzuwenden.[32] Dem entspricht auch Art. 3 II S2 EGBGB, in dem europäische Regelungen in Rechtsakten unberührt bleiben und somit also auch den Kollisionsnormen des IPR vorgehen.[33]

Im Zweifelsfalle könnte es natürlich strittig werden, ob ein Konflikt überhaupt den angesprochenen Fällen der „Preisen und Bedingungen" zuzurechnen ist. Würde dies verneint, wäre die Verweisfrage aus der Sicht eines deutschen Gerichtes demnach wieder über das EGBGB gem. Art. 27 f. zu lösen. Hiernach könnten die Parteien das anwendbare Recht zunächst frei wählen.[34] Tun sie das nicht, greift Art. 28 EGBGB ein. Die nach h. M. den Abs. 2 verdrängende spezielle Vermutung des Abs. 4 für Gütertransportverträge greift nur ein, wenn sich im Staate der Niederlassung des Transporteurs (*Ausland*) auch der Verlade- oder Entladeort, bzw. die Hauptniederlassung des Absenders befindet, was bei der Kabotage aber nicht der Fall ist. Deshalb bleibt nur die Grundregel des Art. 28 I, II EGBGB. Die danach maßgebende „engste" Verbindung dürfe zu Deutschland bestehen, da der Transport dort seinen Ausgang nimmt und auch sein Ende findet und auch der Vertragspartner des Transportunternehmens (*Absender*) ein inländisches Unternehmens ist.[35]

Allgemein kann deshalb gesagt werden, dass im Regelfall Kabotageverträge deutschem Transportrecht unterliegen. Das HGB-Frachtrecht ist also nicht nur für nationale, sondern subsidiär auch für internationale Transporte, bzw. Transporte mit internationalen Bezügen zuständig. Folgerichtig wird die Zuständigkeit des vierten Abschnitts des HGB auch nicht auf Deutschland beschränkt, etwa durch Art 2 I EGHGB, welcher im Umkehrschluss eher die Einlasspforte für Zuweisungen aus dem EGBGB darstellt.

2.3 Marktzugangsregelungen

Nachdem geklärt wurde, welchem Recht die verschiedenen Verkehre unterliegen, ist es für potentielle wie auch eingesessene Dienstleister wichtig, etwas über Zugangsregelungen in den jeweiligen Marktsegmenten zu erfahren. Diese Zugangsregelungen sollen den Wettbewerb vor unerwünschten Marktstörungen als auch die Vertragspartner vor negativen Folgen schützen.

---

32 Vgl. *Fremuth, Kommentar zum Transportrecht* S. 17 f. Rdnr. 53.
33 Vgl. *Palandt, Kurz-Kommentar BGB* S. 2340 Rdnr. 10-12.
34 Allerdings nur für den Vertragsbestandteil, der lt. Kabotageverordnung sowieso nicht schon deutschem Recht untersteht – vgl. *Palandt, Kurz-Kommentar BGB* S. 2446 f. Rdnr. 4.
35 Vgl. *Palandt, Kurz-Kommentar BGB* S. 2448 ff. Rdnr. 1,2,6 .

Die EU hat diesbezüglich nach und nach Regelungen entwickelt, die den Güterverkehr auf europäischer Ebene möglichst einheitlich regeln und ordnen sollen. Bereits im Gründungsvertrag der Europäischen Gemeinschaft von 1957 wurde den Besonderheiten, die Verkehrsdienstleistungen gegenüber allg. Dienstleistungen nach sich ziehen, Rechnung getragen. Ihnen wurde ein eigener Titel im besagten Vertragswerk gewidmet. In Art. 71 wurde die Grundlage für nachfolgende gemeinsame Richtlinien (*Kontingentierungen, Berufszugang, …*) bez. der EU-Binnen- und Außenverkehre gelegt.[36] Für alle unten aufgezählten Verkehre gilt deutschlandweit unabhängig vom Ort der Niederlassung generell eine Genehmigungspflicht zur Teilnahme am Straßengüterverkehr – im Einzelnen sind dies:

<table>
<tr><th rowspan="2"></th><th rowspan="2">Inländisch
Deutsche UN</th><th>EU-Binnen
Deutsche UN</th><th rowspan="2">Kabotage
EU UN</th><th>Drittstaaten[37]
Deutsche UN</th></tr>
<tr><th>EU UN</th><th>Drittstaat. UN</th></tr>
<tr><td>Erlaubnis</td><td>X</td><td></td><td></td><td></td></tr>
<tr><td>Eurolizenz</td><td>X (alt.)</td><td>X</td><td>X</td><td></td></tr>
<tr><td>CEMT-Genehmigung/ Drittstaatengenehmigung</td><td></td><td></td><td></td><td>X</td></tr>
<tr><td colspan="5">Mitführungspflichten gem. §§ 7, 7a IV GüKG</td></tr>
<tr><td rowspan="2">Genehmigungsdokument[38]</td><td rowspan="2">X</td><td>X</td><td rowspan="2">X</td><td>X</td></tr>
<tr><td>X</td><td>X</td></tr>
<tr><td rowspan="2">Sozialversicherungsausweis[39]</td><td rowspan="2">X</td><td>X</td><td rowspan="2"></td><td>X</td></tr>
<tr><td></td><td></td></tr>
<tr><td rowspan="2">Personalausweis / Reisepass[40]</td><td rowspan="2">X</td><td>X</td><td rowspan="2">X</td><td>X</td></tr>
<tr><td>X</td><td>X</td></tr>
<tr><td rowspan="2">Begleitpapier / Frachtbrief[41]</td><td rowspan="2">X</td><td>X</td><td rowspan="2">X</td><td>X</td></tr>
<tr><td>X</td><td>X</td></tr>
<tr><td rowspan="2">Versicherungsnachweis[42]</td><td rowspan="2">X</td><td></td><td rowspan="2">X</td><td></td></tr>
<tr><td></td><td></td></tr>
<tr><td rowspan="2">Aufenthaltsgenehmigung / Arbeitserlaubnis[43]</td><td rowspan="2">X</td><td></td><td rowspan="2"></td><td>X</td></tr>
<tr><td></td><td></td></tr>
<tr><td rowspan="2">EU-Fahrerbescheinigung[44]</td><td rowspan="2">X (alt.)</td><td>X</td><td rowspan="2">X</td><td>X (alt.)</td></tr>
<tr><td>X</td><td></td></tr>
</table>

Tab. 2.1: Erforderliche Genehmigungen und Mitführungspflichten

36 Vgl. *EG, Vertrag zur Gründung der europäischen Gemeinschaft.*
37 Staaten außerhalb der Europäischen Union.
38 Gem. § 6 I GüKG.
39 Gem. § 99 II Nr. 2 SGB IV.
40 Deutsche Fahrer gem. § 1 PersAusG; EU-Ausländer gem. Artikel 5 I RiL 2004/38/EG.
41 Gem. § 7 S1 III GüKG.
42 Gem. § 7a IV S1 GüKG.
43 Nur sofern ausländisches Fahrpersonal aus Drittstaaten beschäftigt wird gem. § 7b I Nr. 2 GüKG; alt. auch deutsche EU-Fahrerbescheinigung möglich.
44 Nur sofern ausländisches Fahrpersonal aus Drittstaaten beschäftigt wird gem. § 7b GüKG.

Die Erlangung einer Genehmigung ist also die Voraussetzung zur Teilnahme am jeweiligen Straßengüterverkehr; daneben müssen allerdings noch weitere Auflagen erfüllt werden, um Transporte mit Deutschland-Bezug durchzuführen. Sie spiegeln sich durch die Mitführungspflicht hinsichtlich bestimmter Dokumente wider. Generell gilt, dass immer das Genehmigungsdokument, der Pass und das Begleitpapier bei Kontrollen vorgelegt werden müssen, denn sonst drohen gem. §§ 13 II, 19 I Nr.1a GüKG Bußgelder oder sogar eine temporäre oder gänzliche Untersagung der Weiterfahrt bis hin zum Entzug der Genehmigung. Sozialversicherungsnachweise müssen generell nur von Beschäftigten deutscher Unternehmen vorgelegt werden können, bei allen anderen kann darauf verzichtet werden. Einen ähnlichen Beleg erbringen diese Gruppen durch die EU-Fahrerbescheinigung, die ausweist, dass sie in ihren Beschäftigungsländern rechtmäßig beschäftigt sind. Das Bestehen einer Güterhaftpflichtversicherung besteht hingegen nur für rein innerdeutsche Transporte.

Nachfolgend werden die zu erfüllenden Voraussetzungen für die Erlangung entsprechenden Genehmigungen konkretisiert.

2.3.1 Inländische Verkehre

Die Bestimmungen über den Marktzugang in Deutschland zum rein inländischen (*gewerblichen*)[45] Güterkraftverkehr sind parallel im Zuge der Transportrechtsreform 1998 im GüKG zusammengefasst und europäischen Richtlinien angepasst worden. Es bestimmt zunächst gem. § 3 I i. V. m. § 1 I GüKG, dass der Güterkraftverkehr grundsätzlich erlaubnispflichtig ist, sobald Beförderungen mit Kraftfahrzeugen mit einem zul. Gesamtgewicht größer als 3,5 Tonnen geschäftsmäßig besorgt werden. Ausnahmen von der Erlaubnispflicht ergeben sich dagegen für den Werkverkehr (*Verkehr zwischen zwei Betriebsstätten eines Unternehmens*) und einzelnen Sondertatbeständen aus den §§ 1 II, III, 2, 9 GüKG.

Um innerhalb Deutschland Verkehrsdienstleistungen anbieten zu können, benötigt man deshalb eine deutschlandweit geltende Erlaubnis gem. § 3 GüKG oder alternativ gem. § 5 GüKG eine europaweit geltende Gemeinschaftslizenz (*vgl. Kap. 2.3.2*). Nach § 3 II S1 GüKG kann die deutsche Erlaubnis (*fortan Erlaubnis*) nur von Unternehmen mit Sitz in Deutschland beantragt werden.[46]

[45] Daneben existiert auch noch der Werkverkehr, der hier aber keine weitere Berücksichtigung findet. Dieser ist nach Maßgabe des § 9 GüKG erlaubnisfrei.

[46] Die deutsche Erlaubnis wird gem. § 3 VII GüKG bei den örtlich zuständigen Straßenverkehrsämtern …

Um erfolgreich eine Erlaubnis beantragen zu können, welche zunächst für fünf Jahre auf Probe erteilt wird, müssen gem. § 3 II GüKG Vorraussetzungen aus den folgenden drei Bereichen erfüllt werden:[47]

Persönliche Zuverlässigkeit gem. § 1 GBZugV - Der Erlaubnis-Bewerber muss seine und ggfs. die persönliche Zuverlässigkeit seines Geschäftsführers unter Beweis stellen. Dies hauptsächlich, indem er Nachweise erbringt, dass keine einschlägigen strafrechtlichen Verurteilungen oder schwere Verstöße zivil / wirtschaftlicher Natur (*vgl. hierzu § 1 II Nr.2 GBZugV*) gegen ihn oder seinen Geschäftsführer vorliegen.

Fachliche Eignung gem. §§ 3-8 GBZugV – Der Unternehmer oder der Geschäftsführer muss einen Nachweis über seine fachliche Eignung darlegen. Dies kann auf dreierlei Weise geschehen. Im Normalfall wird eine sog. Fachkundeprüfung vor der zuständigen IHK gem. § 4 VII abgelegt, die sich wiederum an der EU-Berufzugangsrichtlinie 96/26/EG in deren Anhang I orientiert. Alternativ gem. § 7 GBZugV kann aber auch eine vorherige, fünfjährige leitende Tätigkeit in einem Güterkraftunternehmen angerechnet werden. Daneben besteht durch § 6 GBZugV, optional i. V. m. der Richtlinie 98/76/EG[48], zudem die Möglichkeit, bestandene gleichwertige Abschlussprüfungen und Diplome aus verwandten Bereichen als fachlichen Eignungsnachweis anzuerkennen.

Finanzielle Leistungsfähigkeit gem. § 2 GBZugV – Die Vorschriften über die vorgeschriebene finanzielle Leistungsfähigkeit (*FL*) eines Unternehmens werden ebenfalls im § 3 II Nr. 2, III Nr. 2 GüKG nur kurz umrissen. Vertieft hierüber Auskunft gibt § 2 GBZugV, nach dem Unbedenklichkeitsbescheinigungen (*etwa eines Finanzamtes*) sowie Eigenkapitalbescheinigungen (*bspw. durch einen Wirtschaftsprüfer*) als Nachweis über die FL dienen. Bei der Eigenkapitalbescheinigung darf das bilanzrechtliche Eigenkapital sowie die näher definierten Reserven (*stille Reserven, Bürgschaften und das Privatvermögen persönlich haftender Gesellschafter*) in Ansatz gebracht werden. Durch die Höhe des ausgewiesenen, wertmäßigen Betrages der FL-Bescheinigung ergibt sich die

---

(untere Verkehrsbehörde) beantragt. Vgl. *BGL, Texte für die Praxis* S. 9 f.

47 Das GüKG umschreibt diese Vorraussetzungen bewusst nur allgemein, da das Bundesverkehrsministerium (BmVBW), bestätigt durch den Bundesrat, gem. § 3 VI Nr. 1 i.V.m. § 23 III GüKG genauere Verordnungen über den Berufszugang für den Güterkraftverkehr (GBZugV) erlässt. In der GBZugV wird wiederum oftmals auf die weitergehende, europäische Berufszugangsrichtlinie zum Güterkraftverkehr 96/26/EG, zuletzt geändert durch 98/76EG, verwiesen.

48 Richtlinie über die gegenseitige Anerkennung ausländischer Abschlüsse und Diplome.

max. mögliche Anzahl der bewilligbaren Fahrzeuge im Fuhrpark des Unternehmers. Durch die neue EU-Berufszugangsrichtlinie muss nun ein Unternehmen für das erste Fahrzeug 9.000 € (*Sattelschlepper 14.000 €*) und für jedes weitere Fahrzeug 5.000 € (*Sattelschlepper 10.000 €*) Eigenkapital vorhalten. Durch den Verweis auf EU-Recht wird übrigens dafür gesorgt, dass es EU-weit nicht zu Wettbewerbsverzerrungen kommt.

Nur wer diese Kriterien erfüllen kann, erhält die Erlaubnis erteilt, jedoch nur in so vielen Ausfertigungen, wie beantragt und im Sinne der FL genehmigt werden können.

2.3.2 EU-Binnenverkehre

Die Genehmigung zur Durchführung von EU-Binnentransporten innerhalb den Mitgliedstaaten der EU gründet auf der Eurolizenz, bestimmt in (EWG) Nr. 881/92. Seit Mitte 1998 unterliegt diese, angestoßen durch ein Urteil des EuGH,[49] keinerlei Kontingentierungen, sodass der Marktzugang auf europäischer Ebene nun auch jedem offen steht. Um die genauen Kriterien einer Eurolizenzvergabe zu klären, wird in Art. 3 II (EWG) Nr. 881/92 auf die Richtlinie 96/26/EG[50] sowie auf die Rechtsvorschriften des jeweiligen Mitgliedstaates über den Zugang zum Beruf des Verkehrsunternehmers zur Durchführung des grenzüberschreitenden Güterkraftverkehrs verwiesen.

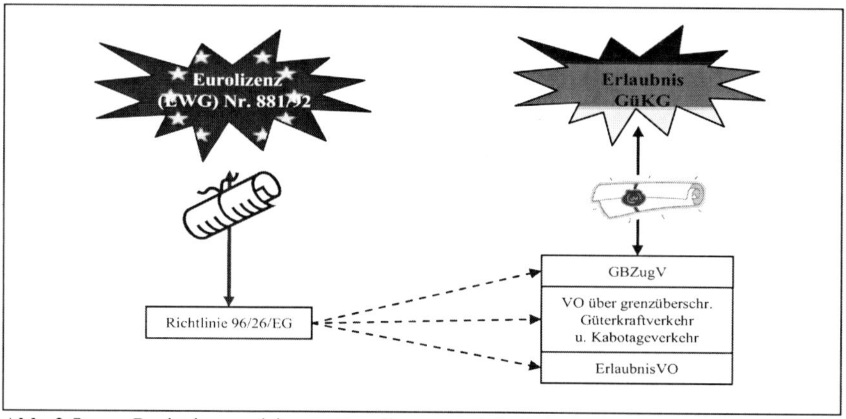

Abb. 2.5: Rechtsharmonisierung Eurolizenz zur Erlaubnis

49 Vgl. EuGH 13/83 vom 22. Mai 1985.

50 In der Präambel der (EWG) Nr. 881/92 wird zwar noch auf die Richtlinie 74/561/EWG verwiesen, diese wurde jedoch zwischenzeitlich durch die Richtlinie 96/26/EG ersetzt.

Die Richtlinie 96/26/EG diente im Zuge der Rechtsvereinheitlichung für ihren Regelungsbereich als Vorbild für die deutschen Verordnungen, woraufhin diese auch entsprechend angepasst wurden. Durch den zusätzlichen Verweis auf nationales Recht ergibt sich für Deutschland folgende Regel zur Erlangung einer Eurolizenz: Es gelten dieselben Marktzugangsregeln wie für inländische Verkehre (*vgl. Kap. 2.3.1*), ergänzt um EU-Recht. Da in Deutschland aber die europäischen Regelungen auf diesem Gebiet vollständig umgesetzt wurden, bedarf es eigentlich nur noch den Blick auf deutsches oder gleichklingendes Europarecht (*hätte gem. § 3 I GüKG durch die Zurückverweisung eigentlich Vorrang*). Hiermit erhält man eine deutsche Eurolizenz.

Als zweiten großen Regelungsgegenstand thematisiert die (EWG) Nr. 881/92 die sog. EU-Fahrerbescheinigung, welche aber nur benötigt wird, falls der jew. Fahrer aus einem Nicht-EU-Land stammt. Sie ist sozusagen das Pendant zur deutschen Arbeitserlaubnis auf EU-Ebene. Beispielhaft bestätigt sie gem. Art. 4 II (EWG) Nr. 881/92, dass der betreffende türkische Fahrer gem. deutschen Rechts- und Verwaltungsvorschriften sowie Tarifverträgen ordentlich beschäftigt ist und somit europaweite Transporte ausführen darf. Nötig wurde eine derartige Regelung, da etwa spanische Behörden nicht überprüfen können, ob der türkische Fahrer auf dem deutschen LKW ordnungsgemäß beschäftigt wird.[51] Wichtig ist dies vor allem, um zu vermeiden, dass Fahrer aus Drittstaaten zu absoluten Billiglöhnen eingesetzt werden und es somit zu Wettbewerbsverzerrungen kommt.

[51] Vgl. hierzu Präambel zu (EG) Nr. 484/2002.

2.3.3 Drittstaatenverkehre

Um Transporte EU-übergreifend von und nach[52] Deutschland durchzuführen, also über die EU-Außengrenzen hinweg, werden für Deutschland besondere Genehmigungen benötigt. Dieses Verkehrssegment ist das einzige, welches primär noch über nationales Recht geregelt wird, ohne dass Europa federführend ist. Um nun von München einen Gütertransport mit dem Ziel Kishinev/-Moldawien aufzunehmen, bedarf es spezieller Genehmigungen. Generell gibt es zwei Arten von Genehmigungen für Transporte mit Drittstaaten: CEMT-Genehmigungen und einzeln, zwischenstaatlich ausgehandelter Genehmigungen. CEMT-Genehmigungen berechtigen zu Beförderungen im grenzüberschreitenden Straßengüterverkehr zwischen den CEMT-Mitgliedstaaten. Dies sind die Staaten der Europäischen Union, Lichtenstein und Norwegen (*Europäischer Wirtschaftsraum*) sowie eine Vielzahl der ost- und südosteuropäischen Staaten. Beantragt werden sie für inländische Unternehmen beim zuständigen Bundesamt für Güterverkehr, nach Maßgabe und zu den Bestimmungen der §§ 4-6 zur Verordnung über den grenzüberschreitenden Güterkraftverkehr und den Kabotageverkehr (*VOgGKVuKV*). Demnach kann eine CEMT-Genehmigung erteilt werden, wenn der Unternehmer entweder im Besitz einer deutschen Erlaubnis oder deutschen Eurolizenz ist, sowohl auch die Erwartung besteht, dass er die Genehmigung hinreichend nutzen wird. Genauere Einzelheiten hierzu finden sich in der Richtlinie für das Verfahren zur Erteilung der CEMT-Genehmigungen, herausgegeben durch das Bundesverkehrsministerium, wieder. Da normalerweise die Nachfrage das Angebot übersteigt, geschieht das Erteilungsverfahren durch öffentliche Ausschreibung. Die Chancen für eine Zuteilung hängen von der Menge der bisherigen Auslandsfahrten ab.[53] Das Angebot an CEMT-Genehmigungen wird zudem durch umweltpolitische Vorstellungen beeinflusst, dadurch dass es unterschiedlich großzügige Kontingente für die in Schadstoffklassen eingeteilten LKW´s gibt.

Bilaterale Genehmigungen berechtigen ebenso wie CEMT-Genehmigungen zum grenzüberschreitenden Verkehr mit Drittstaaten. Diese müssen aber für jedes Land einzeln eingeholt werden und sind nur für die Verkehrsbeziehung Deutschland/Vertragsstaat zuständig. Geregelt ist der Bezug ebenfalls in der VOgGKVuKV, hier in § 8. Prinzipiell gelten die gleichen Bedingungen wie zur Erlangung der CEMT-Genehmigung.

---

52 Vgl. hierzu § 6 II, IIIa GüKG i.V.m. § 9 der Verordnung über den grenzüberschreitenden Güterkraftverkehr und den Kabotageverkehr.

53 Hieraus erklärt sich auch die Fahrtenbuchpflicht gem. § 5 VOgGKVuKV als Nachweis für „CEMT-Fahrten".

Möchte man also den bereits angeschnittenen Transport von München nach Kishinev durchführen, könnte man dies beispielsweise auf zweierlei Weise tun:

Abb. 2.6: Osteuropakarte

Auf der direkten gestrichelten Route, durchquert man die EU-Mitgliedstaaten Österreich und Ungarn (*Eurolizenz*), Rumänien (*bilaterale Genehmigung*) sowie schlussendlich Moldawien (*CEMT*). Folgt man dem weiteren, schwarzen Pfad, umgeht man Rumänien indem über die Slowakei (*Eurolizenz*) und Ukraine (*CEMT*) ein Umweg in Kauf genommen wird. Diesen Weg wird man wählen müssen, wenn man nicht im Besitz einer bilateralen Genehmigung mit Rumänien ist, sondern „nur“ über eine CEMT-Genehmigung verfügt.

2.3.4 Kabotage

Die Berechtigung zur Durchführung von zeitweiligen Kabotagefahrten innerhalb Deutschlands leitet sich aus der Richtlinie (EWG) 3118/93 ab. Sie stieß zum 1. Januar 1994 einen viereinhalbjährigen Prozess zur völligen Aufgabe der bisherigen Kabotage-Kontingentierungen an. Seit dem 1. Juli 1998[54] ist es gem. Art. 12 (EWG) Nr. 3118/93 nun uneingeschränkt mit der Eurolizenz gem. (EWG) Nr. 881/92 möglich, in Deutschland zeitweise Kabotage durchzuführen (*zur Erlangung vgl. Kap. 2.3.1 & 2.3.2*).

Hiervon profitieren allerdings nicht alle EU-Länder, denn die Kabotage unterliegt mit einem Teil der neuen Mitgliedsstaaten immer noch Verboten, bestimmt in Übergangsvorschriften. Diese sind den Anhängen V-XIV gem. Art. 24 der Beitrittsakte zur EU-Osterweiterung zu entnehmen, wonach sich zwei, leicht unterschiedliche Modelle mit den einzelnen, neuen Mitgliedstaaten ergeben:

2+2+1-Model bedeutet, dass in den ersten zwei Jahren nach dem Beitritt keine Kabotage erlaubt ist. Dieses Verbot kann in einem ersten Schritt um zwei Jahre verlängert werden – und um ein weiteres Jahr, falls ernsthafte Marktstörungen zu erwarten sind. Das 2+2+1-Model ist gültig für die drei baltischen Staaten Estland[55], Lettland,[56] Litauen,[57] Slowakei[58] sowie der Tschechischen Republik[59].

Das 3+2 Modell setzt ebenfalls auf eine max. fünfjährige Übergangsfrist für Kabotageverkehre, wobei es hier allerdings nur zwei Intervalle gibt. Angewendet wird es nur für Polen[60] und Ungarn[61].

Nach diesen Modellen gelten die Eurolizenzen aus diesen Ländern aktuell also nicht als Kabotageberechtigung mit Deutschland. Diese Aufschübe für jene Eurolizenzinhaber wurden zwar erst im September durch Änderung des § 5 GüKG in deutsches Recht überführt, waren aber auch vorher schon für Deutschland wirksam.

---

54 Zeitpunkt der völligen Aufgabe der Kontingentierungen.
55 Vgl. Kap. 6 a-c Anhang VI EU-Beitrittsakte 2003.
56 Vgl. Kap. 6 a-c Anhang VIII EU-Beitrittsakte 2003.
57 Vgl. Kap. 7 Nr. 3 a-c Anhang IX EU-Beitrittsakte 2003.
58 Vgl. Kap. 6 a-c Anhang XIV EU-Beitrittsakte 2003.
59 Vgl. Kap. 4 a-c Anhang V EU-Beitrittsakte 2003.
60 Vgl. Kap. 8 Nr. 2 a, b Anhang XII EU-Beitrittsakte 2003.
61 Vgl. Kap. 6 Nr. 3 a, b Anhang X EU-Beitrittsakte 2003.

2.4 Zwischenfazit

Die einführenden Ausführungen zeigen zunächst sehr deutlich die Dominanz des Transportgewerbes im Vergleich zum Lagergeschäft. Dieser Abgrenzungssystematik entspricht auch das HGB in seiner Untergliederung nach Büchern, Abschnitten und Unterabschnitten. Dem Transportgewerbe, exkl. dem Seehandelsgewerbe, wird der vierte Abschnitt des vierten Buch (*Handelsgeschäfte*) zuteil – das Lagergewerbe wird im sechsten Abschnitt behandelt. Der bedeutendste Verkehrsträger der Transportbranche ist wirtschaftlich betrachtet die Straße, weit gefolgt von Schiene und Wasserstraße, woraus auch das Schwergewicht dieser Ausarbeitung resultiert.

Es liegt natürlich nahe, in den deutschen Transportmarkt auch mit Blickwinkel auf die neuen osteuropäischen Beitrittsstaaten einzuführen, zumal Unternehmen aus MOE bereits einen beträchtlichen Teil des deutschen, internationalen Verkehrsmarktes ausmachen. Für diese Gruppe der Transportdienstleister brachte die dritte EU-Osterweiterung sicherlich neue Möglichkeiten mit sich, grenzüberschreitende Transporte mit EU-Ländern wesentlich einfacher zu organisieren (*Einführung der Eurolizenz, Wegfall des Carnet-TIR-Verfahrens*). Diese Erleichterungen ergaben sich natürlich auch für deutsche Transportunternehmen, konnten von ihnen doch aufgrund der höheren Kostenstruktur nicht derart genutzt werden. Hier bestehen jedoch seit einiger Zeit Tendenzen auf deutscher Seite, diesen Wettbewerbsnachteil zu umgehen, indem jene Unternehmer die Niederlassungsfreiheit nutzen und ihren Fuhrpark in diese Länder ausflaggen.[62] Aus Transportsicht ändert sich rein haftungsrechtlich für sie nicht allzu viel, da sie dann immer noch den CMR-Bestimmungen unterliegen.

Auch muss gespannt auf die künftige Entwicklung des wirtschaftlich noch bedeutungsvolleren inländischen Transportmarktes geblickt werden, denn hier könnten sich in naher Zukunft gravierende Änderungen ergeben. Bislang ist der innerdeutsche Transportbereich noch fest in deutscher Hand, doch es zeigt sich schon jetzt, dass für einige, kleinere Länder wie Luxemburg die Durchführung von Kabotageverkehren in Deutschland schon jetzt eine große Bedeutung erlangt hat.[63] Das hierin liegende Potential ist nicht zu unterschätzen. Dies war sicherlich auch der Hauptgrund dafür, warum es u. a. zu Kabotage-Übergangs-

[62] Vgl. Kap. 2 Art. 43-48 zum Vertrag zur Gründung der europäischen Gemeinschaft ; Vgl *Handelsblatt - Stölzle* S. c01.

[63] Vgl. *Eurostat EG, Entwicklung des Güterkraftverkehrs* 90 – 02 S. 2.

regelungen mit den neuen, osteuropäischen Mitgliedstaaten kam. Wenn hier die temporären Kabotageverbote fallen, muss damit gerechnet werden, dass sich der inländische Markt auf breiter Linie verändert und somit Verhältnisse wie im grenzüberschreitenden Verkehr Einzug halten könnten. Um diesen ernsthaften Marktstörungen aus nationaler Sicht zu begegnen, gibt es bereits zwei gesetzliche Beschränkungen und Interventionsmöglichkeiten. Zum einen berechtigt die Eurolizenz nur zu zeitweiligen Kabotageaufenthalten im jeweiligen Zielland und zum anderen besteht gem. den Anhängen des Beitrittsvertrages – Abschnitte zur Verkehrspolitik – die Möglichkeit, die Kabotagefreiheit wieder einzuschränken oder ganz aufzuheben.

Gerade aber der erste einschränkende Aspekt, das Kriterium der Zeitweiligkeit, ist juristisch schwer zu greifen, denn bislang wurden hierzu noch keine genauen Auslegungsanweisungen formuliert. Indizien für einen Verstoß gegen die Vorgabe der Zeitweiligkeit sind wohl in jedem Fall die Dauer, die Häufigkeit sowie die regelmäßige Wiederkehr und Kontinuität bei der Erbringung von K-abotagedienstleistungen. Aus Kommissionssicht scheint es klar zu sein, dass es einer individuellen Beurteilung des Einzelfalles bedarf, denn starre Regelungen führten schnell zu Umgehungsmaßnahmen seitens der Unternehmen.[64]

Eine mögliche Rücknahme der angestrebten Kabotagefreiheit oder sektorale/-regionale Wiedereinführung von Kontingenten wäre wahrscheinlich das wirkungsvollere Instrument zur nationalen Marktregulierung. Politisch stehen solche Maßnahmen allerdings im klaren Gegensatz zu übergeordneten Bestrebungen, den Dienstleistungsmarkt komplett freizugeben.[65]

Es bleibt also abzuwarten wie sich der Transportmarkt fortan entwickeln wird. Nichtsdestotrotz bleibt das HGB-Recht der immanente Bestandteil im handelsgeschäftlichen Rechtsrahmen für - innerdeutsche - Fracht- und Logistikverträge. Nebenbei konnte gezeigt werden, dass es auch für ausländische Dienstleister immer wichtiger werden könnte, das hierzulande geltende Frachtrecht zu kennen. Logistikrecht

Nachdem im vorangegangen Kapitel der Transportmarkt und seine Einbindung in das öffentliche, deutsche und europäische Rechtssystem nachgezeichnet wurde, werden fortan eher privatrechtliche Fragen rund um das Logistikrecht Berücksichtigung finden. Während das öffentliche Recht die Markt*(-zugangs)* und Wettbewerbsregeln sowie einzuhaltende Auflagen für Transporteure und

---

64 Vgl. *Kommission, zur Auslegung der Zeitweiligkeit* S.2-3, 9.
65 Vgl. *Kommission, Richtlinienentwurf zur Dienstleistungsfreiheit* S. 3 f.

andere Dienstleister im Verhältnis „Staat zu Unternehmen" abbildet, regeln die hier behandelten Vorschriften das Recht der Vertragsbeteiligten untereinander (*Frachtrecht*). Im Unterschied zum öffentlichen Recht gibt es im Frachtrecht demzufolge auch keine Strafen oder Bußgelder für Pflichtverletzungen,[66] hier spricht man von vertraglichen und gesetzlichen Ersatzansprüchen. Diese sprachliche fußt auf einer sachlogischen Abgrenzung: Während der Staat normalerweise als „Verhänger und Empfänger" strafbedrohter Handlungen fungiert, ist der (*Ersatz-*) Anspruchsberechtigte im Frachtrecht häufig real geschädigt, weswegen er den Ausgleich sucht.

Das deutsche Fracht- und Logistikrecht war bis 1998 stark zersplittert und wurde durch das Transportrechtsreformgesetz (*TRG*) für Deutschland weitestgehendst in den Abschnitten vier und fünf des vierten Buches des HGB vereinheitlicht. Neben diesen Zentralvorschriften spielt hinsichtlich Güterbeförderungen nur noch das Binnenschifffahrtsgesetz (*BinSchG*)[67] und das bislang unveränderte fünfte Buch des HGB für die Seebeförderung eine Rolle. Im Zuge dieser bedeutenden Reform lohnt ein kurzer Blick auf die Entstehungsgeschichte des TRG, welcher das Verständnis für die heutigen Regelungen legt. Dabei beschränkte sich die Reform nicht nur auf das originäre Frachtrecht, sondern bezog auch das Lagerrecht mit ein.

Im HGB a. F. wurden die einzelnen logistischen Rechtsgebiete anders als heute gewichtet. Im viertem Buch des HGB waren das Speditionsgeschäft *(§§ 407 ff. HGB*), das Lagergeschäft *(§§ 416 ff. HGB*) und das Frachtgeschäft über die Güterbeförderung zu Land und auf Binnengewässern *(§§ 425 ff. HGB*) geregelt. Teilweise datierten diese damaligen Vorschriften noch auf das Jahr 1897 zurück, als Güterbeförderung hauptsächlich unmotorisiert vorgenommen wurde.[68] Die aufkommende Motorisierung, der schärfer werdende Wettbewerb zwischen den einzelnen Verkehrsträgern sowie der Anstieg der grenzüberschreitenden Beförderungen veränderten den damaligen Transportmarkt erheblich. Infolgedessen wurden nach und nach jeweils eigene, verkehrsträgerbezogene Regularien gebildet, entweder durch den Erlass von Gesetzen und Verordnungen oder durch Einführung und strikter Anwendung von vertragsart-bezogenen AGB´s, beispielsweise der Allgemeinen Deutschen Speditionsbedingungen (*ADSp*). Dies war möglich, da das damalige Frachtrecht weitgehend dispositiv,

---

66 abgesehen von individuell ausgehandelten Vertragsstrafen – vgl. Kap. 3.2.1 zur Interessendeklaration.

67 wobei aber gem. § 26 BinSchG im Bezug auf rein frachtgeschäftliche Fragen auf §§ 407 ff. HGB zurückverwiesen wird.

68 Vgl. *Basedow* in ZHR Jhrg. 1997 S. 190 f.: Hundert Jahre Transportrecht: Vom Scheitern der Kodifikationsidee und ihrer Renaissance.

also nicht „AGB-fest" war. Hierdurch kam es zu einer Rechtszersplitterung des deutschen Frachtrechts, dessen Ausmaß durch die schrittweise Schaffung internationalen Einheitsrechts für die einzelnen Verkehrsträger praktisch noch mal verdoppelt wurde.[69] Auch nur scheinbar wurde die Frage nach dem anzuwendenden nationalen Recht des IPR abgelöst durch vorrangige Abkommen, wie etwa den CMR. Diese Vertragswerke enthalten oftmals (*gewollte*) Rechtslücken, die über das IPR wiederum an das zersplitterte, nationale Recht zurückverwiesen werden (*vgl. Kap. 2.2*). Das frühere Transportrecht vor 1998 bestand aus derlei Gründen geradezu aus einem Geflecht von Vorschriften und war somit eines der unübersichtlichsten Rechtsgebiete im deutschen Recht.[70] So kamen häufig im Güternahverkehr auf der Straße die allgemeinen Beförderungsbedingungen für den gewerblichen Güternahverkehr (*AGNB*) zur Anwendung, währenddessen die zwingenden Vorschriften der Kraftverkehrsordnung (*KVO*) im Fernverkehr galten. Die vorgenannten Vorschriften waren aber nicht anzuwenden, wenn es sich um Umzugsgut handelte, für das die durch Rechtsverordnung erlassenen Beförderungsbedingungen für den Umzugsverkehr und die Beförderung von Handelsmöbeln (*GüKUMB*) galten. Auch im nationalen Bahnverkehr kam nicht das HGB-Frachtrecht zur Geltung, sondern die Eisenbahn-Verkehrsverordnung (*EVO*). De-facto wurde die Güterbeförderung durch Binnenschiffe nicht durch die eigentlichen Spezialvorschriften des Binnenschifffahrtsgesetzes (*BinSchG*), sondern wiederum durch AGB´s geregelt.[71]

Dieser Situation entspringt auch überwiegend die damalige erhebliche Rechtsunsicherheit. Reichte ebensolche für die Begründung einer umfassenden Reform eigentlich schon aus, so lieferten noch marktwirtschaftliche Erfordernisse, wie entstandene Wettbewerbsverzerrungen zwischen den einzelnen Verkehrsträgern und (*europäische*) Liberalisierungsbestrebungen[72] sicherlich noch den letzten Anschub, den Reformprozess in Gang zu setzen.[73]

Die Transportrechtsreform, vielmehr eine komplette Logistikrechtsreform, da sie auch das Speditions- und Lagerrecht berücksichtigte, nahm ihren Anfang durch die Aufnahme der Vorbereitungsarbeiten durch eine unabhängige Sachverständigenkommission. Nach knapp vier Jahren legte die Kommission dem

---

69 Vgl. *Schmidt, Handelsrecht* S. 911 f.
70 Vgl. *Janßen, Die Reform des Frachtrechts* S. 27.
71 Vgl. *Müglich, Das neue Transportrecht* S. 23 Rdn. 13.
72 Vgl. Kap. 1; vg. Kap. 3.2.4.
73 Vgl. *Janßen, Die Reform des Frachtrechts* S. 29 ff.; vgl. *Saur, Änderung der Haftungsgrundsätze* S. 26 ff.

damaligen Bundesjustizminister Schmidt-Jortzig ihren Bericht vor, der hieraus bereits nach vier Monaten einen Referentenentwurf ableitete und diesen der Regierung zur Entscheidung vorlegte.

Es folgte noch ein gutes Jahr an parlamentarischen Beratungen und Sitzungen in Vermittlungsausschüssen, bis schließlich das TRG am 29.06.1998 - zwei Tage vor dem offiziellen Inkrafttreten – verkündet werden konnte. Im kompletten Entscheidungsprozess wurden die vier ursprünglichen Grundsatzfragen nie in Frage gestellt:[74]

Kodifikation im Handelsgesetzbuch – von höchster Bedeutung für alle erschien die Zusammenfassung aller transport- und lagerrelevanten Vorschriften an prominenter Stelle im HGB.

Weiter Anwendungsbereich des Frachtrechts – das auserkorene Frachtrecht sollte einen Leitcharakter für alle anderen Beförderungsfälle und das Lagergeschäft entfalten. Hierdurch richten sich diese praktisch an dem allgemeinen Frachtrecht *(§§ 407 – 450 HGB*) aus, nur ihre jeweiligen Spezialvorschriften gehen dem allg. Frachtrecht vor. Zu erwähnen sind hier die Sonderregelungen zum Umzugsgut *(§§ 451 – 451h HGB*), des multimodalen Transports *(§§ 452 – 452d HGB*), des Speditionsgeschäfts *(§§ 453 – 466 HGB*) und des Lagergeschäfts *(§§ 467 – 475h HGB*). Vom Einbezug der Vorschriften zum Seehandel *(§§ 476 – 905 HGB*) in das allg. Frachtrecht wurde abgesehen, da es aufgrund seiner Komplexität ein losgelöstes Recht darstellt, zumal etwaige Neuregelungen sowieso wenig Anwendung im internationalen Geschäft finden würden.[75]

Orientierung an den CMR - Unbestritten war auch der Vorbildcharakter der Haftungsregularien der CMR, da bereits eine Vielzahl von Frachtführern und Verladern langjährige Erfahrungen mit ihnen sammeln konnten. Natürlich hätte auch ein anderes Übereinkommen als Vorbild, bspw. die CIM, dienen können, doch angesichts der wirtschaftlichen Relevanz des Straßengüterverkehrs (*vgl. Kap. 2.1*) für Deutschland konnte diese Frage schnell übergangen werden. Obwohl die meisten CMR-Prinzipien konsensfähig waren, mussten natürlich auch noch andere Aspekte einbezogen werden, da das allg. Logistikrecht mehr regeln sollte, als es die CMR zu vermögen. Als Vorlage für die Sonderregelungen zum Umzugsgüterverkehr dienten etwa die GüKUMB.[76]

---

[74] Vgl. *Thume, Transport und Vertriebsrecht* S. 77-84.

[75] Vgl. *Schmidt, Handelsrecht* S. 911 ff.; vgl. Widmann, Kommentar zum Transportrecht S. 2.

[76] Vgl. *Janßen, Die Reform des Frachtrechts* S. 34.

Grundsätzlicher Verzicht auf die zwingende Ausgestaltung – Obzwar gewichtige Gründe gegen die diskutierte Dispositát des Logistikrechts sprachen, wurde eine Kompromisslösung gefunden. Das heutige Frachtrecht ist bis auf fixe Haftungsfragen und Verbraucherschutz-Vorschriften weitgehend abdingbar. Eine generell zwingende Ausgestaltung hätte zwar Vorteile hinsichtlich der weiteren Beseitigung der Rechtszersplitterung durch faktisches AGB-Recht gehabt,[77] doch entschied man sich aufgrund anderer Vorzüge für die heutige Lösung.

2.5 Frachtvertrag

Der Frachtvertrag ist nach den §§ 407 HGB n. F. der gesetzliche Dreh- und Angelpunkt rund um die Ausgestaltung von Logistikverträgen und besitzt gewissen Leitbildcharakter auch für Speditions-, Lager-, Umzugs- und Multimodalverträge. Da der Frachtvertrag nach deutschen HGB-Recht zwischen den Vertragsparteien frei verhandelbar ist, und es lediglich auf den übereinstimmenden Parteiwillen ankommt, kann man ihn als Konsensualvertrag einstufen.[78] Die Ausstellung eines Frachtbriefs ist daher keine zwingende Vorraussetzung für den Abschluss eines Frachtvertrags, obwohl sich durch ihn eine erhöhte Beweiswirkung entfaltet.[79] Vielmehr ist es sogar möglich, einen Frachtvertrag durch bloßes konkludentes Handeln durch die Vertragsparteien herbeizuführen.[80]

Doch die alleinige Identifizierung von zwei übereinstimmenden Willenserklärungen oder auch nur gleichgerichteten Handlungen muss zwangsläufig noch keinen Frachtvertrag begründen. Eine Vertragsklassifizierung als Frachtvertrag stellt naturgemäß weitere, besondere Ansprüche an denselbigen, da hiermit auch immer spezielle Vorschriften für die Vertragsbeteiligten einhergehen. Nach den Regeln des § 407 HGB handelt es sich um folgende Eigenschaften:

77 Vgl. *Koller, Transportrecht* S. 3.
78 Vgl. *Herber* in NJW Jhrg. 1998 S. 3300: Die Neuregelung des Transportrechts.
79 Vgl. *BR-Drucks. 368/97* S. 36.
80 Vgl. *Palandt, BGB* S. 923 Rdnr. 19; vgl. *Basedow, MüKo* S. 509 Rdnr. 55.

Vertragsgegenstand – Der Vertragsgegenstand, also die Hauptpflicht des Vertragsnehmers, wird in § 407 I S 1 HGB genauer umschrieben, wo es heißt: "Durch den Frachtvertrag wird der Frachtführer verpflichtet, das Gut zum Bestimmungsort zu befördern und dort an den Empfänger abzuliefern.". Die Gegenleistung des Auftraggebers ergibt sich aus § 407 II HGB: „Der Absender wird verpflichtet, die vereinbarte Fracht zu zahlen.".

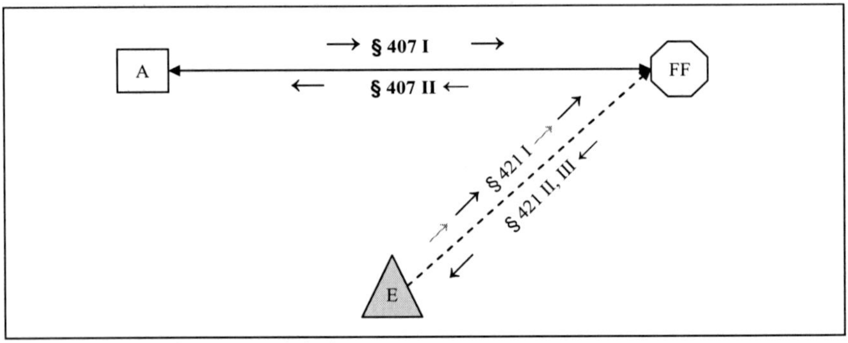

Abb. 2.7: Frachtvertrag - einfach

Der Frachtvertrag wird also zwischen dem Absender (*A*) und dem Frachtführer (*FF*) mit dem Ziel geschlossen, den Gütertransports vom Absender zum Empfänger zu bewerkstelligen. Die Hauptpflicht des FF leitet sich hieraus ab, denn er schuldet dem Absender, bzw. Empfänger, den vereinbarten Beförderungserfolg.[81] Dies bedeutet, dass er dass Gut unbeschädigt und vollständig unter Einhaltung der vereinbarten Lieferzeit gem. § 423 HGB am Empfangsort abliefern muss.[82] Dafür erwirbt der FF einen Frachtzahlungsanspruch, der in § 420 HGB näher geregelt wird.[83] Aufgrund dieser Vertragsbeziehung zwischen A und FF erlangt der Empfänger (*E*) zunächst einmal bei Ankunft des Gutes an der Ablieferungsstelle einen eigenständigen Ablieferungsanspruch gegen den FF aus § 421 I S. 1 HGB.[84] Hinzu kommt noch, dass der E fortan von diesem Zeitpunkt

81 Vgl. *Müglich, Das neue Transportrecht* S. 36 Rdnr. 2.

82 In der einschlägigen Literatur wird bloß die schadlose Versendung als vertragliche Hauptpflicht angesehen – vgl. *Koller, Transportrecht* S. 30 Rdnr. 13; vgl. *Gass, Das neue Transport- und Speditionsrecht* S. 14. Da aber die Einhaltung der Lieferfrist heutzutage oftmals so wichtig ist und das HGB sie auch neben den Güterschäden extra berücksichtigt, kann dieser Punkt ebenfalls als Hauptpflicht gesehen werden. Dies bekräftigt meiner Meinung auch § 433 HGB, da er Lieferfristüberschreitungen explizit nicht als Nebenpflichtverletzungen kennzeichnet.

83 Das Kriterium der Entgeltlichkeit ist aus Sicht der Anwendbarkeit des allg. Frachtrechts konstitutiv, also zwingend – so *Koller* in *Koller, Transportrecht* S. 39 f. Rdnr 31. Er leitet dies aus der Begründung des Regierungsentwurfs zum TRG ab (*BR-Drucks. 368/97*). Abweichend: Die Autoren des Kommentars *Baumbach / Hopt, Handelsgesetzbuch* (S. 1255 Rdnr. 8) vertreten die Meinung, dass es auf die Entgeltlichkeit hinsichtlich der Anwendbarkeit der §§ 407 ff nicht ankommt.

84 Vgl. *Koller, Transportrecht* S. 28 Rdnr. 9; Vgl. *Herber in NJW* Jhrg. 1998 S. 3301: Die Neuregelung

...

eigene Ansprüche aus Beschädigung oder Verspätung gegen den FF geltend machen kann, allerdings nur gegen Vergütung der noch eventuell unbezahlten Fracht. Der Empfänger kann, da er natürlich keine Vertragspartei des Frachtvertrages ist, die Annahme ohne Konsequenzen verweigern. Diese Selbstverständlichkeit wird kurz in § 419 I S. 2 HGB angeschnitten, ergibt sich aber auch aus den allg. juristischen Grundsätzen.[85]

Von den bisher angesprochenen Charaktereigenschaften ließe sich ein HGB-Frachtvertrag auch als eine Ausprägung des klassischen BGB-Werkvertrages gem. § 631 BGB identifizieren, mit den Kernelementen eines Vertrages zugunsten Dritter gem. § 328 BGB.[86] Außerdem sind noch einige Fragmente des entgeltlichen Geschäftsbesorgungsvertrages nach § 675 BGB erkennbar, da der FF für die Obhut des Gutes sorgt oder Nachnahmen einzieht.[87] Unter dieser allgemeinen BGB-Vertragskonstruktion könnte ebenfalls ein Frachtvertrag nachgebildet werden. Die Beförderungs- wie Zahlungsverpflichtung würde sich aus § 631 I, II BGB ergeben. Konkretisiert wird die Zahlungspflicht des A nochmals in § 632 a BGB als auch § 641 BGB. Auch die frachtvertraglichen Empfängeransprüche könnten durch § 328 II BGB einbezogen werden.[88] Da aber die Vorschriften des §§ 407 HGB aus Sicht des BGB ein Spezialrecht (*lex specialis*) darstellen und ihm somit vorgehen, kommen die bürgerlichen Normen nur ergänzend zum Zug. Dies meistens dann, soweit weder im HGB, den einschlägigen AGB noch in den individuellen Vertragsabsprachen betreffende Regelungen getroffen wurden.[89]

Stellt sich nun die Frage, was den Frachtvertrag nun eigentlich vom BGB-Werkvertrag in der Ausprägung „zugunsten Dritter" abhebt? Denn immer dann, wenn ein Beförderungsvertrag sich nicht als Frachtvertrag einstufen lässt, weil es ihm an einer oder mehrerer Anwendungsvoraussetzungen fehlt, kommen die originären Vorschriften des BGB zur Geltung. Das HGB stellt gem. § 407 III Nr. 1, 2 folgende, zusätzliche Hauptanforderungen an den Frachtvertrag, die ihm vom Werkvertrag abgrenzen:

---

des Transportrechts.

85 Wenn er dies nicht könnte, würde es sich folgerichtig um einen Vertrag zu Lasten Dritter handeln, den das Gesetz nicht kennt – vgl. *Jagmann* in *Staudingers, Kommentar zum BGB* S.25 Rdnr. 42.

86 Vgl. Baumbach / Hopt, Handelsgesetzbuch S. 1255 f. Rdnr. 12; vgl. Palandt, BGB S. 923 Rdnr. 19; Vgl. *Jagmann* in *Staudinger, Kommentar zum BGB* S.121 Rdnr. 212; vgl. *Schmidt, Handelsgesetzbuch* S. 922.

87 Vgl. *Fremuth, Kommentar zum Transportrecht* S. 25 f. Rdnr. 22.

88 Vgl. *Palandt, BGB* S. 536 Rdnr. 10; BGH vom 15.10.1998 I ZR 111/96 in *NJW* 1999 S. 1110 – 1113.

89 Vgl. *Koller, Transportrecht* S. 40 f. Rdnr. 35.

Räumlicher Abgrenzungsbereich – Für das HGB ist das vereinbarte Transportmittel in dieser Betrachtungsebene völlig unerheblich. Es ist somit egal, ob das Transportgut via Fahrrad, Auto, LKW, Flugzeug oder Schiff transportiert wird.[90] Dagegen kommt es sehr wohl auf die Wahl des genutzten Verkehrsträgers an! § 407 III Nr. 1 HGB schließt nämlich in einem ersten Schritt, vorbehaltlich des § 450 HGB, die Nutzung von Seegewässern (*Meeren*) aus, indem es alle anderen Verkehrsträger explizit benennt. Unter gewissen, aber für den weiteren frachtrechtlichen Anwendungsbereich des HGB eher vernachlässigbaren Umständen, kommt auch eine gemischte, durchgängige Seebeförderung in Betracht (*vgl. Kap. 3.3*). Reine Seebeförderungen unterliegen dem deutschen Seehandelsrecht der §§ 556 – 663 b HGB (*vgl. Kap. 3.3.2*)!

Einen anderen Aspekt hinsichtlich des räumlichen Abgrenzungsbereichs stellt die deutsche Staatsgrenze dar. Das deutsche Recht, und damit auch das HGB, bewahrt sich allgemein nach Art. 3 I EGBGB und das Frachtgeschäft im Besonderen gem. Art. 28 IV EGBGB in vielen Fällen seine Zuständigkeit durch die Zuweisungen aus dem IPR vor. Da es allerdings für die wichtigsten Transportmittel und Verkehrsträger int. Abkommen im Sinne des Art. 3 II EGBGB gibt, wird diese Möglichkeit weitgehend ausgeschaltet (*vgl. Kap. 3.4*).[91] Theoretisch kommen bspw. für die direkte, internationale Anwendbarkeit nur noch Exotentransporte wie Fahrradkurierfahrten, etwa von Frankfurt / Oder (*Deutschland*) nach Slubice (*Polen*), in Frage.

Gewerbsmäßigkeit – Neben dem eigentlichen Ausschluss von Seebeförderungen und int. Transporten muss die Beförderung gem. § 407 III Nr. 2 HGB zum Betrieb eines gewerblichen Unternehmens gehören. Gewerbsmäßig handeln Personen und Unternehmen immer dann, wenn sie selbstständig ihre Tätigkeit gegen Vergütung am Markt planmäßig anbieten.[92] Es kommt insbesondere nicht auf die vollständige Kaufmannseigenschaft an, wodurch weder ein in kaufmännischer Weise eingerichteter Geschäftsbetrieb, noch eine Eintragung in das Handelsregister oder die Gründung einer Kapitalgesellschaft zwingend erforderlich ist. Lediglich Freiberufler betreiben kein Gewerbe im Sinne des § 407 HGB, auch wenn sie die Kriterien erfüllen, und können demnach keine Frachtverträge als FF abschließen.[93]

---

90 Vgl. *Fremuth, Kommentar zum Transportrecht* S. 31 Rdnr. 46; Vgl. *Koller, Transportrecht* S. 30 Rdnr. 11; vgl. *Ramming in TranspR* Jhrg. 1999 S. 325 f.: Probleme der Rechtsanwendung im neuen Recht der multimodalen Beförderung.

91 Vgl. *Koller, Transportrecht* S. 40 Rdnr. 33.

92 Vgl. *Schmidt, Handelsrecht* S. 307.

93 Vgl. *Koller, Transportrecht* S. 38 Rdnr. 29.

2.5.1 Sonderformen des originären Frachtvertrags

Ausgehend von diesem Grundmodell aus drei Rechtssubjekten kann es noch andere Konstellationen geben, unter denen ein Frachtvertrag zustande kommt. In diesen Fällen werden zwei frachtvertragliche Rollen von einer Person oder Unternehmung gleichzeitig besetzt. Kennzeichnend ist hier, dass sich dann üblicherweise auch die frachtvertraglichen Rechte und Pflichten in diesen Rechtsperson vereinen.

2.5.1.1 Personenidentität von Absender und Empfänger

Diese Konstellation stellt die einzig wahre Abwandlung vom bekannten Dreier-Modell aus Absender – FF – Empfänger dar, bei der es auch beim gewohnten Frachtvertrag bleibt. In der gewerblichen Praxis findet man Personenidentität von Absender und Empfänger häufig im Werksverkehr vor, bei dem sich das Unternehmen eines FF bedient.

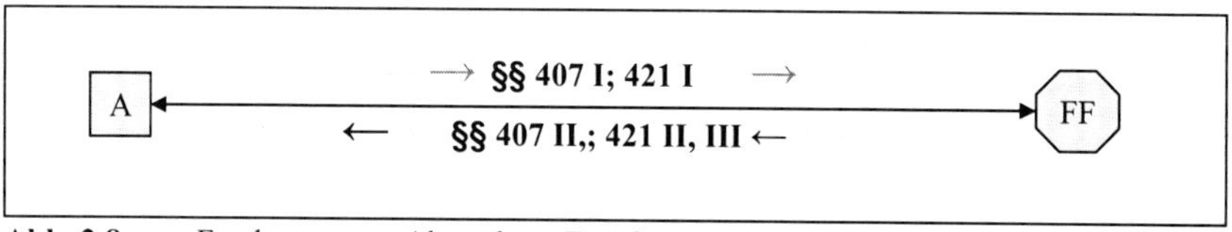

Abb. 2.8: Frachtvertrag – Absender = Empfänger

Natürlich gehen bei dieser Sonderform alle Empfängerrechte und Pflichten auf den Absender (*A*) über, mit aber nicht allzu großen Konsequenzen. So dürfte dem Übergang der Weisungsrechte nach § 418 HGB vom Absender auf den Empfänger keine allzu große Bedeutung mehr zukommen, denn der Absender bleibt durchgängig weisungsberechtigt – einmal als Absender und einmal als Empfänger. Durch die Personalunion kann er nun auch gem. § 421 I HGB verlangen, dass das Transportgut nach Ankunft an der Ablieferungsstelle an ihn abgeliefert wird. Nun wird A gleich doppelt zur Frachtzahlung verpflichtet, einmal direkt als Empfänger nach § 421 II HGB und als mitverpflichteter Absender nach § 421 IV HGB.

Ein vergleichbarer Fall liegt auch dann vor, wenn der wirtschaftliche Empfänger mit dem FF einen Frachtvertrag abschließt und die Waren zu sich bringen lässt. Nicht zu vergessen ist, dass es sich bei dem umgangssprachlichen Empfänger hierbei vielmehr um den Absender aus dem Frachtvertrag nach § 407 II HGB handelt. Insofern liegt so auch die Personenidentität zwischen Empfänger und Absender vor, nur befindet sich die Übernahmestelle diesmal nicht beim frachtvertraglichen Absender, sondern beim wirtschaftlichen Absender der Waren! Anwendung findet diese Konstellation nicht selten bei Werkverträgen ohne Lieferabsprache, bei denen der Käufer für die Abholung selbst verantwortlich ist.

2.5.1.2 Personenidentität von Absender und Frachtführer

Tangiert die Personengleichheit zwischen Absender und Empfänger den frachtvertraglichen Charakter ausschließlich im Attribut „Zugunsten Dritter", und belässt sie den Frachtvertrag ansonsten relativ unberührt, kann es bei gleichen Absender und Frachtführer schon bei der Gültigkeit des Frachtvertrages an sich Probleme geben. Laut § 407 HGB ist der Frachtvertrag ein zweiseitiges Rechtsgeschäft, dass zwischen einem FF (*Auftragnehmer*) und Absender (*Auftraggeber*) geschlossen wird. Die Identität zwischen Absender und Frachtführer würde die Gültigkeit solcher Frachtgeschäfte grds. in Frage stellen, da sie zu den In-Sich-Geschäften nach § 181 BGB zählen.[94]

Das Speditionsrecht des HGB bedient sich beim Selbsteintritt des Spediteurs gem. § 458 HGB faktisch dieser Konstellation, auch wenn es die Problematik des § 181 BGB umgeht.

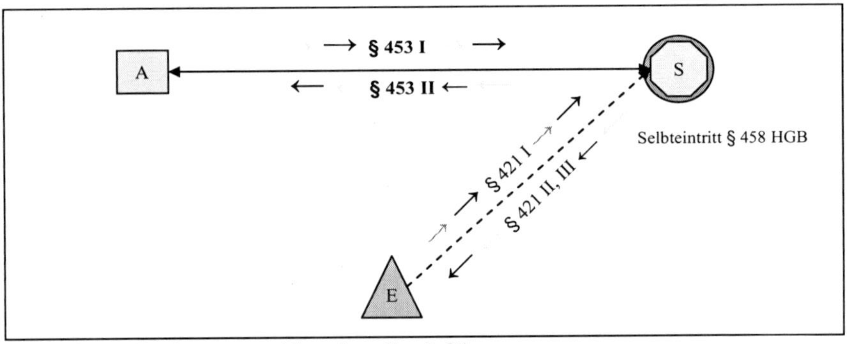

Abb. 2.9: Frachtvertrag – Absender = Frachtführer

So wird kein Frachtvertrag zwischen dem S in seinen Rollen als Spediteur und Frachtführer geschlossen, sondern lediglich der schon bestehende Speditionsvertrag einseitig ausgeformt, indem der S von seinem Recht zum Selbsteintritt Gebrauch macht. Der Selbsteintritt des Spediteurs hat zwar keinen eigenständigen Frachtvertrag zur Folge, aber ganz ähnliche Folgen für den Auf-

[94] Vgl. *Jauernig, Bürgerliches Gesetzbuch 2004* S. 132 Rdnr. 9 – 13.

traggeber des Spediteurs. In frachtrechtlichen Belangen fungiert A nun als Absender und S als Frachtführer, wobei beide dem allg. Frachtrecht der §§ 407 ff. HGB unterliegen.

2.5.2 Die vertragliche Hintergrundbeziehung

Für den Frachtvertrag und damit auch für den Frachtführer ist der (*vertragliche*) Hintergrund – der eigentliche Transportzweck – weitgehend belanglos. Eine kleine Ausnahme gibt es von dieser Regel immer dann, wenn der Absender die Absicht besitzt, gebrauchte Sachen geschlossen von einem zum anderen Ort transportieren zu lassen.[95] Dabei ist es egal, ob es sich hierbei um Wohnungseinrichtungsgegenstände oder den kompletten Maschinenpark eines Unternehmens handelt,[96] denn sie fallen alle gleichsamt unter die Spezialkategorie der Umzugstransporte, die in §§ 451 – 451 h HGB ihre Regelung finden. Falls Schenkungs- oder Erbgüter versandt werden sollen, kann dies im Zweifel für einen Umzugsvertrag nach § 451 HGB sprechen.[97]

Alle anderen vertraglichen Hintergrundbeziehungen zwischen Absender und Empfänger sind für den Frachtführer, und speziell für seine Haftung unbedeutend, denn im Schadensfall sind beide (*Absender & Empfänger*), unabhängig ihrer Rechtsstellung, dem FF gegenüber anspruchsberechtigt. Da jedoch die Frachtführerhaftung des allg. Frachtrechts den zu regulierenden Schaden wesentlich begrenzen kann, liegt es an der Ausgestaltung des vertraglichen Hintergrundes, festzulegen, wer das Transportrisiko neben dem FF trägt und nicht regulierbare Schäden aushält.

---

95 Vgl. *BT-Drucks. 13/8445* S. 90.
96 Vgl. *Andresen in Transportrecht* Jhrg. 1998/03 S. 98: Beförderung von Umzugsgut.
97 Vgl. *BT-Drucks. 13/8445* S. 90.

Besondere Bedeutung kommt hier dem Gefahrenübergang zu, der nicht notwendigerweise mit dem Moment der Eigentumsübertragung nach § 929 BGB zusammenfallen muss, dieser aber die späteste Marke darstellt![98] Bekannte Vertragsarten die einen Gefahrenübergang beinhalten, sind z.B. der Kaufvertrag (*§ 433 BGB*), der Versendungskauf (*§§ 433, 447 BGB*), der Werkvertrag (*§ 631 BGB)* und der Schenkungsvertrag (*§ 516 BGB*).

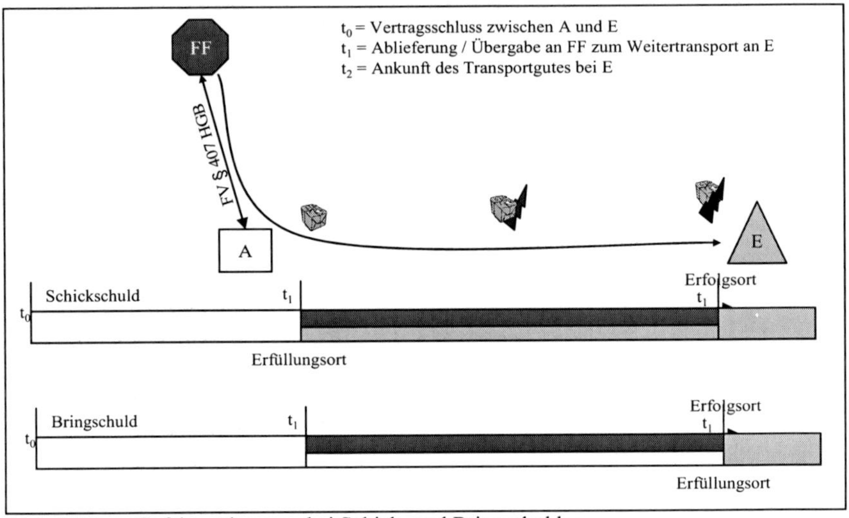

Abb. 2.10: Gefahrenübergang bei Schick- und Bringschuld

Obiges Schaubild zeichnet die Entwicklung der Leistungs- (*weiß*) und Vergütungsgefahr (*hellgrau*), bzw. den Träger des Schadensausfallrisikos beim Transport (*weiß = Absender; hellgrau = Empfänger*) anhand des Gefahrenübergangs bei den verschiedenen Vertragsarten nach. Der (*abdingbare*)[99] Versendungskauf nimmt hier eine Zentralstellung bei der Bestimmung des Gefahrenübergang bei Distanzgeschäften ein. Er ist anwendbar auf dem normalen Kaufvertrag (*im zwischengewerblichen Bereich*) und dem Werkvertrag gem. § 644 II BGB.

Folgen die Vertragsparteien den Regelungen des § 447 BGB, so erfüllt der Verkäufer bereits mit der Übergabe der Ware an den Frachtführer seine Leistungspflicht, denn die abschließende Verkäuferleistung ist eine unpersönliche Schickschuld. Geht nun beispielsweise das Transportgut verloren

---

[98] Vgl. *Erman, BGB I* S. 1628 Rdnr. 2.

[99] Vgl. *Jauernig, Bürgerliches Gesetzbuch 2004* S. 563 Rdnr. 5.

(=*„zufällig unter" – vgl. § 446 BGB*), so kann der Empfänger/Käufer nicht mehr vom Absender/Verkäufer Neulieferung verlangen. Dafür muss E aber immer noch A den vereinbarten Verkaufspreis bezahlen und trägt somit die Vergütungsgefahr. Obwohl aber der Transportvertrag zwischen A und FF geschlossen wurde, kann E als Ausgleich für sich gem. § 421 I S2 HGB den erlittenen Verlust zurückfordern (*vgl. Kap. 3.1*). Gerade aber die dem FF zugute kommende Haftungsbeschränkung (*vgl. Kap. 3.1.3.1*) lässt den Gefahrübergang haftungstechnisch so interessant werden. Andernfalls könnte sich der E komplett an FF schadlos halten und die Lage des Gefahrenübergang wäre unkritisch.

Anders verhält es sich bei Distanzgeschäften, die mit einer Bringschuld des Verkäufers ausgestattet werden. Dies ist regelmäßig der Fall beim Verbrauchsgüterkauf, bei dem ausschließlich auf den Übergabeort gem. § 446 BGB abgestellt wird, da die Anwendung des § 447 BGB i.S.d. Verbraucherschutzes nach § 474 II BGB untersagt ist.[100] Aber natürlich können auch die gewerblichen Vertragsparteien im Rahmen ihrer Privatautonomie vom Vorbild des § 447 BGB abweichen und den Erfüllungsort wieder mit dem Erfolgsort zusammenführen. Dies hat zur Folge, dass A dem E im Verlustfall des FF neue Waren zusenden muss, da er noch nicht seinen Leistungspflichten nachkam. E ist hierdurch wesentlich besser gestellt, da er in jedem Fall nur die Ware bezahlen muss, die er auch erhalten hat.

[100] Vgl. *Dörner/Schulze, BGB-Handkommentar* S. 568 Rdnr. 2 f.

2.5.3 Frachtführerhaftung

Das Haftungsregime des HGB verfügt über ein sehr feines Geäst aus Zuweisungs- und Haftungsbegrenzungsvorschriften für entstandene Schäden aus Haupt- und Nebenpflichtverletzungen, die innerhalb des Obhutzeitraumes entstanden sind. Es konzentriert sich logischerweise auf den Frachtführer, da dieser ja auch das Transportrisiko trägt.

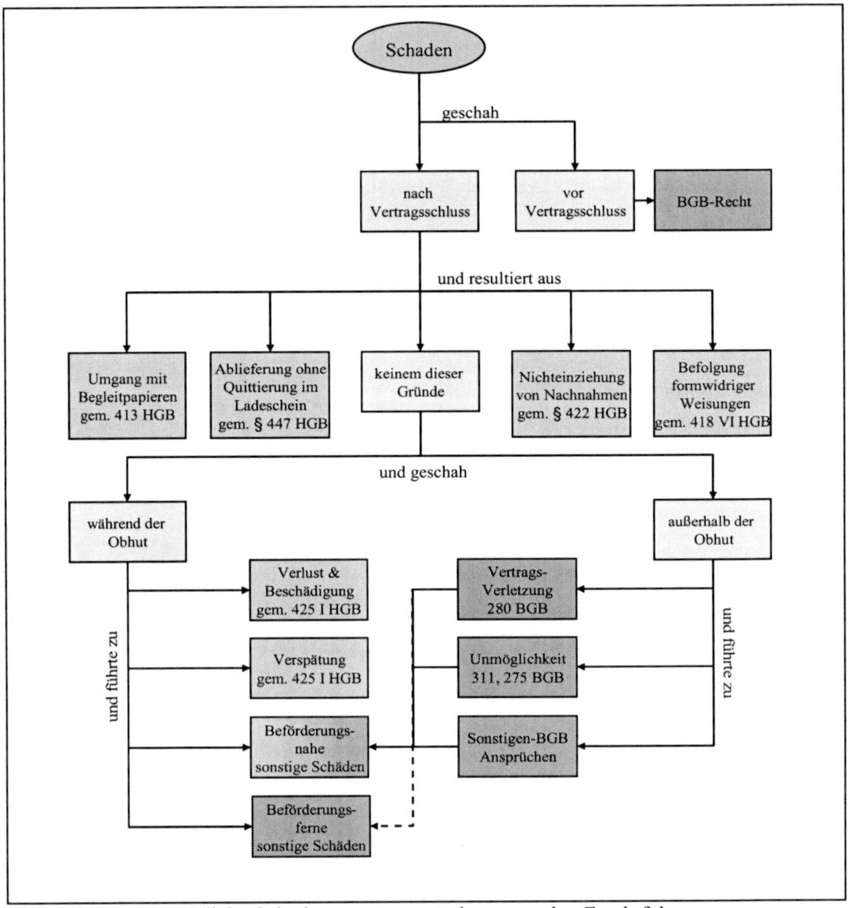

Abb. 2.11: Vertragliche Schadensersatzansprüche gegen den Frachtführer

Das allg. Frachtrecht nimmt eine regelrechte Filtrierung der Schadensersatzansprüche gegen den Frachtführer vor – in vielen Fällen zu seinen Gunsten. Das Aufspüren der passenden Anspruchsgrundlage ist mitunter ein schweres Unterfangen. In einem ersten Schritt ist zu prüfen, ob der Schaden vor oder nach Vertragsschluss geschah, da vorvertragliche Pflichtverletzungen zumeist dem BGB-Recht unterliegen.

Vertragszeitraum / Obhutszeitraum - Zumeist wird ein Schaden zumindest dem Vertragszeitraum zuzurechnen sein, sodass die Frage einer eventuellen Haftung „dem Grunde nach" geklärt werden muss. Beruht der entstandene Schaden auf einer dieser Ursachen (*Umgang mit Begleitpapieren, Ablieferung ohne Quittierung im Ladeschein, Nichteinziehung von Nachnahmen, Befolgung formwidriger Weisungen*) ist vorrangig der Schaden nach diesen speziellen Grundsätzen abzuwickeln. Das Besondere hieran ist, dass der Frachtführer in diesen Fällen prinzipiell verschuldensunabhängig haftet, manchmal sogar unbeschränkt!

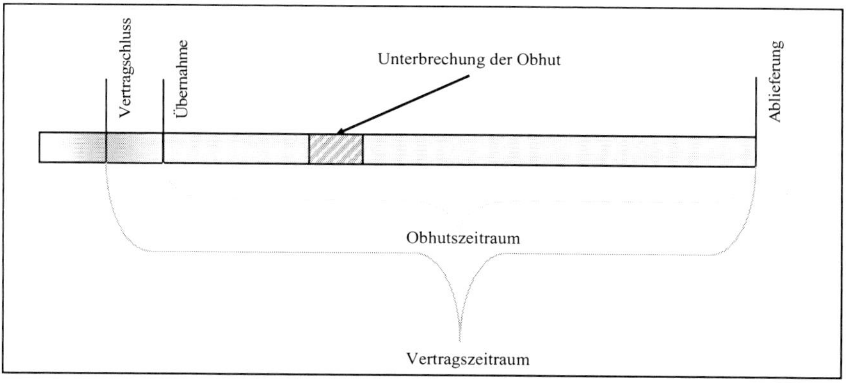

Abb. 2.12: Vorvertragszeitraum – Vertragszeitraum – spez. Obhutszeitraum

Den meisten Schadensereignissen dürfte jedoch kein derartiger Schadensanlass zugrunde liegen, da sich der Frachtführer auf dieses Risiko i.d.R. sehr gut einstellen kann. Eingrenzend wirkt zudem, dass diese Sondertatbestände enumerativ aufgelistet und gleichfalls sehr eng auszulegen sind. Die Anwendung von Analogieschlüssen verbietet sich von daher größtenteils.

Besonders bedeutsam wird dadurch immer die sog. Obhutsfrage, also ob der Schaden vor oder nach Übernahme[101] der Güter zum Weitertransport[102] erfolgte. Es sollen nämlich grundsätzlich nur beförderungsspezifische Transportrisiken gesondert geregelt werden. Folgerichtig kann eine übernommene Obhut z.B. bei einer strategischen Zwischenlagerung zwecks Preisspekulation, die nicht dem

101 Vgl. BGH vom 28.06.2001 Nr. I ZR 13/99 in NJW-RR Jhrg. 2002 S. 536-538.
102 Vgl. OLG Düsseldorf vom 23.12.1996 Nr. I ZR 13/99 in TranspR Jhrg. 1998 S. 112-113.

ursächlichen Transport dient, aufgrund einer Absenderweisung unterbrochen werden.[103] Der zeitliche Schadensnachweis ist deshalb so wichtig, da die innerhalb der Obhutszeit verursachten Schäden hauptsächlich über frachtrechtliche Anspruchsgrundlagen reguliert werden, während Schadensereignisse vor der Inobhutnahme zunächst über das bürgerlich, allgemeine Recht geregelt werden. Aber auch hier kommt eine summenmäßige Haftungsbegrenzung gem. § 433 HGB in Betracht.

Haupt- und Nebenpflichten - Die größte Gruppe der Schäden resultiert zumeist aus einer Hauptpflichtverletzung und führt zu (*Teil-)*Verlust, Güterbeschädigung oder Lieferfristüberschreitungen. Sie unterliegen dem Haftungsregime des § 425 HGB, da deren Vermeidung die eigentliche Hauptvertragsleistung darstellt.

Zu den Nebenpflichten gehören etwa Vorbereitungsaufgaben, Durchführungs- und Sicherungsmaßnahmen für die Hauptleistung oder auch Abwicklungsaufgaben nach Kündigung oder Rücktritt.[104] Passieren Fehler, die weder zu Güterbeschädigungen, Verlusten noch Lieferfristüberschreitungen führen, kann es zu sonstigen Schäden kommen. Sie werden vom HGB-Frachtrecht nicht direkt erfasst und werden entweder als beförderungsnah oder –fern klassifiziert, da sich hieraus wiederum Unterschiede ergeben.

Außervertragliche Ansprüche - Natürlich können auch außervertraglich Ansprüche etwa aus unerlaubten Handlungen gem. §§ 823 ff, unerlaubter Bereichung gem. §§ 812 ff. BGB oder Geschäftsführung ohne Auftrag gem. §§ 677 BGB ebenso in Betracht kommen,[105] wenn nicht vorrangig die Vertragsverletzung zu entschädigen ist. Hierdurch soll einer Aushöhlung bestehender Sonderhaftungsvorschriften (*etwa §§ 425 HGB*) vorgebeugt werden.[106] Dem weiteren Interesse an Anspruchskonkurrenz zwischen vertraglichen und außervertraglichen Ansprüchen wurde 1998 durch Neufassung des § 434 HGB begegnet, indem die Frachtführerhaftung für Güter- und Verspätungsschäden gleichgeschaltet wurde. Der Anspruchsberechtigte kann nunmehr keinen Vorteil aus einer – häufig unbeschränkt wirkenden – außervertraglichen Inanspruchnahme ziehen. Auch wird er hierdurch nicht übermäßig benachteiligt, da im Falle vom grobem Verschulden des FF eine unbegrenzte Haftung eintritt.

Schadensbemessung - Die Definition der Schadensbegriffe hinsichtlich der

---

[103] Vgl. *Koller, Transportrecht* S. 316 Rdnr 21.
[104] Vgl. *Palandt, BGB 2004* S. 244 Rdnr. 5.
[105] Hier nicht näher berücksichtigt, da nicht ursächlich dem Frachtrecht zuzurechnen.
[106] Vgl. *Palandt, BGB 2004* S. 1233 f. Rdnr. 4 ff.

Schadensbemessung ist ebenfalls von höchster Bedeutung, wobei man hauptsächlich zwischen drei Klassifizierungen unterscheidet: Substanzschäden sowie primäre und sekundäre Vermögensschäden. Zu den Substanzschäden zählen in erster Linie direkte Güter- und Verlustschäden. Dem Geschädigten werden i.d.R. nur seine Herstellungs- und Bezugskosten ersetzt, nicht aber entgangener Gewinn durch einen vereitelten Kauf. Die Möglichkeit der weiteren Bezugnahme auf den Opportunitätsgedanken (*Was wäre wenn alles gut verlaufen wäre?*) eröffnet die Liquidierung des primären Vermögensschadens. Beim sekundären (*mittelbaren*) Vermögensschaden sind auch noch vom Transportgeschehen sehr entfernte Schäden wie Güterfolgeschäden inbegriffen. Das deutsche Frachtrecht lässt die Geltendmachung eines Vermögensschadens bei Verstoß gegen eine Hauptpflicht im Obhutszeitraum so gut wie gar nicht zu. Zwar lassen sich derartige Ansätze bei Verspätungsschäden erkennen, bei denen der Vermögensschaden in Ansatz gebracht werden kann, dieser aber praktisch immer auf den dreifachen Betrag der Fracht gestutzt wird.

Verlust oder Beschädigung - Verlust des Gutes liegt vor, wenn das Gut untergegangen, unauffindbar oder aus sonstigen tatsächlichen und/oder rechtlichen Gründen vom Frachtführer auf absehbare Zeit dem Empfänger nicht mehr ausgeliefert werden kann.[107] Dabei spielt es auch keine Rolle, auf welcher Ursache der Verlust beruht.[108] Auch wenn es offensichtlich ist, dass der FF die Ware nicht mehr ausliefern kann, z.B. aufgrund eines Diebstahls, handelt es sich schon um Verlust.[109]

Falls der Frachtführer dem Absender nicht die komplette Sendung, aber zumindest einen Teil davon, heil übergeben kann, spricht man vom Teilverlust. Ein Teilverlust ist aber nicht in jedem Fall als Verlustschaden einzustufen, denn mitunter kann er auch zur (*Total*-) Beschädigung der Sendung führen.

Beschädigungen am Transportgut ziehen eine Wertminderung des objektiven Sendungswertes nach sich und resultieren oft aus so banalen Gründen wie Stößen, Verbiegungen, Nässeeinwirkungen, etc. Es ist aber prinzipiell vollkommen unerheblich, worauf die Beschädigung beruht. So kann sogar eine Lieferfristüberschreitung zu einer Substanzveränderung (*Beschädigung*) am Transportgut führen, wobei diese aber nach Maßgabe des § 431 III HGB (*Wertgrenze für Lieferfristüberschreitungen*) reguliert werden![110] Wenn die Sendung

[107] Vgl. *Fremuth, Transportrecht* S. 182 f. Rdnr. 11.
[108] Vgl. *ebd.*
[109] Vgl. *Koller, Transportrecht* S. 306 f. Rdnr. 7.
[110] Vgl. BGH vom 30.09.1993 Nr. I ZR 258/91 in NJW Jhrg. 1993 S. 3331 – 3332.

bei Ankunft so dermaßen beschädigt ist, dass sie überhaupt keinen Wert mehr hat - ein Indiz kann etwa die Funktionstüchtigkeit sein - spricht man von einem Totalschaden.

Die nachfolgende Zusammenstellung am Beispiel einer Computerauslieferung gibt einen typischen Überblick über Schadenseinstufungen, wobei es in der Praxis immer auf den konkreten Einzelfall ankommen dürfte:

Übernahme	**Übergabe**	**Bestandsaufnahme**	**Rechtsfolge**
		Kein Computer konnte ausgeliefert werden →	Verlust
		Vollständige Zerstörung aller Computer →	Beschädigung – total - [111]
		Nur 1 Computer ausgeliefert →	Teilverlust
		Auslieferung ohne Monitore *(Computer nicht mehr zu benutzen)* →	Teilverlust / *(Beschädigung – total)*
		1 Computer vollständig zerstört →	Beschädigung - teilweise
		Alle Monitore zerstört →	Beschädigung – teilweise oder total

Abb. 2.13: Unterschiede zwischen Verlust – Teilverlust - Beschädigung

Verjährung - Das HGB-Frachtrecht kennt zudem noch besonders zu beachtende Verjährungsfristen. Der Anspruchsberechtigte, will er dem Frachtführer einen Schaden entgegenhalten, hat hierzu gem. § 439 I, II HGB ein Jahr ab Kenntnisnahme Zeit. Diese Frist verlängert sich in den Fällen des § 435 HGB (*grobe Fahrlässigkeit*) auf drei Jahre.[112] Diese Verjährungsfristen gelten immer dann, wenn ein wirksamer Frachtvertrag geschlossen wurde, die Waren tatsächlich transportiert wurden und der Schaden zumindest beförderungsnah entstanden ist.[113] Bemerkenswert erscheint, dass § 439 HGB auch für außervertragliche, deliktische Ansprüche die Verjährung festlegt und innerhalb seines Anwendungsbereiches somit den BGB-Vorschriften regelmäßig vorgeht.[114]

Leutehaftung – Die Haftung des FF *für* seine Leute und Andere gem. § 428 HGB ist strikt abzugrenzen von der *eigenständigen* Haftung der Leute *gegenüber* den Anspruchsberechtigten gem. § 436 HGB!

---

111 Vgl. *Demuth in TranspR* Jhrg. 1996/07 S. 257 f.: Ist der Totalschaden als Verlust zu behandeln?
112 Vgl. *Seyffert, Haftung des ausführenden Frachtführers* S. 123.
113 Vgl. *Koller, Transportrecht* S. 512 Rdnr. 4.
114 Vgl. *ebd.* S. 511 Rdnr. 3 – zu Ausnahmen hiervon vgl. *Fremuth, Transportrecht* S. 307 Rdnr. 14 – 15.

Nach § 428 HGB – er lehnt sich an § 278 BGB an - ist der Frachtführer für alle Vergehen seiner Leute und beauftragte Subunternehmer (*Unterfrachtführer*) so verantwortlich, als ob er selbst gehandelt oder unterlassen hätte. Dies allerdings nur, sofern sie in Ausübung ihrer Verrichtungen gehandelt haben. Dies kann sogar dazu führen, dass auch der FF für Delikte seiner Hilfspersonen einzustehen hat, die sie im Rahmen des Frachtvertrages begangen haben. *Entwenden bspw. die Mitarbeiter des FF Transportgüter, so kann sich der aus § 823 BGB ergebende Absenderanspruch auch gegen den Frachtführer richten.*[115] Zu den Leuten zählen neben den Angestellten des FF auch Leiharbeiter und Aushilfskräfte,[116] aber auch an Familienangehörige ist zu denken, sofern sie im Betrieb mithelfen.[117] Mit dem Begriff der „anderen Personen" sind Subunternehmer des FF und deren Leute gemeint, deren er sich während der Beförderung bedient.[118]

Wichtig ist die Leutehaftung des Frachtführers deshalb, weil sich die meisten Unternehmer Hilfspersonen bedienen, die für sie tätig werden. Die wenigsten FF sind heutzutage noch echte Alleinunternehmer. Für die Geltung des § 428 HGB - gerade im außervertraglichen Bereich - ist es unerheblich, ob der FF seine Sorgfalt bei der Auswahl seiner Hilfspersonen nachweisen kann. Auf ein eventuelles Auswahlverschulden kommt es nicht an.[119] Nach § 831 I S2 BGB könnte er sich ansonsten nämlich von der deliktischen Haftung (*Beispiel oben: Diebstahl*) unter Berufung auf seine sorgfältige Personalauswahl und -führung befreien,[120] mit der Folge, dass der Geschädigte nur noch einen Anspruch gegen den i.d.R. wirtschaftlich schwächeren Angestellten hätte.

§ 436 HGB betrifft die Eigenhaftung der Leute und basiert zum Teil auf einen „Erst-Recht-Schluss" des Gesetzgebers,[121] der dem FF ein Haftungsprivileg für bestimmte außervertragliche (*deliktische*) Ansprüche zubilligt (*vgl. Kap3.1.3.9*). So wird dafür gesorgt, dass der Angestellte, etwa der Fahrer, genauso außervertraglich haftet, wie der FF, unter der Einschränkung, dass ihn keinerlei nachteilige Abreden zwischen FF und Absender treffen. Er darf darauf vertrauen, dass für ihn die gesetzlichen Regelungen gelten, was ja auch

---

115 Vgl. *Dubischar, Grundriß Gütertransportrecht* S. 51; bekräftigend: BGH vom 17.03.1981 Nr. VI ZR 287/79 in VersR Jhrg. 1981 Heft 30 S. 732 – 733 | S. 733.

116 Vgl. *de la Motte* in *Korf, Der Güterverkehr nach neuem Recht* S. 126.

117 Vgl. *BR-Drucks. S. 368/97* S. 63.

118 Vgl. *Seyffert, Haftung des ausführenden Frachtführers* S. 73.

119 Vgl. *Koller, Transportrecht* S. 402 Rdnr. 1.

120 Vgl. *Jauernig, Bürgerliches Gesetzbuch* 2004 S. 1111 Rdnr. 10-13.

121 Vgl. *BR-Drucks. 368/97* S. 72; vormalige Rechtssprechung : BGH vom 26.11.1979 Nr. II ZR 191/78 in VersR Jhrg. 1980 Heft 24 S. 572 – 573 | S.572.

einzusehen ist, da er normalerweise nicht der Vertragsgestaltung seines Geschäftsherrn (*Frachtführer*) zustimmen braucht oder gar ein Vetorecht besitzt.

Da § 436 HGB die anderen Personen unerwähnt lässt, können sie diesen Vorteil zunächst nicht für sich verbuchen. Sie würden daher in erster Linie voll haften.[122] Weil sie aber häufig ihrerseits einen Frachtvertrag mit dem FF abschließen, ist ihre außervertragliche Haftung und die ihrer Leute wiederum über § 436 HGB begrenzt.[123]

2.5.3.1 Verlust, Teilverlust und Beschädigung von Gütern

Der Verlust, als auch die Beschädigung von Gütern, ist mit der Lieferfristüberschreitung die wohl typischste Form eines Transportschadens. Hinsichtlich der Schadensregulierung werden Verlust und Beschädigung gem. §§ 425 ff. HGB fast gleich behandelt. Bei Güterbeschädigungen und Teilverlust ist allerdings zur Vermeidung einer für den Absender und Empfänger drohenden Beweislastumkehr eine Schadensanzeige gem. § 438 I, II HGB spätestens innerhalb von sieben Tagen nach Ablieferung der Sendung vorzunehmen.[124] Um der durch einer versäumten Schadensanzeige hervorgerufenen Beweislastumkehr zu entgehen, wird der Anspruchsberechtigte im Zweifelsfall auf Verlust abstellen wollen, wodurch die Abgrenzung von Verlust und Beschädigung für die Praxis sehr wichtig ist.

Praktische Bedeutung erlangt die Frage in Einzelfällen auch, wenn es um darum geht den Schadensumfang festzustellen, denn von ihm hängt die max. Haftungshöhe ab. Der Empfänger kann natürlich geneigt sein, die Beschädigung / den Teilverlust eines Sendungsteiles als totale Beschädigung zu deklarieren, sodass das anzusetzende Sendungsgewicht höher ist.

---

[122] Vgl. *Koller, Transportrecht* S. 470 f. Rdnr. 9.

[123] Vgl. *Seyffert, Haftung des ausführenden Frachtführers* S. 237.

[124] Vgl. *Fremuth, Frachtrecht*, S. 292 f. Rdnr. 1-2.

Um aus § 425 I HGB Ansprüche zu erlangen, ist zunächst einmal die konkrete Anwendbarkeit zu prüfen. Die Vorschrift ist auf alle Güter und Verspätungsschäden anzuwenden, die im Obhutszeitraum bedungen sind. (*vgl. Abb. 3.6*).[125] Somit werden die hier besprochenen Schäden aus Verlust, Teilverlust und Beschädigung berücksichtigt.

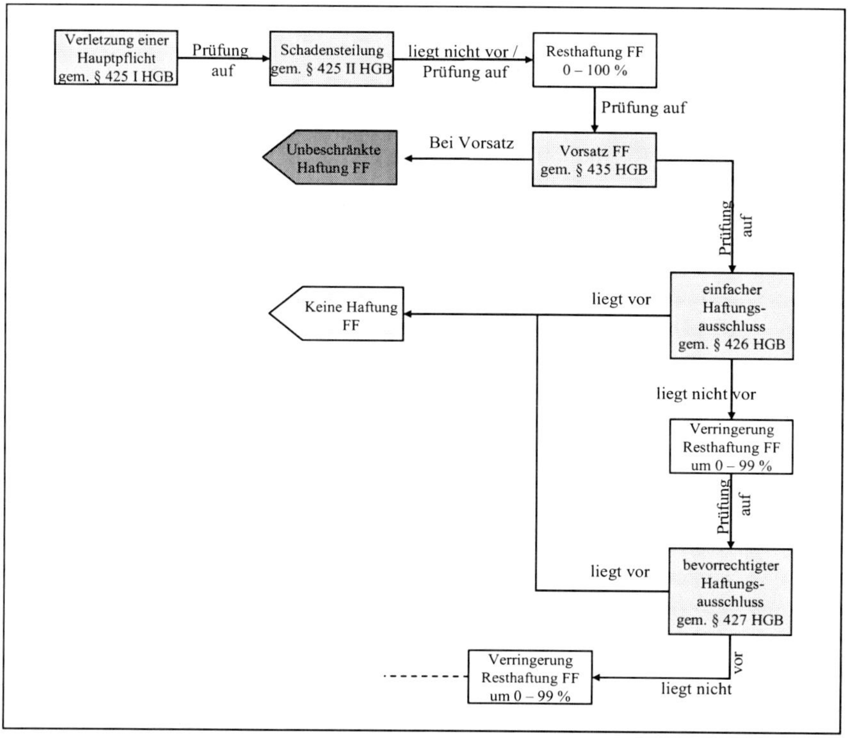

Abb. 2.14: Regulierung von Beschädigungen und Verlusten – Teil 1

Nach Feststellung der Eingangstatbestände kann sich die weitere Prüfung auf bis zu sieben Schritte hinziehen!

1. **Prüfung auf Mitverschulden** – Die Prüfung auf Mitverschulden des Absenders gem. § 425 II HGB ist der erste Prüfungsschritt und durchbricht die bis hierin verschuldensunabhängige Haftung des Frachtführers. Sie wird zwar nicht gänzlich abgedungen, aber zumindest eingeschränkt.

[125] Vgl. *Fremuth, Frachtrecht* S. 180 Rdnr. 4.

Der Wortlaut will dem Absender den Schaden zuweisen, für den er aufgrund seines Verhaltens oder eines besonderem Mangel am Gut verantwortlich ist. Hier liegt ein Abgrenzungsproblem zwischen normalen Verhalten und schadhaften Verhalten des Absenders vor, dass in der Einzelfallpraxis immer genau aufgelöst werden muss. Das Mitverschulden des Absenders kann z.B. aus seiner Informationspolitik (*Verschweigen besonderer Transportrisiken, unzureichende Adressdeklaration*) oder eines Ladungs- wie Verpackungsfehlers begründet sein.[126]

Die zweite Hauptursache zur Begründung einer Schadensteilung wird vom Gesetz durch besondere Mängel am Gut vorgesehen, so z.B. bei unzureichend vorgekühltem Tiefkühlgut.[127] Allerdings kommt es hier auch immer auf den Informationsstand des Frachtführers bei Vertragsschluss an. Weiß er schon zu diesem Zeitpunkt um den besonderen Mangel am Gut, dann kann er sich natürlich nur sehr begrenzt bis überhaupt nicht auf ihn berufen.[128]

Wird dem Absender ein (*Mit-*)Verschulden attestiert, führt dies zu einer Reduzierung der bis dato verschuldensunabhängigen Frachtführerhaftung um den entsprechenden Prozentbetrag.

2. **Prüfung auf Vorsatz** – die Vorsatzvorschrift des § 435 HGB geht im Frachtrecht allen nachfolgenden, haftungsmildernden Tatbeständen vor und nimmt dem FF jegliche Haftungsbefreiungen und Haftungsbegrenzungen. Sie stellt zwar keine eigene Anspruchsgrundlage auf eine unbeschränkte Haftung gegen den FF dar, doch bedingt sie diese, da der Anspruch schon aus § 425 I HGB entstanden ist.

   Nun geht es nicht mehr um das schuldhafte Verhalten des Absenders sondern um das qualifizierte Verschulden des Frachtführers, welches den Schaden herbeigeführt hat.[129] In Anbetracht der drohenden Wirkungen für den FF werden hieran besonders strenge Anforderungen gestellt. Zwei Fallkonstellationen werden in § 435 HGB

---

126 Vgl. *Koller, Transportrecht* S. 340 – 342 Rdnr. 73 – 75.

127 Vgl. OLG Brandenburg v. 29.03.2000 Nr. 7 U 206/98 in TranspR Jhrg. 2000/09 S. 358 - 359; auch OLG Schleswig vom 30.08.1978 Nr. 9 U 29/78 in VersR Jhrg. 1979 Heft 6 S. 141 – 143 | S. 141.

128 Vgl. *Müglich, Transportrecht* S. 131 Rdnr. 19; vgl. auch *Koller, Transportrecht* S. 346 f. Rdnr. 82.

129 Vgl. *Koller, Transportrecht* S. 452 Rdnr. 2; Vgl. *Starck* in *Thume, Transport und Vertriebsrecht* S. 131 ff.

benannt, die zum Wegfall der Haftungsprivilegierungen des FF führen: Vorsatz oder besondere Leichtfertigkeit i.V.m. dem Bewusstsein der Herbeiführung eines wahrscheinlichen Schadens.

Der Vorsatz stellt in der Bemessung der Schuld kein Problem dar. Zwar gibt das Gesetz keine derartige Begriffsbestimmung, doch lässt sich diese aus der entwickelten Vorsatztheorie ableiten. Hiernach unterscheidet man zwischen drei Vorsatzarten: Der Absicht („*dolus directus ersten Grades*"), dem direkten Vorsatz („*dolus directus zweiten Grades*") und dem bedingten Vorsatz („*dolus directus eventualis*").[130] Da die erreichte Verschuldensqualität bei allen Vorsatzformen des schädigenden FF immer über den Anforderungen an eine Fahrlässigkeit liegt und somit nach § 435 HGB nur das obere Ende markiert, kann von einer eingehenden Erörterung abgesehen werden. Alle denkbaren Vorsatzformen führen schließlich zum Wegfall der Haftungsprivilegien. Das nach § 435 HGB mildeste Eingangsmerkmal stellt die besondere Leichtfertigkeit dar. Das Kriterium der Leichtfertigkeit ist für das deutsche Vertragsrecht bislang unüblich gewesen und muss für die sich hier stellenden Sachverhalte übertragen werden.[131]

Das Gesetz spricht in seiner zweiten Alternative von: "*Die .. Haftungsbefreiungen gelten nicht, wenn der Schaden auf eine Handlung oder Unterlassung zurückzuführen ist, die der Frachtführer.. leichtfertig und in dem Bewusstsein, dass ein Schaden mit Wahrscheinlichkeit eintreten werde, begangen hat.*" Die Rechtsprechung setzt die beschriebene Leichtfertigkeit teilweise mit der bekannteren objektiven, groben Fahrlässigkeit gleich[132] oder richtet sich zumindest an ihr aus.[133] Dies bedeutet eine Außerachtlassung der verkehrserforderlichen Sorgfalt in besonders schwerem und ungewöhnlich hohem Maße.[134] Das zusätzlich erforderliche Bewusst-

---

[130] Vgl. *Dörner/Schulze, BGB-Handkommentar* S. 272 Rdnr. 6 – 9.

[131] Vgl. *Müglich, Das neue Transportrecht* S. 176 Rdnr. 4; vgl. *Seyffert, Haftung des ausführenden Frachtführers* S. 125.

[132] Vgl. OLG Oldenburg vom 23.05.2001 Nr. 2 U 77/01 in VersR Jhrg. 2002 Heft 15 S. 638; vgl. LG Frankfurt am Main vom 11.09.2001 Nr. 3/4 O 79/00 in TranspR Jhrg. 2002/04 S. 165 - 166; vgl. auch *Fremuth in TranspR*. Jhrg. 1997/02 S. 48, 56*: Die Vorschläge der Kommission für den Frachtvertrag.*

[133] Vgl. OLG Düsseldorf vom 14.11.2001 Nr. 18 U 263/00 in TranspR Jhrg. 2002/02 S. 73 – 76 | S. 73, 75; vgl. LG Hamburg vom 6.11.2000 Nr. 419 0 79/99 in TranspR Jhrg. 2001/07 S. 303 – 305.

[134] Vgl. *Jauernig, Bürgerliches Gesetzbuch 2004* S. 258 Rdnr. 33; ähnlich: Vgl. *Seyffert, Haftung des ausführenden Frachtführers* S. 127.

seins- und Wahrscheinlichkeitserfordernis konkretisiert und ergänzt effektiv den Verschuldensmaßstab der groben Fahrlässigkeit. Es stellt die Rechtssprechung gleichfalls aber auch vor große Schwierigkeiten. Klar ist, dass der Schadenseintritt irgendwie nahe liegen muss (*für den Schädiger*),[135] nur nicht in welcher Intensität.[136]

Dem SE-Berechtigten werden also große Hürden bis zur Erlangung eines unbeschränkten Haftungsanspruch gegen den FF auferlegt. Anzumerken bleibt, dass § 435 HGB zwar jedwede weitere Haftungsbeschränkung zunichte macht, eventuelle Teilzuweisungen aus Mitverschulden des Absenders nach § 425 II HGB aber unberührt lässt.[137] Der sich aus §§ 425 I, 435 HGB zu erlangende, unbegrenzte Haftungsanspruch beschränkt sich somit auf die Resthaftung des Frachtführers gem. § 425 II HGB.

3. **Prüfung auf einfachen Haftungsausschluss** – Die Gewährung des einfachen Haftungsausschluss gem. § 426 HGB ist das erste, dem FF eingeräumte Privileg in einer ganzen Kette von Sondervorschriften. In seiner Wirkung ist es vergleichbar mit § 425 II HGB, indem es die Haftung im Ganzen oder zu Teilen vom FF fernhält, sobald der eingetretene Schaden auch bei größter zumutbarer Sorgfalt eines gewissenhaften FF nicht zu verhindern gewesen wäre.[138] Übernommen wurde der Begriff der „Unabwendbarkeit des Schadens" aus Art. 17 II CMR im Rahmen des TRG.[139] Der FF kann sich auf eine Unabwendbarkeit bei Vorliegen von höherer Gewalt, die z.B. bei spontanen Arbeitskämpfen, unverhofften Blockaden, Terroranschlägen oder unvorhersehbaren hoheitlichen Maßnahmen gegeben ist, berufen.[140] Zur Entlastung reicht es dem FF aber nicht, bloß an-

---

135 Vgl. *Seyffert, Haftung des ausführenden Frachtführers* S. 129.

136 Intensität > 50 %: OLG Frankfurt vom 22.10.1980 Nr. 17 U 83 + 163/77 in VersR Jhrg. 1981 Heft 7 S. 164 – 167 | S. 167 f..
Intensität < 50 %: OLG Oldenburg vom 23.05.2001 Nr. 2 U 77/01 in VersR Jhrg. 2002 Heft 15 S. 638.
Intensität mit statistisch relevanter Wahrscheinlichkeit: OLG München vom 27.07.2001 Nr. 23 U 30 96/01 in TranspR Jhrg. 2002/04 S. 161 – 163.
Intensität eines hohen oder nahe liegenden Risikos: OLG Köln vom 19.06.2001 Nr. 3 U 35/01 in VersR Jhrg. 2001 Heft 33 S. 1445 – 1447 | S. 1445, 1447.

137 Vgl. *Raming* in TranspR Jhrg. 2001/02 S. 53: Die Entlastung des Frachtführers von seiner Haftung nach § 425 I HGB.

138 Vgl. BGH vom 13.04.2000 Nr. I ZR 290/97 in VersR 2000 Heft 33 S. 1437 – 1439 | S. 1437.

139 Vgl. *Korf, Der Güterverkehr nach neuem Recht* S. 124.

140 Vgl. *Koller, Transportrecht* S. 353 ff. Rdnr. 5-18.

zuführen, dass ein solcher Umstand vorlag, er muss auch die Kausalität zum Schaden darlegen.[141] So wäre es denkbar, dass sich der FF für Schäden aufgrund einer Lieferfristüberschreitung exkulpieren kann, da ein Flugzeug auf die Autobahn stürzte und so zu einem 20-stündigen Stau führte. Falls derselbe Stau aber eine Güterschaden aufgrund eines Kühlproblems bedingte, liegt diese Möglichkeit doch sehr fern.

Bei Bejahung der Vorlage von höherer Gewalt i.V.m. dem Schaden wird der Frachtführer entsprechend seiner nunmehrigen Resthaftung ganz oder teilweise befreit. Besteht zu diesem Zeitpunkt ein Resthaftungsanspruch des Absenders, sind natürlich die übrigen Punkte noch zu prüfen.

4. **Prüfung auf bevorrechtigte Haftungsausschlussgründe** – Für eine Reihe besonderer Gefahren für das Gut, die nicht dem Risikobereich des FF zuzurechnen sind, gelten bevorrechtigte Haftungsausschlussgründe gem. § 427 HGB.[142] Das Besondere ist, dass der FF in seiner Beweisführung unterstützt wird. Er braucht nur zu beweisen, dass einer der sechs Umstände des ersten Absatzes vorlag und gem. Absatz 2 vorzubringen, dass der Schaden hieraus entstehen konnte.[143] Der Vorteil für den FF liegt in der Vermutung zum Bestehen einer adäquaten Kausalität, wenn diese nicht völlig abwegig erscheint.[144] Insofern weicht diese Vermutung von den bisherigen Prinzipien ab. Absender oder Empfänger als Anspruchsberechtigte können natürlich einen Gegenbeweis zur vermuteten Kausalität antreten und diese widerlegen. Da § 427 I Nr. 1-6 HGB enumerativ die einzelnen Tatbestände auflistet, verbietet sich ein eventuell nahe liegender Analogieschluss von selbst:

   Nr. 1. *Offene Verladung / Verladung auf Deck* – Gemeint ist hier der vertragskonforme Transport auf offenen LKW's, wie sie häufig bei Holztransporten eingesetzt werden oder die Verschiffung von Containern über Deck eines Schiffes (*vgl. Kap. 3.2.2*). Sofern der Frachtführer aber besondere Weisungen zum Umgang und Transport der Güter bekommen hat, muss er ebenfalls gem. Abs. 3 nachweisen, dass er diesen nachgekommen ist. Eine weitere

141 Vgl. *ebd.* S. 356 Rdnr. 19.
142 Vgl. *Baumbach/Hopt, Handelsgesetzbuch* S. 1281 Rdnr. 1.
143 Vgl. *Seyffert, Haftung des ausführenden Frachtführers* S.109; Vgl. *de la Motte* in *Korf, Der Güterverkehr nach neuem Recht* S. 126.
144 Vgl. BGH v. 15.6.2000 Nr. I ZR 55/98 in TranspR Jhrg. 2000/11 S. 459 - 462 zur parallelen CMR-Problematik.

Sonderregelung gilt ferner für ungewöhnlich große (*Teil-*) Verluste bei offenen Transporten gem. Abs. 2 S. 2. In diesen Fällen verliert der Frachtführer die ihm zugesprochene Beweisvermutung wieder.[145]

Nr. 2. *Ungenügende Verpackung* – Dieser Ausschlussgrund benötigt die Erfüllung zweier Merkmale: Die Verpackung muss gefehlt haben oder mangelhaft gewesen sein und der Absender muss die Verpackung tatsächlich vorgenommen haben. Für den Fall, das der Frachtführer oder Dritte die Verpackung (*freiwillig*) ausführen, gibt es besondere Zuweisungsgrundsätze.[146]

Nr. 3. *Behandeln, Verladen oder Entladen* – Dieses Kriterium wird ebenfalls wieder mit der hinzugehörigen Absenderhandlung verknüpft und wirkt somit potentiell immer dort, wo der Absender diese Tätigkeiten ausführt. Daraus darf jedoch nicht der Schluss gezogen werden, dass bspw. auch ordentlich ausgeführte Verladungen durch den Absender den FF von seiner Haftung befreien könnten, nur weil es der Gesetzgeber in § 427 I Nr. 3 HGB versäumte, ein Adjektiv wie „mangelhaft" oder „unzureichend" voranzustellen, so wie es in Nr. 2 geschehen ist.[147] Ansonsten würde dies zu dem absurden Ergebnis führen, dass der FF immer einen solchen Einwand bringen könnte, da Behandeln, Verladen und Entladen ganz normale Vorgänge im Transportgeschäft darstellen. Die Anwendung von Nr. 3 kann folgerichtig nur auf die Fälle begrenzt werden, in denen durch eine objektiv fehlerhafte Absendertätigkeit dass Beförderungsrisiko außerordentlich steigt. Es liegt an dem FF nachzuweisen, dass die Behandlung etc. mangelhaft war und der Schaden hierdurch entstanden sein könnte.[148] Insofern wird in der Rechtssprechung vom eigentlichen Wortlaut des Nr. 3 abgewichen.[149]

---

145 Vgl. *Koller, Transportrecht* S. 366 Rdnr. 14.

146 Vgl. *Koller, Transportrecht* S. 369 – 372 Rdnr. 21-34.

147 Vgl. BGH vom 28.03.1985 Nr. I ZR 32/84 in TranspR Jhrg. 1985/02 S. 261 f. in Anlehnung an die die Entscheidung des Bundesgerichtshofes zur „Urvorschrift" des Art. 17 IV b CMR, die die Grundlage von Nr. 3 bildet.

148 Vgl. *Piper* in *Thume, Transport und Vertriebsrecht* S. 135 f.

149 BGH vom 15.06.2000 Nr. I ZR 55/98 in TranspR Jhrg. 2000/11 S. 459 - 462; BGH vom 4.10.1984 Nr. I ZR 112/82 in VersR Jhrg. 1985 Heft 6 S. 133 – 134 | S. 133; OLG Stuttgart von 11.06.2003 Nr. 37 O 95/02 in TranspR. 2003/07 S. 308 – 311 | S. 308, 310.

Nr. 4. *Beschaffenheit des Gutes* – Hier will der Gesetzgeber einer besonderen, dem Transportgute innewohnenden, Schadensanfälligkeit Rechnung tragen und das hierdurch erhöhte Transportrisiko nicht dem FF aufbürden.[150] Wenn also die zu transportierende Sendung, mit durchschnittlicher Verpackung nach der Verkehrsaufassung, immer noch einer erhöhten Schadensanfälligkeit unterliegt, kann sich der FF auf Nr. 4 berufen.

In der Regel kennt der Absender aufgrund seiner höheren Warenkenntnis die Transporteigenschaften seiner Waren besser als der FF[151] und wird ihn deshalb verpflichten, besondere Schutzmaßnahmen (*z.B. Einsatz von Spezialfahrzeugen*) umzusetzen. Sofern dem FF derartige Auflagen nach § 427 III HGB erteilt wurden, kann er sich zudem nur auf Nr. 4 berufen, wenn er diese an ihm gestellten Schutzmaßnahmen auch umgesetzt hat und weiterhin ein erhöhtes Schadensrisiko vorlag.[152]

Nr. 5. *Ungenügende Kennzeichnung der Frachtstücke* – Falls die zu transportierende Fracht vom Absender unzureichend gekennzeichnet wurde und dieser kennzeichnungspflichtig gewesen ist (*Normalfall*), kann sich der FF hierauf berufen. Der FF ist zwar normalerweise nicht zur Kennzeichnung der einzelnen Versandstücke verpflichtet, muss aber, wenn er Mängel einer ungenügenden Kennzeichnung erkennt, den Absender aufgrund seiner Sicherungspflichten warnen.[153] Unterlässt er demgemäß eine Warnung pflichtwidrig, kann er sich nicht auf Nr. 5 berufen.[154]

Nr. 6. *Beförderung lebender Tiere* – Tiertransporte sind normalerweise einem besonderem Transportrisiko unterworfen, da sie schadensanfällig sind. Die Vorschrift der Nr. 6 ist eigentlich überflüssig, da Tiertransporte auch von Nr. 4 erfasst würden. Es gelten somit

---

150 Vgl. *BR-Drucks. 368/97* S. 62.
151 Vgl. *Koller, Transportrecht* S. 386 Rdnr. 66.
152 Vgl. *ebd.* S. 388 Rdnr. 68, S. 393 Rdnr. 80.
153 Vgl. *ebd.* S. 399 Rdnr. 95.
154 Vgl. LG Köln vom 6.09.2001 nr. 89/O/78/01 in TranspR Jhrg. 2002/04 S. 155 – 156.

die in Nr. 4 aufgezeigten Regeln,[155] mit der Ausnahme, dass Tiere immer mit schadensanfälligen Gütern gleichzusetzen sind. Da allein schon vom Gesetz her dem FF spezielle Tiertransportauflagen erteilt werden, kann er sich gem. § 427 V HGB nur auf Nr. 6 berufen, wenn er diese erfüllt hat und trotzdem noch ein erhöhtes Risiko besteht. Daher spricht Abs. 6 auch allgemein von „obliegenden Maßnahmen“ als von vertraglichen Verpflichtungen, wie es Abs. 4 S. 1 macht.

Wenn einer dieser sechs Tatbestände vorliegt, wird die Haftung des FF ausgeschlossen, allerdings nur soweit dem FF keine Mitverantwortung am Schaden trifft. Am Ende dieser Teilschrittprüfung steht der Haftungsausschluss oder die insgesamte Resthaftung des FF (*vgl. Abb. 3.9*).

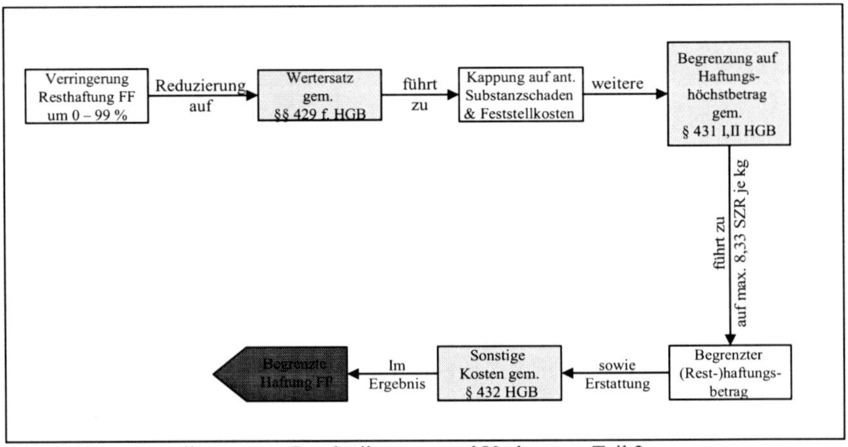

Abb. 2.15: Regulierung von Beschädigungen und Verlusten – Teil 2

5. **Wertersatz** – Der nach den Prüfungspunkten eins bis vier noch übrige Resthaftungsanspruch des Absenders oder Empfängers unterliegt in jedem Fall den Wertersatzvorschriften für Beschädigungen und Verlust des § 429 HGB und dem § 430 HGB über Schadensfeststellungskosten.

[155] Vgl. *Koller, Transportrecht* S. 400 Rdnr. 100.

Da § 429 HGB nur von „Ersatz“ spricht, kann dieser allein in Form von Geld erfolgen – die Möglichkeit der Naturalrestitution oder eine Verpflichtung zur eventuell noch möglichen Reparatur besteht nicht.[156] Nach § 429 HGB wird ein Haftungskorridor begründet, der dem Geschädigten einen Mindestanspruch fast unabhängig vom wirklich entstandenen Schaden zusichert, andernfalls aber gleichwohl auch seine Ansprüche zum Schutz des FF und der Kalkulierbarkeit nach oben hin beschneidet.[157] Es handelt sich deshalb um eine abstrakte Art der Schadensbemessung.[158] In diesem Zusammenhang gewinnt der Wertbegriff des § 429 III HGB an zentraler Bedeutung, da er die Grundlage für die max. Bemessungshöhe ist. Verkomplizierend kommt hinzu, dass (*Teil-*)Verluste und Beschädigungen unterschiedlich behandelt werden müssen, da der Empfänger bei Güterbeschädigungen, zumindest theoretisch, über den Restwert des Gutes verfügen kann. Insofern ist es stimmig, dass im Ergebnis vier Fallgruppen in Abhängigkeit des vorliegenden Schadens unterschieden werden, auch wenn dass Gesetz den Verlusten (*Abs. 1*) und Beschädigungen (*Abs. 2*) nur jeweils einen Absatz widmet.

---

156 Vgl. *Seyffert, Haftung des ausführenden Frachtführers* S. 112.

157 Vgl. *Koller, Transportrecht* S. 409 Rdnr. 1.

158 Vgl. *de la Motte* in *Korf, Der Güterverkehr nach neuem Recht* S. 127.

Totalverlust – Komplett verlorene Sendungen sind am einfachsten wertmäßig zu bemessen, da ihnen keinerlei Gegenwert in Form eines beschädigten Gutes mehr gegenübersteht. Gemäß § 429 I S 1 HGB ist der Wert am Ort und zur Zeit der Übernahme zur Beförderung zu ersetzen. Allgemein werden die Wertermittlungsmöglichkeiten durch Abs. 3 vorgegeben, der zwei Alternativen (*Marktpreis / Rechnungssumme unfrei*) anbietet. Die nachfolgende Grafik versinnbildlicht die Bemessung eines Gütertransportschadens zwischen Händler 2 und Händler 3:

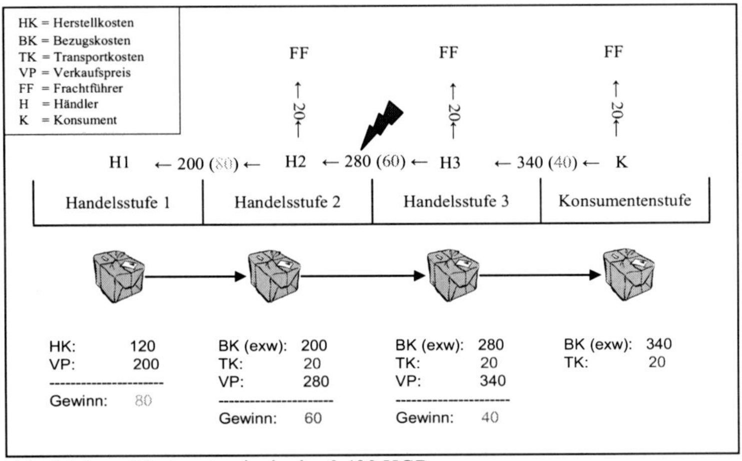

Abb. 2.16: Wertersatzprinzip des § 429 HGB

Entspringt der Transport einem Umsatzgeschäft, wird gem. § 429 III S 2 HGB widerleglich[159] angenommen, dass es sich bei dem unfreien Verkaufspreis um den Marktpreis handelt (*Alt 2*). Im obigen Beispiel kann also H3 als Empfänger und Geschädigter 280 € vom FF verlangen, da das Gut unmittelbar vor Übernahme in die Obhut des FF von H2 an H3 verkauft wurde.[160]

In Fällen der Schenkung oder der bloßen, unbepreisten Versendung von Gütern, bspw. zwischen zwei Werken einer Unternehmensgruppe zur Feindistribution, kommt, mangels hintergründigem Kaufpreis, § 429 III S1 HGB ins Spiel. Er stellt auf den fiktiven Marktpreis, ersatzweise auch auf den gemeinen Wert der verlorenen Güter, ab.

---

159 Vgl. *Koller, Transportrecht* S. 416 Rdnr. 15.

160 Der Rückerstattungsanspruch der Frachtkosten ergibt sich aus § 432 HGB!

Richtschnur für die Ermittlung eines Marktpreises wäre in diesen Fällen der Verkäuflichkeitswert auf der Handelsstufe des Absenders. Übertragen auf obiges Beispiel würde dies die Frage aufwerfen, welchen fiktiven Preis normalerweise H2 für das Gut verlangt hätte, einschließlich seines Gewinnaufschlags. Diese Vorgehensweise gilt natürlich auch für Fälle, in denen Handelsstufen übersprungen werden, z.B. wenn H2 die Waren kostenlos an K versandt hätte.[161] Beispielhaft betrachtet würde K im Rahmen der Marktpreisschätzung wahrscheinlich ebenfalls nur einen Ersatzanspruch in Höhe 280 € erlangen, da dies der übliche Verkaufspreis von H2 ist. Die Heranziehung eines gewillkürten, typischen Wiederbeschaffungswertes von 340 € als Marktpreis wäre nicht erlaubt.

Lässt sich ein Markpreis nicht ermitteln, da es sich beim Transportgut etwa um eine abgeschriebene Spezialmaschine oder ein Unikat handelt und es somit keinen Markt für die Ware gibt, sind die Herstellungskosten nachzuvollziehen.[162]

Die Ausführungen zeigen, wie schwierig sich die Ermittlung eines gängigen Marktwertes in der Praxis gestalten kann. Festzustellen ist jedoch, dass unabhängig vom wirklich entstanden Schaden bis hierin nur der reine Güterwert ersetzt werden kann. Entgangene Gewinne des Geschädigten, im Beispiel die 40 € des H3 aus dem geplanten Weiterverkauf an K, bleiben, genauso wie der Ersatz von Imageschäden,[163] unberücksichtigt. In seltenen Fällen, wie dem zwischenzeitlich eingetretenen starken Preisverfall, könnte aber auch der Geschädigte von dieser Wertermittlungsmethode profitieren, nämlich immer dann, wenn die Differenz aus P_{alt} zu P_{neu} alle sonstigen, nichterstattungsfähigen Schäden übersteigt. Dies dürfte zwar wirklich ein äußerst seltener Sonderfall aufgrund der noch folgenden Haftungsbegrenzung des FF sein, zeigt aber die abstrakte Vorgehensweise des § 429 HGB deutlich auf.

---

161 Vgl. BGH vom 28.06.1993 Nr. II ZR 99/92 in NJW-RR Jhrg. 1993 Heft 22 S. 1371 - 1372; Vgl. *Koller, Transportrecht* S. 412 Rdnr. 6.

162 Vgl. *Butzer* in VersR Jhrg. 1991 Heft 22 S. 854, 860.: Die Ermittlung des Ersatzwertes für Unikate im Frachtrecht.

163 Vgl. BGH vom 15.10.1992 Nr. I ZR 260/90 in TranspR Jhrg. 1993/04 S. 137- 138.

Teilverlust ohne Entwertung der übrigen Sendung – Besteht die Sendung aus mehren Einzelstücken, sind nur die verlorenen Stücke zu ersetzen,[164] sofern die übrigen Stücke hierdurch in ihrem Wert nicht *indirekt* beeinflusst wurden. Es sind die bereits entwickelten Regeln auf die verlorenen Teile anzuwenden (*Vergleiche Wertermittlung bei Totalverlust*).[165]

Totalbeschädigung / Beschädigung ohne Entwertung der übrigen Sendung – Unter diesem Unterpunkt werden alle Schäden subsumiert, bei denen die vorliegende Beschädigung keine Auswirkungen auf den unbeschädigten Rest der Sendung hat. Sinngemäß also auch die Fälle, in denen die *komplette* Sendung *direkt*, bis hin zum Totalschaden, beschädigt wurde. Geregelt wird diese Gruppe in § 429 II, III HGB.

Da Beschädigungen prinzipiell nicht zum gänzlichen Niedergang der Waren führen, ist neben dem ursprünglichen Wert (*vgl. Wertermittlung bei Totalverlust*) auch der Restwert der beschädigten Ware zu ermitteln. Die angelieferten, beschädigten Waren sind demgemäß nach dem vorgestellten Muster (*vgl. Wertermittlung bei Totalverlust*) zu bepreisen. Es ist also der Verkäuflichkeitswert der beschädigten Ware am Ort und zur Zeit der Übernahme zur Beförderung beim Absender zu bestimmen.

In einem dritten Schritt wird die Differenz aus Neuwert und Restwert (*Verkäuflichkeitswert*) gezogen und gem. § 429 II HGB angenommen, dass es sich hierbei um den max. zu erstattenden Unterschiedsbetrag handelt. Bei einem gänzlichen Totalschaden, der die Verschrottung der Waren zufolge hat, beläuft sich der Restwert natürlich auf Null, sodass der Ersatzwert dem bei Totalverlust entspricht.

Es wird in § 429 II S 2 HGB vermutet, dass dieser Unterschiedsbetrag den aufzuwendenden Kosten für die Schadensminderung (*aussortieren, neu verpacken, etc.*) und Schadensbehebung (*Reparatur*) entspricht. Es sind nämlich diese (*gedachten*) Kosten, die für die Regulierung anzusetzen sind, jedoch höchstens bis zum ermittelten Unterschiedsbetrag, da er die zu ersetzende Wert-Obergrenze

[164] Vgl. *Koller, Transportrecht* S. 418 Rdnr. 19.
[165] Vgl. *ebd.* S. 418 Rdnr. 19.

markiert.[166] Allerdings hat jede Partei die Möglichkeit, die gesetzliche Vermutung zu widerlegen.[167] Hiervon wird natürlich nur der FF Gebrauch machen, da es ja in seinem ureigensten Interesse liegt, den Schaden so niedrig wie möglich zu halten. Fordert bspw. der Geschädigte den Unterschiedsbetrag, kann aber der FF nachweisen, dass eine Reparatur[168] am Ort und zur Zeit der Übernahme günstiger gewesen wäre, ist diese niedrigere Wert anzusetzen.

Teilverlust / Beschädigung mit Entwertung der übrigen Sendung – Führt der Teilverlust oder die Beschädigung einzelner Stücke dazu, dass auch andere heil ausgelieferte Sendungsstücke an Wert verlieren, so gelten diese Waren als indirekt beschädigt.[169] Der hieraus entstandene Schaden ist ebenfalls zu ersetzen. Zu beachten ist, dass es nicht auf die Einschätzung des Empfängers ankommt, ob ein indirekter Schaden vorliegt! Vielmehr ist der Wert der unversehrt gelieferten Güter am Ort und Zeit der Übernahme objektiv zu beurteilen (*vgl. Wertersatz bei Totalverlust*).

Kauft bspw. die Firma A bei der Maschinenfabrik B einen kompletten Maschinenpark, bestehend aus einer Fräs-, Dreh-, Bohr-, und Schleifmaschine, und geht nun die Drehmaschine während des Transports durch den FF verloren, entsteht bei A ein (mittelbarer) Schaden, da seine individuelle Verwendung (Produktion), gestört ist. Für ihn sind die übrigen, unbeschädigt gelieferten Maschinen schlimmstenfalls sogar nutzlos, da jeder zweite Produktionsschritt das Drehen beinhaltet. Nun dehnt sich der Schaden objektiv aber nicht auch auf die anderen Maschinen aus, da diese am Übernahmeort zur Zeit der Beförderung verlustfrei auch einzeln an andere Käufer zu veräußern waren. Der Teilverlust bleibt also nur auf die Drehmaschine begrenzt!

Könnten die übrigen Maschinen allerdings nur mit einem gewissen Abschlag verkauft werden, weil sie wirklich eine wirtschaftliche Einheit bilden, würde eine indirekte Beschädigung in Höhe des

---

166 Grundlage von § 429 II S2 HGB ist laut *BT-Drucks. 13/10014* S. 48 [Zu § 429] die Rechtsprechung zu Artikel 25 CMR (*Obergrenze bei Beschädigung*).

167 Vgl. *BT-Drucks. 13/10014* S. 48 [Zu § 429].

168 hierin sind auch etwaige Schadensbehebungskosten zugehörig; vgl. *Koller, Transportrecht* S. 422 Rdnr. 27.

169 Vgl. BGH vom 6.02.1997 Nr. I ZR 202/94 in NJW-RR Jrhg. 1997 Heft 18 S. 1121- 1123.

Abschlagwertes auf die restlichen Maschinen zu verteilen sein. Mitunter mit erheblichen Auswirkungen! Zum einem würde sich der Ersatzanspruch nun auf den Wert der Drehmaschine und den Abschlagswert (indirekte Beschädigung) belaufen. Wichtiger ist aber fast noch das nun nach § 431 II Nr.1 HGB als beschädigt geltende gesamte Sendungsgewicht! Dieses erweitert die Haftung des FF beträchtlich, nämlich um den Faktor, um den das komplette Sendungsgewicht dem Gewicht des real verlorenen oder beschädigten Stückes überwiegt (vgl. Kap. 3.1.3).

Ersatz der Schadensfeststellungskosten nach § 430 HGB – Beim Ersatzanspruch auf eventuelle Schadensfeststellungskosten wird dem Empfänger einmalig in dieser Kette von Prüfpunkten ein Anspruch auf Regulierung eines Güterfolgeschaden zugestanden.[170] § 430 HGB hat privat veranlasste Gutachten im Blick, da die Regulierung gerichtlich angeordneter Sachverständigengutachten mittels der Zivilprozessordnung geschieht.

So sind nicht alle privaten Feststellungsaufwendungen vom FF zu ersetzen. Es gilt die Regel, dass nur die aufgewandten Kosten erstattungsfähig sind, die dazu dienten den Substanzschaden, also den Unterschiedsbetrag, herauszufinden.[171] Werden z.B. aber Analysen angestellt, die nicht ersatzfähige Folgeschäden (*entgangener Gewinn, Imageschaden, ...*) bewerten, sind diese nicht zu erstatten. Gleiches gilt auch für überhöhte Schadensfeststellkosten, oder solche mit dem Ziel der Ermittlung der Schadensursache.

Die Passage der §§ 429 f. HGB führt i.d.R. also zu einer Kappung auf den Substanzschaden samt zugehöriger Schadensfeststellungskosten. Von höchster Bedeutung ist an dieser Stelle die korrekte Einbeziehung der in §§ 425 II, 426, 427 HGB festgestellten Mitverursachungs- und Haftungsausschlussanteile! *Wird bspw. dem Absender eine Mitverursachung gem. § 425 HGB von 20 Prozent attestiert und dem FF aufgrund besonderer Transportgefahren gem. § 426 HGB ein Haftungsausschluss von 30 Prozent eingeräumt, muss sich die spätere Haftung des FF auch um 50 Prozent reduzieren!*

170 Vgl. *de la Motte* in *Korf, Der Güterverkehr nach neuem Recht* S. 127.
171 Vgl. BGH vom 24.05.2000 Nr. I ZR 84/98 in VersR Jhrg. 2001 Heft 3 S. 127 – 129 | S. 127 f.

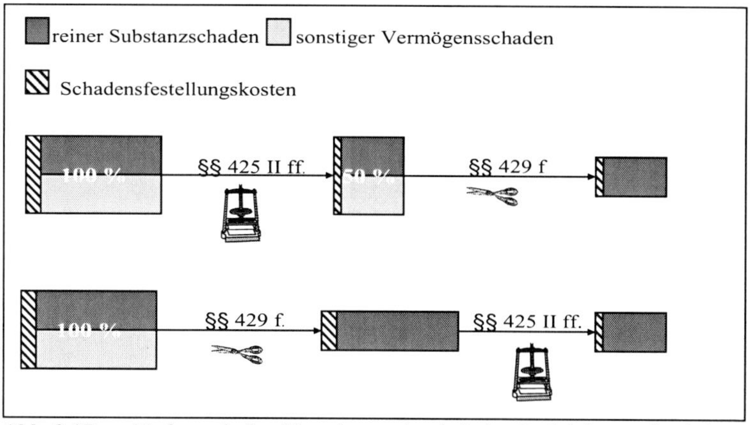

Abb. 2.17: Mathematische Vorgehensweise bei der Reduktion auf relativen Wertersatz

Ob nun der Haftungsausschluss (Stauchung aller Ansprüche) von 50 Prozent vor oder nach Anwendung des § 429 HGB (Abschneiden auf Substanzschaden) eingerechnet wird, ist mathematisch völlig irrelevant.

6. **Begrenzung auf Haftungshöchstbetrag** – In § 431 HGB wird zum weiteren Schutz des FF eine Kappung der FF-Haftung der Höhe nach vollzogen. Der verbliebene Ersatzanspruch des Geschädigten unterliegt also einer zweiten Haftungshöhenbeschränkung. § 431 HGB ist wie folgt aufgebaut: In Abs. 1 wird die Regulierung von Totalverlusten und Totalbeschädigungen bestimmt wohingegen Abs. 2 spezielle Aussagen zu Beschädigungen und Teilverlusten macht. Für die hier behandelten Güterschäden ist Abs. 3 ohne Belang *(vgl. Kap. 3.1.3.2)*, umso mehr aber Abs. 4, der den Umgang mit den Sonderziehungsrechten (*SZR*) des Internationalen Währungsfonds (*IWF*) näher bestimmt.

Der nach § 431 HGB ermittelte Haftungshöchstbetrag ist dem nach §§ 429 f. HGB vorliegenden Resthaftungsanspruch (*inkl. Mitverschulden*) gegenüberzustellen. Ist der Resthaftungsanspruch ausnahmsweise niedriger als der Höchsthaftungsanspruch, bleibt der Resthaftungsanspruch voll erhalten, ansonsten wird er auf den Haftungshöchstbetrag gekürzt.

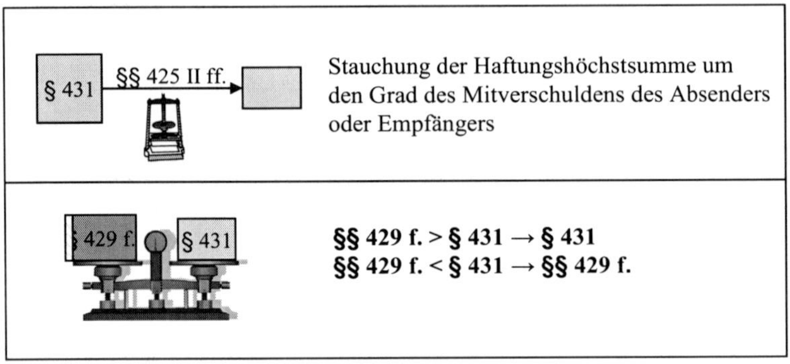

Abb. 2.18: Umgang mit der Haftungshöchstgrenze

Begrenzung bei Totalverlust und Totalbeschädigung – Anfänglich ist das Sendungsrohgewicht zu bestimmen, also das Gesamtgewicht der Güter samt ihrer Verpackungen. Ob Container mit ihrem nicht unerheblichen Leergewicht, als Verpackung anzusehen sind, ist zweifelhaft, da ein Container auch als Teilstück des Beförderungsmittels eingestuft werden könnte.[172] Das nun in Ansatz zu bringende Sendungsgewicht ist mit 8,33 SZR pro Kilogramm zu multiplizieren. Die anschließende mathematische Kürzung auf das SZR des IWF ergibt dem max. Haftungshöchstbetrag:

$$\text{Haftungshö chstbetrag in €} = (\text{Sendungsge wicht}\,(kg) * 8{,}33\,\frac{SZR}{kg} * \text{Euroumrech nungsfakto r}) * \text{Verschulde nsanteil .FF}$$

Ferner fließt noch eventuelles Mitverschulden des Absenders oder Empfängers über den abgeleiteten Verschuldensanteil des FF in die Berechnung mit ein. Wird der SZR-Haftungshöchstbetrag gem. § 431 III HGB i.V.m. § 1 UmrechnungsVO in Beziehung gesetzt, erhält man schlussendlich den in Euro ausgedrückten Haftungshöchstbetrag.

172 Vgl. OLG Köln vom 27.02.1996 Nr. 9 U 114/95 in TranspR Jhrg. 1996/07 S. 287-288 | S. 287.

Begrenzung bei Teilverlust und / oder Beschädigung ohne Entwertung der übrigen Sendung – Da es für § 431 II HGB keine Rolle spielt, wie sehr die Güter, sondern nur dass sie überhaupt beschädigt wurden, sind Beschädigungen mit Teilverlusten gleichzusetzen. Für die Berechnung des Haftungshöchstbetrags ist der Sendungsanteil maßgeblich, der verloren oder beschädigt wurde. Für ihn sind die bislang entwickelten Regeln anzuwenden.

Ein klärendes Beispiel: Es werden 90 Kartons Bananen, abgepackt in 3 Tranchen, von Hamburg nach München transportiert. Die Sendung wiegt am Übergabeort 3000 Kg, gleichverteilt auf die einzelnen Tranchen. Ein Kilogramm Bananen hat einen Wert von 15 SZR.

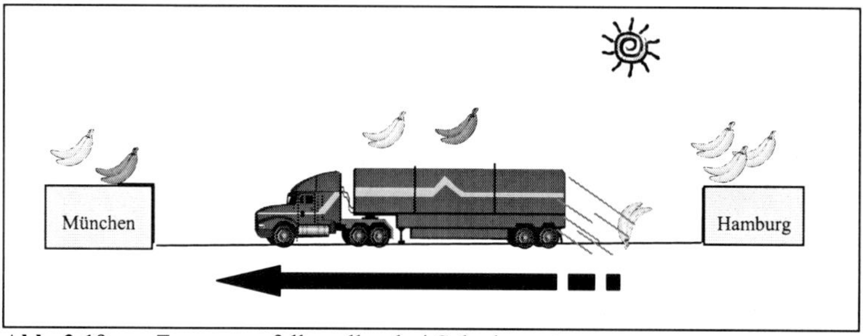

Abb. 2.19: Zusammenfallen aller drei Schadensarten

*Da die Hecktür nicht richtig verschlossen ist, geht während der Fahrt das letzte Drittel – 30 Kartons Bananen – verloren. Der FF bemerkt die offene Ladetür nicht, sodass die mittlere Tranche aufgrund der einströmenden Zugluft nicht mehr ausreichend gekühlt ist. Am Ankunftsort stellt der Empfänger nun fest, dass 30 Kartons verloren sind – 30 Kartons angereift sind – und 30 Kartons in Ordnung sind. Der fortgeschrittene Reifegrad der mittleren 30 Kartons führt zu einer 25-prozentigen Wertminderung derselben nach § 429 II HGB. Der beim Händler gem. § 429 HGB objektiv eingetretene Substanzschaden beträgt dem Gesetz zufolge nun 18.750 SZR (1 unbeschädigte Tranche Bananen (1.000 kg) * 15 SZR + Unterschiedsbetrag der beschädigten Tranche 3.750 SZR).*

Während des anschließenden Gerichtsverfahrens wurde weder Mitverschulden (§ 425 II HGB) noch irgendein Haftungsausschlussgrund (§§ 426 f HGB) oder ein besonderes Verschulden des FF (§ 435 HGB) festgestellt. Auch sind keine Schadensfeststellungskosten (§ 430 HGB) angefallen, da der Schaden auf den ersten Blick erkennbar war.

Das nun in die Berechnung des §431II HGB einfließende Gesamtgewicht beziffert sich auf 2.000 Kg (1.000 Kg verloren; 1.000 Kg beschädigt) und führt zu einer Höchsthaftung von 16.666 SZR. Da der Wertersatz nach § 429 HGB mit 18.750 SZR größer ist als der Höchshaftungsbetrag von 16.666 SZR, wird der Substanzschaden auf diesem Betrag gekürzt. Der FF hat dem Händler nur 16.666 SZR zu ersetzen.

Im Fortgang der Ermittlungen spielt es auch keine Rolle, dass der Münchener Händler aufgrund eines großen „Karibik-Motto-Events" alle restlichen Bananen zu einem sehr guten Preis von 25 SZR je Kilogramm absetzen konnte. Aufgrund dieser besonderen Umstände führte die Beschädigung der mittleren Tranche zu keinerlei Nachteil für den Händler, sodass ihm „gerechterweise" nur 15.000 SZR für die verlorenen 30 Kisten Bananen zugestanden hätten. Dem Händler wurden ggfs. also 1.666 SZR mehr ersetzt.

Begrenzung bei Teilverlust und Beschädigung mit Entwertung der übrigen Sendung – Da § 431 HGB bei der Gegenüberstellung nicht so fein wie § 429 HGB zwischen Verlusten und Beschädigungen differenziert und sie prinzipiell gleich behandelt, ist auch die Bemessung des indirekten Schadens relativ einfach. Sofern in § 429 HGB ein mittelbarer, indirekter Schaden festgestellt wird, ist dieser in einem ersten Schritt in Kilogramm zu beziffern. Das Rohgewicht, einschließlich zugehöriger Transportverpackung, des direkten und indirekten Schadens kann nun als Basis zur Ermittlung des Haftungshöchstbetrags nach dem bekannten Schema fungieren.

Die Ermittlung der Haftungshöchstgrenze nach § 431 HGB geschieht also völlig losgelöst von den §§ 429 f. HGB und läuft zudem unkomplizierter vonstatten. Wird allerdings die Geltendmachung eines indirekten Schadens angestrebt, so ist zunächst immer noch wie in § 429 HGB nachzuweisen, dass dieser entstanden ist.

7. **Ersatz sonstiger Kosten** – Bislang steht nur der erstattungsfähige Betrag hinsichtlich des Güterschadens abschließend fest. Es ist zwar nicht das Ziel, den Empfänger so zu stellen, wie er ohne den Schaden gestellt wäre, doch trotzdem erscheint es unbillig, dem Empfänger auch noch die vergeblich aufgewandten Transportkosten aufzubürden. Aus diesem Grund wurde in Anlehnung an Art. 23 IV CMR die nationale Vorschrift des § 432 HGB installiert. Der Frachtführer haftet dem Anspruchsberechtigten abschließend und unbegrenzt über § 431 HGB hinaus für Frachtkosten, öffentliche Abgaben und sonstige transportnahe Aufwendungen. Der Ersatz weiterer Schäden ist aber gem. § 432 S. 2 HGB ausgeschlossen.

Die Auflistung in S 1 ist relativ allgemein gehalten, weswegen wieder ein gewisses Streitpotential zur Abgrenzung vom weiteren Schäden im Raum steht. Die h.M. geht davon aus, dass neben der meist genau umrissenen Fracht auch mit dem Transport verbundene hoheitliche Verpflichtungen wie Zölle und Steuern als auch sonstige Kosten (S. 1 Alt. 3) zu erstatten sind. Beispielhaft für sonstige Kosten stehen Verpackungskosten bei Verpackung durch den FF,[173] Prüfkosten zur Übernahme der Ware am Abgangsort, Nachnahmegebühren, Kosten transportbedingter Zwischenlagerung, etc.[174]

Diesem unbegrenzten Erstattungsanspruch auf sonstige, transportnah verursachte Kosten stehen aber drei Einschränkungen gegenüber, die ihn in das Regulativ der §§ 425 ff. HGB zwingen. Erstens können nur solche Kosten erstattet werden, die auch bei einem normalen Transport entstanden wären. Sie dürfen also nicht schadensbedingt sein, wozu z.B. Schadensfestellungs- und Behebungskosten, Anwaltskosten oder Kosten der Neubeschaffung gehören.[175] Neben diesem eher qualitativ einschränkenden Kriterium, wirken noch zwei weitere Aspekte relativ ein. Zum einem wäre hier die Bedingung, dass die Entschädigung dem Grad der Beschädigung oder des Verlustes entsprechen muss.[176]

---

173 Vgl. *Seyffert, Haftung des ausführenden Frachtführers* S. 189.

174 Vgl. *Koller* in VersR Jhrg. 1989 Heft 1 S. 2,8: Die Erstattungspflicht von Frachten, Zöllen und sonstigen Kosten gem. Art. 23 CMR.

175 Vgl. *de la Motte* in *Korf, Der Güterverkehr nach neuem Recht* S. 129.

176 Vgl. *Seyffert, Haftung des ausführenden Frachtführers* S. 191.

Bezogen auf das vorige Beispiel des Bananentransports von Hamburg nach München bedeutet dies folgende Vorgehensweise: Zunächst müssen alle transportnahen sonstigen Kosten auf ihre Erstattungsfähigkeit gem. § 432 S 1 HGB hin untersucht und von den sonstigen Schäden des S. 2 abgeschieden werden. Es sei angenommen, dass es sich hierbei um 6.000 € handelt, bestehend aus Fracht und Mautgebühren. Demzufolge kann kein Zweifel bestehen, dass es sich um beförderungsnahe und zugleich um auch die bei einem ordentlichen Transport angefallenen Kosten handelt. Die Erststattungsfähigkeit ist demzufolge zu bejahen. Da allerdings weder die komplette Lieferung untergegangen noch beschädigt wurde, gestaltet sich die Regulierung nach § 432 HGB etwas diffiziler. Zur Erleichterung bietet es sich hier an, auf die einzelnen Tranchen jeweils 2.000 € an Fracht und Mautkosten zu verteilen:

1. Tranche unbeschädigt:	*kein Erstattungsmöglichkeit*
2. Tranche beschädigt:	*2.000 € * 25 % Wertverlust = 500 €*
3. Tranche verloren:	*2.000 €*

Der Frachtführer hätte dem Empfänger also neben den Substanzschaden von 16.666 SZR infolge von §§ 425 – 431 HGB auch noch den anteiligen Frachtschaden von in Höhe von 2.500 € zu erstatten.

Diese Rechnung ist je nach Ausgestaltung des Frachtvertrags und dem Kilogramm oder Raummeteranteil der beschädigten und verlorenen Güter auf den Einzelfall zu modifizieren.[177] Daneben ist aber auch der Grad der Mitverursachung analog zu § 425 II HGB einzubeziehen, denn es ist nicht einzusehen, dass der Empfänger in derlei Hinsicht besser gestellt sein sollte.[178]

2.5.3.2 Verspätungsschaden

Die Lieferfristüberschreitung ist die zweite der klassischen Schadensarten beim Transport. Die Fristeinhaltung stellt im Frachtrecht, im Gegensatz zu anderen Vertragsarten, mehr als nur eine Nebenpflicht dar. Die Leistung aus einem

---

177 Vgl. *Koller, Transportrecht* S. 436 Rdnr. 10.

178 Vgl. *BR-Drucks. 13/8445* S. 68.

Frachtvertrag liegt ja gerade in der Verbringung von Gütern innerhalb einer Zeitspanne. Deshalb ordnet das allg. Frachtrecht sie in den Haftungskreislauf der §§ 425 ff. HGB ein, allerdings unter gewissen Einschränkungen, da keine Güterschäden, sondern ausschließlich Vermögensschäden auftreten.

Spezielle Eingangsvoraussetzungen - Um Schadensersatz aus einer Lieferfristüberschreitung ziehen zu können, muss die Frist natürlich überschritten werden. Dies ist immer dann zutreffend, wenn eine der beiden Alternativen des § 423 HGB erfüllt ist. Leicht wird es, wenn eine Lieferfrist zwischen Absender und FF, auch formfrei, vereinbart wurde. Zum Zwecke der Beweiserleichterung dient es allerdings, die Lieferfrist in den Frachtbrief einzutragen und beiderseits zu unterzeichnen, denn so spricht die Vermutung im Zuge der Beweislastumkehr zugunsten des Absenders für eine verbindliche Lieferfristabrede.[179] Falls keine derartige Vereinbarung getroffen wurde, greift Alt. 2 ein, die besagt, dass das Gut innerhalb einer angemessenen Frist abzuliefern ist. Diese ist nach den Umständen so zu bemessen, wie es die Parteien bei Vertragsschluss wahrscheinlich vorgenommen hätten, also ex-ante.[180]

Eine besondere Rolle spielen während des Transport auftretende Beförderungs- und Ablieferungshindernisse, wie sie § 419 HGB beschreibt. Sie führen bei Unverschulden des FF zu seiner Haftungsbefreiung gem. § 426 HGB.[181] Das heißt aber nicht, dass jedes Beförderungshemmnis ihn von seiner Haftung entbinden kann. Typische Transportbehinderungen liegen in seiner Sphäre und sind von ihm zu berücksichtigen und zu verantworten.[182]

Haftungskonkurrenz mit Güterschäden - Sollte es dennoch aufgrund einer Spätlieferung zu einem Substanzschaden gereichen, ist dieser Schaden abschließend nach den Regeln zur Haftung bei Beschädigungen zu beurteilen.[183] Das Einhergehen von Totalverlust und Fristüberschreitung ist ausgeschlossen, da in diesen Fällen § 424 I HGB eingreift, und eine Lieferfristüberschreitung in einem Verlust umdeklariert,[184] der dann nach den dortigen Regeln abgewickelt werden muss. Trotzdem kann es eine Haftungskonkurrenz dergestalt geben, bei der Beschädigungen und Fristüberschreitungen nebeneinander und unabhängig

---

179 Vgl. *Koller, Transportrecht* S. 283 f. Rdnr. 3.
180 Vgl. *ebd.* S.287 Rdnr. 10.
181 Vgl. *ebd.* S. 285 f. Rdnr. 8.
182 Vgl. *BR-Drucks. 368/97* S. 50; vgl. *Koller, Transportrecht* S. 223 f. Rdnr. 5.
183 Vgl. *Seyffert, Haftung des ausführenden Frachtführers* S. 105, 118 f.
184 Vgl. *Gass, Das neue Transport- und Speditionsrecht* S. 18.

reguliert werden, da § 425 HGB diese Schadensarten gleichberechtigt aufzählt.[185] Um hier Klarheit zu gewinnen, ist es immer zunächst wichtig zu klären, um was für einen Schaden es sich objektiv handelt. Dabei ist es egal, weswegen ein Schaden entstanden ist, sondern nur seine Klassifizierung.

Ein Beispiel zur Verdeutlichung der Abscheidung: Der Textilhändler T aus Düsseldorf ruft von seinem Lager beim Logistikdienstleister L aus Hamburg die neuen Muster seiner neuen Winterkollektion ab, die er auf der Modemesse CPD in Düsseldorf vom 21. bis 24.07. dem Fachpublikum vorstellen will. Da es ihn auf eine pünktliche Lieferung ankommt, verpflichtet er den von ihm beauftragten Frachtführer FF, die Muster termingerecht bis zum 18.07. zu seiner Dependance in Düsseldorf zu transportieren.

Bei Warenübernahme in Hamburg vertauscht FF seine LKW versehentlich bei der Gestellung am Lager des L und liefert so irrtümlich zunächst nach München. Dort wird der Fehler erst am 21.07. aufgedeckt und sofort per Express, aber mit einem ungeeigneten LKW, nach Düsseldorf geschickt, wo die Ware verknittert und feucht am 22.07. ankommt. Dieser Umstand führt zu einem Substanzschaden im Form einer Wertminderung (§429 II HGB) von 20 Prozent, da die Ware erst umständlich aufgebügelt und präpariert werden muss. Die Winterkollektion konnte im Ergebnis nicht mehr gezeigt werden, weswegen ein enormer Vermögensschaden entstand.

Bei der Liquidierung der Schäden ist zunächst dahingehend zu trennen, welche Schadensarten vorliegen und ob die Lieferfristüberschreitung schon vor der Beschädigung stattgefunden hat. Eine solche Trennung ist hier möglich, da das Gut erst am 21.07. beschädigt wurde,[186] *weshalb es bis hierhin schon zu einer zweitägigen Verspätung kam. Der hierdurch bedingte Präsentationsausfall im Zeitraum vom 18.07. bis zum 21.07, da die Muster nicht aufgestellt und präsentiert werden konnten, ist als Verspätungsschaden auszugleichen.*[187]

---

[185] Vgl. *Koller, Transportrecht* S. 336 Rdnr. 62.
[186] Vgl. *Fremuth, Kommentar zum Transportrecht* S. 190 Rdnr. 33.
[187] Vgl. *Koller, Transportrecht* S. 336 f. Rdnr. 62.

Regulierung - Das Regulierungsschema für Fristüberschreitungen folgt in weiten Teilen dem für Verluste und Beschädigungen, bis hin zum dortigen Prüfungsschritt Nr. 4, der Prüfung auf einen bevorrechtigten Haftungsausschluss (*vgl. Abb. 3.8*).

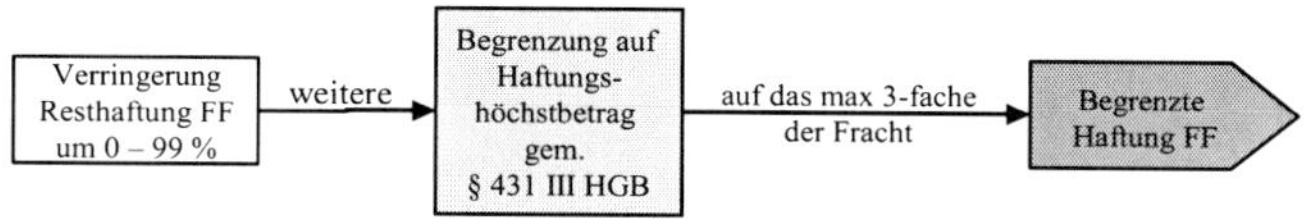

Abb. 2.20: Regulierung von Lieferfristüberschreitungen – Teil 2

Sinnigerweise wird von einer Kappung auf den Substanzschaden nach § 429 HGB (*Prüfpunkt Nr. 5*) abgesehen, denn sonst würde der Ersatzanspruch regelmäßig gegen Null tendieren. Der bis hierin vorgedrungene Resthaftungsanspruch umfasst also noch alle primären und sekundären Vermögensschäden.

Dieser Resthaftungsanspruch wird gem. § 431 III HGB auf den dreifachen Betrag der zugrunde liegenden Fracht abschließend gestutzt. § 431 III HGB stellt im Gegensatz zu Abs. 1 & 2 nicht auf die Sendung sondern auf die Fracht ab, was zur Folge hat, dass auch aufgrund verspäteter Teilsendungen die komplette Fracht in Ansatz zu bringen ist, sofern ein übergreifender Frachtvertrag vorliegt.[188] Ein weiterer Ersatz sonstiger Kosten gem. § 432 S1 HGB ist nicht denkbar, weil jene nur aufgrund von Beschädigungen und Verlusten zu ersetzen sind.[189] Vielmehr kann auch der dreifache Frachtanspruch bei Mitverschulden des Absenders oder Empfängers anteilig gekürzt werden.

Bewertung - Da die innerhalb des HGB-Geltungsgebiets auftretenden Frachten schon aufgrund der kurzen Distanzen nicht allzu hoch sein dürften, kommt es bei den i.d.R. hohen Vermögensschäden aus Fristüberschreitungen schon zu einer deutlichen Reduzierung der Entschädigungshöhe. Zu allzu großen Benachteiligungen dürfte es aber auch bei Lieferfristüberschreitungen für den Empfänger nicht kommen, da er dem FF im Vorlauf zu § 431 HGB qualifiziertes Verschulden gem. 435 HGB entgegenhalten kann.

[188] Vgl. BGH vom 30.09.1993 Nr. I ZR 258/91 in NJW 1993 Heft 51 S. 3331 – 3333 | S. 3331.
[189] Vgl. *Koller, Transportrecht* S. 433 Rdnr. 3.

2.5.3.3 Umgang mit Begleitpapieren

Der Haftungsanspruch aus dem falschen Umgang mit Begleitpapieren ist einer der vier Schadensarten, die dem Grunde nach aufgeklärt werden müssen, da sie den übrigen Ansprüchen vorgehen. Sie stellen also ein lex specialis innerhalb des HGB-Frachtrechts dar![190]

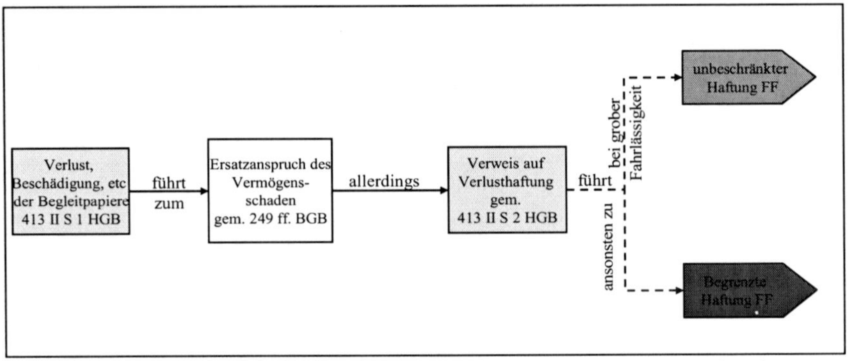

Abb. 2.21: Regulierung von Schäden aufgrund falschen Umgangs mit Begleitpapieren

Eingangsvoraussetzungen – In § 413 II S 1 HGB werden drei Möglichkeiten aufgezählt, die eine Haftung nach § 413 II HGB bedingen können: Der Verlust, die Beschädigung durch Zerreißen, Durchstreichen, etc. oder die unrichtige Verwendung der an den FF übergegeben Begleitpapiere. Eine unrichtige Verwendung kommt immer dann in Betracht, wenn der FF die Transportdokumente an falscher Stelle vorlegt. Hiervon werden auch Fälle erfasst, bei denen der FF die Papiere zwar nicht endgültig verloren, sondern nur zeitweise verlegt hat.[191] Auch wird schon vom Gesetzestext her ziemlich deutlich, dass es sich ausschließlich um vom Absender ausgestellte Urkunden handeln kann. Nicht erfasst von § 413 II HGB werden Fälle, in denen der FF es im Rahmen seiner Sorgfaltspflichten zu überprüfen unterläßt, ob er die richtigen Papiere vollzählig erhalten hat.[192]

Ferner muss der entstandene Schaden durch eine der drei Tatbestände kausal bedingt, also durch sie hervorgerufen, sein. Ein bloßes, aber unabhängig voneinander auftretendes Zusammentreffen von beschädigten Papieren und

---

[190] Vgl. *ebd.* S. 165 Rdnr. 16.

[191] Vgl. BGH von 26.06.1997 Nr. I ZR 32/95 in VersR 1998 Heft 14 S. 611 – 614 | S. 611, 613; vgl. *Basedow, Aktualisierung Band 7a zu MüKo* S. 30 Rdnr. 3.

[192] Vgl. OLG Düsseldorf vom 23.12.1996 Nr. 18 U 92/96 in TranspR Jhrg. 1997/11 S. 422 – 425 | S. 422 f.

Güterverlusten bedingt noch keine Haftung nach § 416 II HGB! Daneben enthält § 416 II HGB noch eine ähnlich zu § 426 HGB lautende Verschuldensvorschrift. Dies eröffnet es dem FF bei Unverschulden oder höherer Gewalt, sich von der Haftung zu befreien.

Regulierung - Das Besondere an § 416 II HGB ist die im Vergleich zunächst schärfere Haftung, da der FF gem. S. 1 neben dem Substanz-, auch für den Vermögensschaden in Anspruch genommen werden kann. Es könnten also alle unmittel- wie mittelbaren Schäden gegen ihn geltend gemacht werden. Um den FF nicht übermäßig stark zu belasten, wird seine Haftung gem. S. 2 auf den Betrag begrenzt, der bei Verlust des Gutes zu zahlen wäre (*„Waagefunktion" des § 431 HGB*). Dies zieht eine zweigliedrige Schadensrechnung nach sich. Zunächst ist der Vermögensschaden vom Empfänger oder Absender zu beziffern. Jetzt wird diesem realen Schaden ein möglicher Verlustschaden aus der Kette der §§ 425 II, 435, 429 I, 430, 431 I, 432 HGB als Haftungshöchstbetrag entgegenhalten.

2.5.3.4 Ablieferung ohne Quittierung im Ladeschein

Die Verwendung eines Ladescheins[193] gem. §§ 444 ff. HGB ist im nationalen Landfrachtrecht unüblich, da auch nach den allg. Regeln gem. § 421 HGB der Empfänger einen eigenen Ablieferungsanspruch erhält, sobald die Sendung die Ablieferungsstelle erreicht hat. Außerdem schützt oftmals die vertragliche Hintergrundbeziehung (*vgl. Kap. 3.1.2*) den Empfänger mit den dort jeweils gesondert abgeleiteten Ansprüchen. Wird trotzdem gem. § 444 HGB ein Ladeschein vom FF ausgestellt, ergeben sich kleine Änderungen im Transporthandling. Nach § 445 HGB ist der FF nur gegen Rückgabe des quittierten Ladescheins verpflichtet, die Sendung zu übergeben. Zudem erhält gem. § 446 II HGB fortan der lt. Ladeschein Empfangsberechtigte – üblicherweise der Empfänger – ein uneingeschränktes Verfügungsrecht, also schon vor Ankunft des Gutes am Empfangsort. Der FF ist somit nicht mehr dem Absender sondern einzig dem Inhaber des Ladescheins weisungsgebunden.

---

[193] Ein Ladeschein ist ein Traditionspapier und somit das Gegenstück zum Konnossement aus der Seeschifffahrt. Vgl. Kap. 3.4.2. ; vgl. *Koller, Transportrecht* S. 549 Rdnr. 2.

Eingangsvoraussetzungen – Die Haftung aus § 447 HGB ist immer dann begründet, wenn der FF das Transportgut nicht gegen eine Quittung[194] vom Ladescheininhaber abliefert (*Alt. 1*) oder von einem anderem als den Ladescheininhaber Weisungen entgegennimmt und ausführt (*Alt. 2*). Da im Zusammenhang mit der ersten Alternative Schäden nur entstehen, falls der FF an einen anderen als den Ladescheininhaber abliefert, handelt es sich eher um ein abstraktes Formerfordernis. Im Ergebnis läuft es darauf hinaus, das ein Schaden aus einer unberechtigten Weisung oder Ablieferung entstanden ist *und* zudem ein Ladeschein ausgestellt wurde.

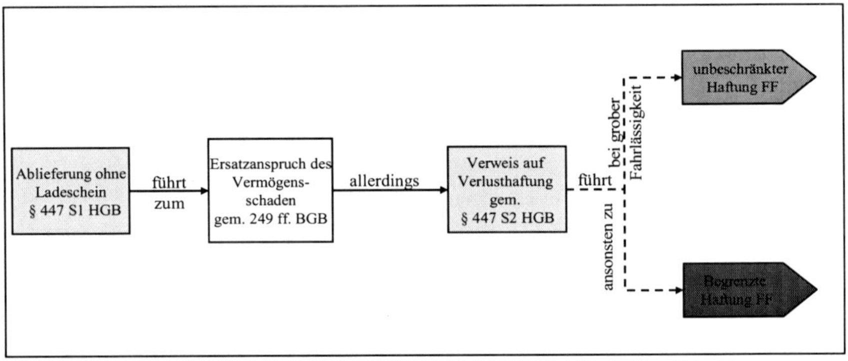

Abb. 2.22: Regulierung von Schäden aufgrund fehlender Ladescheinquittung

Regulierung – Durch die Nichtbeachtung des Ladescheins und dem daraus entstandenen Schaden ergibt sich nach § 447 S1 HGB ein unbeschränkter Schadensersatzanspruch gegen den FF, der sowohl den Substanz- als auch den Vermögensschaden beinhaltet. Allerdings verweist S. 2 ebenso wie § 416 II S. 2 HGB auf die Verlusthaftung, weswegen die dort entwickelten Regeln auch hier gelten.[195]

2.5.3.5 Nichteinziehung von Nachnahmen

Die Nichteinziehung von vereinbarten Nachnahmen beim Empfänger stellt einen besonders schwerwiegenden Vertrauens- und Vertragsbruch zwischen FF und Absender dar, der entsprechend hart sanktioniert werden muss. Die hier nach § 422 III HGB begründete verschuldensunabhängige Haftung des FF („..., *auch wenn ihm kein Verschulden trifft,* ...“), kann sich aber nicht über Lagen der

[194] Quittung entspricht der Rückgabe des vom Empfänger unterschriebenen Ladescheins an den FF.
[195] Vgl. *Koller, Transportrecht* S. 561ff. Rdnr. 3; *ebd.* S.564 Rdnr. 14.

höheren Gewalt hinwegsetzen, indem sie das hieraus bedingte Haftungsrisiko allein dem FF zuspricht.[196] Es ist somit sehr wichtig, die Grenzen zur höheren Gewalt klar zu definieren. Sie ist als ein von außen kommendes, nicht innerhalb des Risikos einer Partei liegendes und nicht beherrschbares Ereignis identifizieren. Hierzu gehören bspw. Krieg, Naturkatastrophen, Reaktorunfälle und Fluglotsenstreik.[197] Von daher sind bspw. Betrugsfälle (*Empfänger zahlt mit Falschgeld*) oder Fälle schwerer Nötigung (*Empfänger zwingt mit Waffengewalt zur Herausgabe*) nicht als höhere Gewalt einzustufen, da diese Ereignisse nicht losgelöst vom Transport geschehen.[198]

Eingangsvoraussetzungen – Der FF muss es versäumt haben, seiner Nachnahmepflicht nachgekommen zu sein. Die verschuldensunabhängige Haftung betont zudem, dass dem Absender keinerlei Beweispflicht trifft. Desweiteren muss hierdurch ein realer Schaden beim Absender entstanden sein, der kausal eng mit dem Nachnahmefehler zusammenhängt.

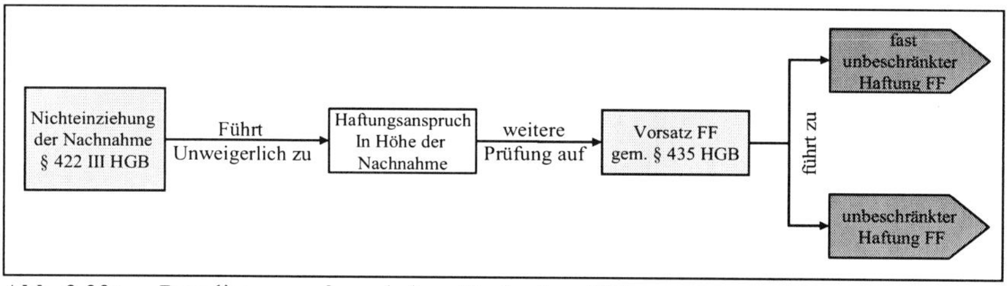

Abb. 2.23: Regulierung aufgrund eines Nachnahmefehlers

Regulierung – Die Schadensregulierung nach § 422 III HGB führt zunächst unweigerlich (*Ausnahme höhere Gewalt*) zu einem unbeschränkten Haftungsanspruch in Höhe des hierdurch erlittenen Schadens gegen den FF.[199] Dieser unterliegt aber auch zum Schutze des FF der hier definierten Haftungshöchstgrenze im Wert der vereinbarten Nachnahme. Diese Haftungsschranke des Nachnahmebetrags entfällt natürlich, sofern sich der FF sein qualifiziertes Verschulden gem. § 435 HGB entgegenhalten lassen muss.[200]

---

196 Vgl. hierzu *BR-Drucks. 368/97* S. 55 f. – Grundlage des § 422 III HGB war ua. § 31 I lit d KVO, der es dem Frachtführer trotz verschuldensunabhängiger Haftung nicht untersagte, sich auf höhere Gewalt gem. § 34 lit. A KVO zu berufen.

197 Vgl. *Jauernig, Bürgerliches Gesetzbuch* 2004 845 Rdnr. 3.

198 Vgl. *Koller, Transportrecht* S. 277 Rdnr. 19.

199 Vgl. *ebd.* S. 278 f. Rdnr. 20.

200 Vgl. *ebd.* S. 279 Rdnr. 20.

2.5.3.6 Befolgung formwidriger Weisungen

Die Befolgung formwidrig erteilter Weisungen vom FF ist das vierte Vergehen, dass vom allg. Frachtrecht besonders schwer geahndet wird. Gemeint sind hier Fälle in Verbindung eines Frachtbriefs mit Sperrfunktion.

Eingangsvoraussetzungen – Um eine Haftung nach § 418 VI S1 HGB herbeizuführen, bedarf es drei Voraussetzungen: Ausstellung eines Sperrpapiers gem. § 418 IV HGB, Ausführung von Weisungen ohne Vorlage des Sperrpapiers sowie Schadenskausalität (*s.o.*).

Beim Sperrpapier handelt es sich um einen beiderseits unterzeichneten Frachtbrief, in dem per Sperrvermerk festgeschrieben steht, dass der FF nur befugt ist, Weisungen vom Absender i.V.m. der Absenderausfertigung zu befolgen.[201] Dies unterscheidet den mit Sperrfunktion ausgestatten Frachtbrief mithin auch vom Ladeschein gem. § 444 HGB, der es dem Ladescheininhaber gestattet, über die Sendung zu verfügen. Dem FF treffen so spezielle Prüfungspflichten.[202] Er muss die Echtheit des Frachtbriefdoppels als auch die Identität des Absenders überprüfen, bevor er eine Weisung entgegennimmt. Der Absender kann so sichergehen, dass nur er dem FF Weisungen geben kann. Um einen Haftungsanspruch nach § 418 VI HGB auszulösen, genügt jedoch schon die Nichtvorlage des Sperrpapiers, egal ob vom Absender oder nicht!

Die Fälle, in denen ein anderer als der Absender dem FF das Sperrpapier vorlegt und so Weisungen gibt, die der FF befolgt, werden als normale Vertragsverletzung behandelt. Hieraus resultierende Schäden werden nach §§ 425 ff HGB reguliert.[203]

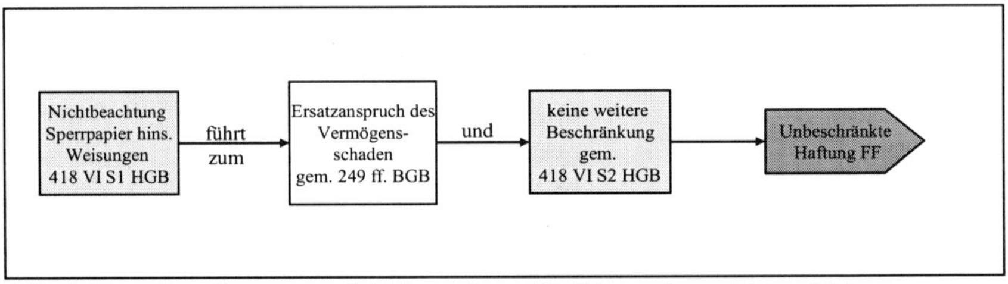

Abb. 2.24: Regulierung von Schäden aufgrund Befolgung formwidriger Weisungen

---

201 Vgl. *Dubischar, Grundriß Gütertransportrecht* S. 19 f..

202 Vgl. *Koller* in TranspR Jhrg. 1994/05 S. 181, 183, 185: Rechtsnatur und Rechtswirkungen frachtrechtlicher Sperrpapiere.

203 Vgl. *Koller, Transportrecht* S. 217 f. Rdnr. 33.

Regulierung – Kann die Vorlage der drei Eingangsvoraussetzungen bejaht werden, tritt unausweichlich ein unbeschränkter Haftungsanspruch des Absenders gegen den FF für den hierdurch erlittenen Schaden zutage. Dieser kann gem. § 418 VI S2 HGB weder der Höhe oder der Mitschuld nach abgemildert oder auf den Substanzschaden begrenzt werden.[204] Es handelt sich somit um die schärfste Haftung des allg. Frachtrechts. Sie ist insofern sogar noch weitergehender als nach § 435 HGB, da es dort wenigstens die theoretische Möglichkeit der Geltendmachung einer Absendermitschuld gem. § 425 II HGB gibt.[205]

2.5.3.7 Sonstige beförderungsnahe Schäden

Die Abwicklung sonstiger, beförderungsnaher Schäden im Frachtrecht führt zu ersten direkten Berührungspunkten mit dem BGB, da aus ihm direkt Ansprüche abgeleitet werden. Eine vollständige Regulierung nur nach bürgerlichen Recht mit seiner strengeren Haftung wurde aber als nicht gerecht empfunden, da dem FF bei Güter und Verspätungsschäden ja ebenfalls ein Haftungsprivileg zugute kommt.[206] Aber es wurde auch die Notwendigkeit erkannt, dass man nicht jede Nebenpflichtverletzung den Haftungsbegrenzungsvorschriften der §§ 425 II ff. HGB unterstellen konnte. Dies wäre auch wieder ungerecht, denn was macht es für einen Unterschied, ob nun eine Nebenpflichtverletzung vom FF oder einem anderen Unternehmer begannen wird? Es würde ihn bloß unnötig bevorteilen! Deshalb wurde in § 433 HGB ein Kompromiss normiert, der den Übergang vom normalen BGB-Recht ins allg. Frachtrecht „fließender" gestaltet. Er stellt für sich gesehen keine eigene Anspruchsgrundlage dar, sondern ist vielmehr eine weitere Möglichkeit der Haftungsbeschränkung für den Frachtführer. Zuallererst sind also immer die Eingangsvorrausetzungen der jeweiligen Haftungsgrundlage aus dem BGB zu prüfen (*vgl. Kap. 3.1.3.8 – gilt analog*). In einem zweiten Prüfschritt die Beschränkungsmöglichkeit nach § 433 HGB.

Eingangsvoraussetzungen - Um einen Schaden den Regeln des § 433 HGB gemäß zu regulieren, müssen mehrere Voraussetzungen erfüllt sein:

---

204 Vgl. *Fremuth, Kommentar zum Transportrecht* S. 124 f. Rdnr. 32.

205 Vgl. *Koller, Transportecht* S. 462 Rdnr. 19; OLG Köln vom 8.04.2003 Nr. 3 U 146/02 in VersR Jhrg. 2003 Heft 26 S.1148 – 1150.

206 Vgl. *BR-Drucks*. 368/97 S. 67.

1. **Vorrang anderer Schäden** - Da § 433 HGB die nachrangigste Haftungsbeschränkung im allg. Frachtrecht ist, gehen ihr alle dortigen Haftungsbeschränkungen samt ihren Haftungsgrundlagen vor. Die Vorschrift ist also weder auf Güter und Verspätungsschäden (*im Obhutszeitraum!*) noch auf die Fälle der §§ 418 VI S1, 422 III, 447 S1, 413 II S1 HGB anwendbar![207] Somit entfallen schon recht viele Haftungstatbestände, weswegen vermehrt mit bloßen Vermögensschäden gerechnet werden muss.

2. **Keine Deliktische Haftung** – Die Anwendung des § 433 HGB wird durch ihn ausschließlich auf Schäden im Zusammenhang mit Verletzungen von Vertragspflichten reduziert.[208] Die Geltendmachung außervertraglicher, deliktischer Ansprüche gem. § 823 I BGB wird nicht durch § 433 HGB sondern nur durch § 434 HGB berührt.[209] Dies führt in Verbindung mit Vor. Nr. 1 dazu, dass nur Nebenpflichtverletzungen in Frage kommen.

3. **Beförderungsnah** – Der Wortlaut des § 433 HGB („... *mit der Ausführung der Beförderung* ...") vermag nur eine unklare Vorstellung darüber zu geben, welche Pflichtverletzungen des FF einzubeziehen sind und welche nicht. Es muss sich um Nebenpflichten handeln (*s. Vor. Nr. 2*), die nah mit der Transportdurchführung zusammenhängen.[210] Dies lässt einen großen Ermessensspielraum für die Rechtssprechung offen, die abwägen muss, ob jedwede (*Unterstützungs*-)Handlung direkt einer konkreten Beförderung zuzuschreiben ist.

4. **Zeitraum** – Da es sich um eine Neben*pflicht*verletzung handelt, beruht diese natürlich auf einem Vertragsverhältnis zwischen Absender und FF. Demgemäß fallen vorvertragliche Schäden *(c.i.c. - § 311 BGB)* nicht unter das Haftungsprivileg des § 433 HGB. Auch ein Durchdringen über die mögliche Hintertür des § 434 HGB bleibt verwehrt, da er nur für außervertragliche „Parallelschäden" zu § 425 I HGB *(Verlust, Beschädigung, Lieferfrist)* durchlässig ist. [211]

---

[207] Vgl. *Braun, das Leistungsstörungsrecht nach dem TRG* S. 196.

[208] Vgl. *Koller* in *Thume, Transport und Vertriebsrecht* S. 108 ff. .

[209] Vgl. *de la Motte* in *Korf, Der Güterverkehr nach neuem Recht* S. 129 f.

[210] Vgl. *BR-Drucks. 368/97* S. 68; vgl. *Fremuth, Kommentar zum Transportrecht* S. 256 Rdnr. 18; Vgl. *Koller* in *Thume, Transport und Vertriebsrecht* S. 115.

[211] Vgl. *BT-Drucks. 13/8445* S. 70 f. .

Klassischerweise handelt es sich hier um Fälle von Übernahmeverzug am Übergabeort des Absenders oder wegen Unmöglichkeit der Beförderung.[212]

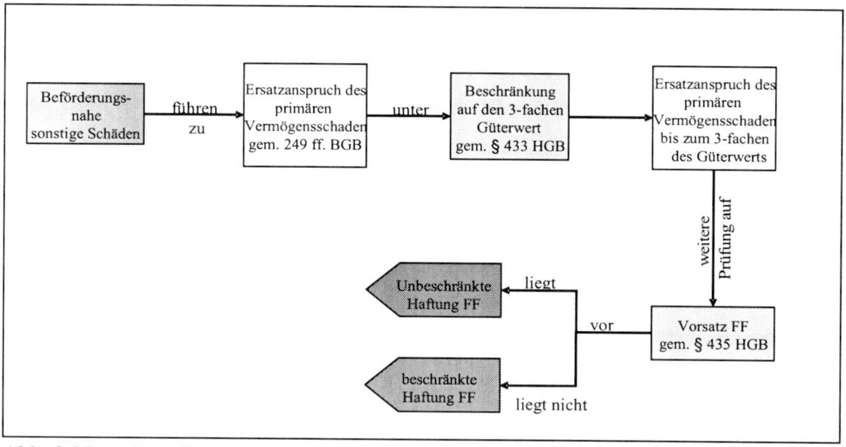

Abb. 2.25: Regulierung beförderungsnaher sonstiger Schäden

Regulierung - Falls der Anspruch feststeht und in den Bereich des § 433 HGB fällt, steht einer sonderfrachtrechtlichen Regulierung nichts mehr im Wege. Der aus anderer Quelle stammende Haftungsanspruch wird wieder in die Waagschale mit dem dreifachen Betrag gelegt, der sich aus der Verlusthaftung gem. §§ 425 I HGB ergeben würde. Dies impliziert natürlich auch die Haftungsbefreiungen und Begrenzungen sowie die Vorsatzvorschrift.

2.5.3.8 Sonstige beförderungsferne Schäden

Im Unterschied zu den sonstigen *beförderungsnahen* Schäden handelt es sich bei *beförderungsfernen* Schäden um solche, die nur nach Maßgabe des BGB abgewickelt werden. Diese beförderungsfernen Schäden finden ihr Pendant in § 241 II BGB, worin die nichtleistungsbezogenen Pflichten normiert werden. Abgewickelt werden derartige Pflichtverletzungen i.d.R. über § 282 BGB. Das Haftungsprivileg nach § 433 HGB bleibt dem FF hier verwehrt, trotzdem sich die Schäden in ihrer Wirkung sehr ähneln. Es zeigt sich also, dass es nicht wie bei den klassischen Verlusten, Beschädigungen und Lieferfristüberschreitungen auf das Schadensresultat, sondern auf das Schadensereignis ankommt.

---

[212] Vgl. *Koller* in *Thume, Transport und Vertriebsrecht* S. 116 f. .

Eingangsvoraussetzungen - Um einen sonstigen, beförderungsfernen Schaden nur nach BGB-Regeln handhaben zu können, kommt es aus frachtrechtlicher Sicht des HGB mangels expliziter Verweisvorschrift auf den Ausschluss folgender Aspekte an:

1. **Vorrang anderer Schäden** – Es darf sich weder um Schäden aus Verlust, Beschädigung oder Lieferfristüberschreitung, aus einem der vier bevorrechtigten Schadensfälle (*Umgang mit Begleitpapieren, .. – vgl. Kap. 3.1.3.3-6*), noch um einen sonstigen beförderungsnahen Schaden i.S.d. § 433 HGB handeln.

2. **Keine Deliktische Haftung** – Zwar bildet das BGB ebenfalls die Grundlage für die Regulierung deliktischer Absenderansprüche, diese werden jedoch im Wege der haftungsrechtlichen Kanalisierung und Anspruchskonkurrenz anders behandelt.[213] Diese Einschränkung führt zu einer Begrenzung auf (*fracht-*)vertragliche Ansprüche, die deliktische Ansprüche entweder unberührt lässt oder verdrängen kann. Schädigungen von Sachen anderer Personen oder direkte Personenschäden werden somit nicht erfasst.[214]

3. **Zeitraum** – Die Begrenzung auf vertragliche Pflichtverletzungen führt zugleich zu einer Eingrenzung auf den Vertragszeitraum (*vgl. Kap. 3.1.3.7*). In Verbindung mit Vor. Nr. 2 werden somit alle außervertraglichen Ansprüche, zu denen auch solche aus Delikten gehören, ausgeklammert. Es findet eine Beschränkung auf beförderungsferne (*nicht leistungsbezogene*) Nebenpflichtverletzungen (*im Ergebnis: Schutzpflichten*) i.S.d. § 241 II BGB statt.

4. **Vertretenmüssen** – Um einen Anspruch geltend zu machen, reicht es nicht wie im allg. Frachtrecht aus, den Schaden zu identifizieren. Dem FF muss vielmehr ein Verschulden in der Form des Vertretenmüssens im Sinne der §§ 276 ff. BGB treffen. § 276 I S 1 BGB spricht in seiner mildesten Form des Vertretenmüssens von Fahrlässigkeit.

   Die Schuldrechtsmodernisierung brachte hier erhebliche Beweiserleichterungen für den Geschädigten mit sich, denn nunmehr muss der FF seine Unschuld darlegen.[215]

---

213 Vgl. *Dörner/Schulze, BGB-Handkommentar* S. 995 f. Rdnr. 12 f.

214 Vgl. *Koller, Transportrecht* S. 301 Rdnr. 1.

215 Vgl. *Dörner/Schulze, BGB-Handkommentar* S. 283 Rdnr. 15.

Grafisch stellt sich der Weg vom Schaden zum SE-Anspruch folgendermaßen dar:

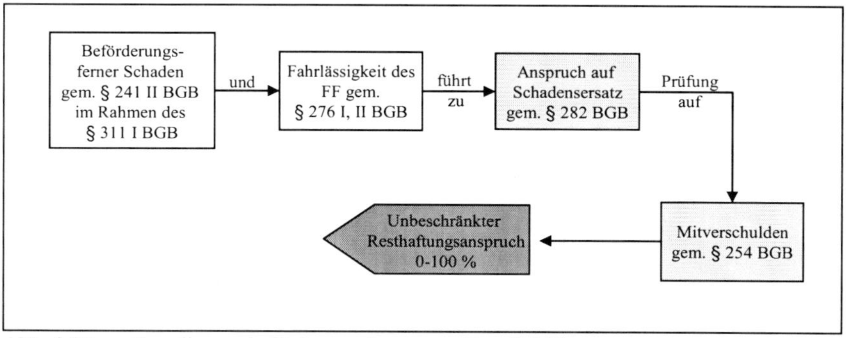

Abb. 2.26: Regulierung beförderungsferner sonstiger Schäden

Regulierung - Wird ein vertraglicher Schaden als beförderungsferne Nebenpflichtverletzung identifiziert und dem FF Vorsatz oder Fahrlässigkeit attestiert (*Vermutung*), dann trifft ihn der Schadensersatzanspruch des Absenders gem. § 282 BGB. Dieser kann regelmäßig Schadenersatz statt der Leistung verlangen, da ihm die Leistung durch den FF meistens nicht mehr zuzumuten ist.[216] Bevor es an die Bezifferung des zu ersetzenden Schadens geht, muss eine eventuelle Mitschuld des Absenders oder Empfängers gem. § 254 BGB berücksichtigt werden, die ähnlich wie § 425 HGB wirkt. § 254 BGB zählt abschließend aber großzügig drei Tatbestände auf, die sich im Wesentlichen mit den für § 425 II HGB gemachten Aussagen decken (*vgl. Kap. 3.1.3.1*).[217]

Der verbliebene ausschließliche oder anteilige Resthaftungsanspruch erstreckt sich gem. §§ 249, 252 BGB auf den Ersatz des gesamten primären und sekundären Vermögensschaden, also im Unterschied von den HGB-Instituten, mit Ausnahme der §§ 435, 418 VI HGB, in unbegrenzter Höhe! Dies erscheint durchaus gerechtfertigt, wenn man die Frachtführerhaftung an sich für gerecht hält, denn derlei Schäden kann auch jedes andere Unternehmen hervorrufen, welches keine Güter transportiert.

[216] Vgl. *Matheus in Schwab/Witt, Einführung in das neue Schuldrecht* S. 120.
[217] Vgl. *Dörner/Schulze, BGB-Handkommentar* S. 280 Rdnr. 2.

2.5.3.9 Außervertragliche Ansprüche

In allen bisherigen Fällen wurden ausschließlich vertragliche Pflichtverletzungen und dadurch hervorgerufene Schäden besprochen. Neben den Ansprüchen aus vertraglichen Pflichtverletzungen – sowie davor und danach - können aber auch noch außervertragliche Ansprüche dem FF treffen, die nicht aus dem Vertrag begründet sind. Ob diese neben einer vertraglichen Haftung durchdringen können, und so ggfs. die Haftung des FF erweitern können, wird im Zuge der Anspruchskonkurrenz ermittelt.

Besonderheiten c.i.c. – Besondere Abgrenzungsschwierigkeiten ergeben sich bei der Einordnung von vorvertraglichen Schadensfällen, bei denen die Identifizierung des Zeitpunktes von Schadenslegung und Schadensursache wichtig wird.

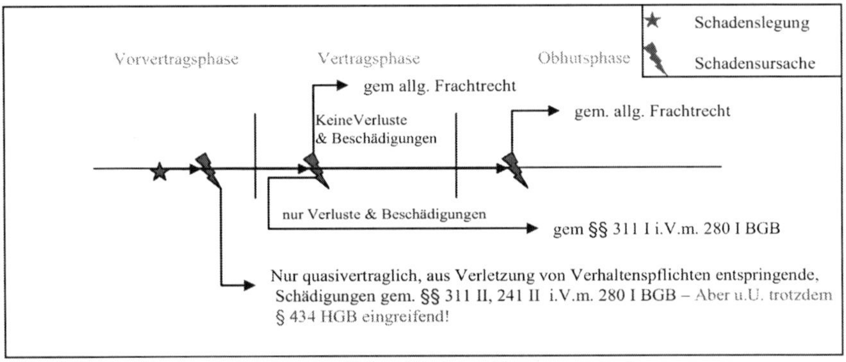

Abb. 2.27: Umgang mit vorvertraglichen Vertragsstörungen (c.i.c.)

Nach 311 II BGB entsteht ein vorvertragliches Schuldverhältnis mit bestimmten Verhaltenspflichten für die Vertragsparteien i.S.d. § 241 II BGB bereits durch Aufnahme von Vertragsverhandlungen.[218] Da zu diesem Zeitpunkt noch kein Frachtvertrag geschlossen wurde, kann der FF auch noch nicht direkt für eine Verletzung der sich aus dem Vertrag ergebenden Primärleistungspflichten (*Verlust, Beschädigung, Lieferfrist*) in Anspruch genommen werden. Die Reichweite des vorvertraglichen c.i.c. erstreckt sich lediglich auf Schutz- und Verhaltenpflichten, weswegen auch nur derlei Verstöße nach §§ 280 I S 1, 282 BGB zu ahnden sind.[219] Falls aber z.B. ein Beratungsfehler des FF

218 Vgl. *Jauernig, Bürgerliches Gesetzbuch 2004* S. 352 Rdnr. 43 – 45.
219 Vgl. *Jauernig, Bürgerliches Gesetzbuch 2004* S. 352 f. Rdnr. 47.

(*Verhaltenspflichtverletzung*) vor Vertragschluss (*Schadenslegung und Schadensursache*) zu einem Verlust des Transportgutes führt, wird dieser c.i.c. Schaden laut Frachtrechtsvorschrift § 434 HGB als außervertraglicher Anspruch angesehen und einbezogen.[220]

Verlagert sich nun die Schadensursache von der Schadenslegung allerdings auf die Phase zwischen Vertragsschluss und Güterübernahme, kann keine außervertragliche Störung i.S.d. § 434 HGB und § 311 II BGB mehr vorliegen. Nebenpflichtverletzungen, einschließlich Fristüberschreitungen (*Besonderheit*!)[221], unterliegen dem allg. Frachtrecht mit der Möglichkeit der Verweisung auf BGB-Recht (*vgl. Kap. 3.1.3.7-8*). Für Verlustschäden und Beschädigungen gilt die Besonderheit des § 425 I HGB, der nur eingreift, wenn mindestens die Schadensursache nach der Übernahme bedingt ist.[222] Derartige Vertragsstörungen, die nun zu Güterschäden führen, müssen allein nach Maßgabe des § 280 I BGB ersetzt werden. Ein Verweis auf § 434 HGB verbietet sich, da dieser nur außervertragliche Ansprüche erfasst.[223] Der FF haftet in diesen Fällen also unbeschränkt! (*vgl. Kap. 3.1.3.8*) Relativierend für die Praxis bleibt aber anzumerken, dass derartige Fallgestaltungen äußerst ungewöhnlich sein dürften, denn wie soll der FF Schäden am Transportgut verursachen, wenn er es noch nicht übernommen hat? Es spielt demnach keine Rolle mehr, ob er schon vor Vertragschluss die Wurzeln für die spätere Schadensursache legte. Prinzipiell liegt hier aber eine Lücke in der Haftungsbegrenzung für Güterschäden vor.

Technik des Gleichlaufs – Der reine c.i.c.-Schaden (*Vorvertragliche Phase*) stellt nur eine Möglichkeit dar, um einen außervertraglichen Schaden geltend zu machen. Zu ihm gesellt sich eine ganze Reihe außervertraglicher und deliktischer Haftungsgrundlagen, mit zum Teil unterschiedlichen Haftungsansprüchen, Verjährungsfristen, Beweislastregelungen und Eingangstatbeständen. Die hier zu erzielenden Haftungssummen inkludieren normalerweise Vermögensschäden, sodass sie regelmäßig über den Haftungshöchstsummen des allg. Frachtrechts liegen. Im Wege der Anspruchskonkurrenz könnte der Anspruchsberechtigte durch diese außervertragliche Haftung, wenn sie denn parallel zur Vertragsverletzung

---

220 Vgl. *Koller, Transportrecht* S. 446 f. Rdnr. 4.

221 Vgl. *Schmidt, R; Kehl, F.* in TranspR Jhrg. 19967/03 S. 89, 91: Die Haftung des CMR-Frachtführers nach den Grundsätzen der culpa in contrahendo.

222 Vgl. *BR-Drucks. 368/97* S. 58 f. .

223 Vgl. *Seyffert, Haftung des ausführenden Frachtführers* S. 120.

wirken würde, diese für ihn günstigeren Ansprüche durchsetzen und die Sinnhaftigkeit des Haftungsregimes des allg. Frachtrechts unterlaufen.[224]

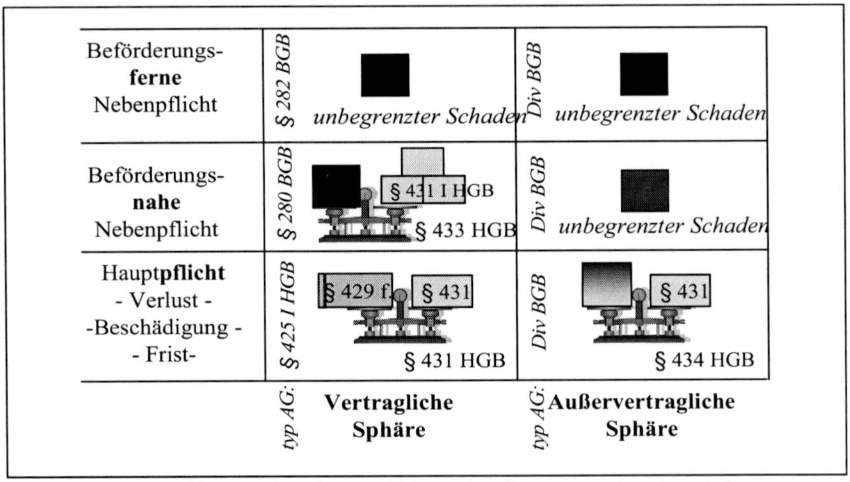

Abb. 2.28: Partieller Gleichlauf vertraglicher und außervertraglicher Ansprüche

Absender oder Empfänger als außervertraglich Anspruchsberechtigte - Um dem zu begegnen wurde § 434 HGB installiert, der fortan einen Gleichlauf zwischen vertraglichen und außervertraglichen Ansprüchen aus Verlust und Beschädigung des Transportguts sowie Lieferfristüberschreitung herstellt (*Abs. 1*). Hiernach kann ein außervertraglicher Anspruch zwar gestellt werden, doch unterliegt er den gleichen Haftungsregelungen der §§ 425 II – 428, 430 – 432 HGB. Er wird allerdings bei Verlusten und Beschädigungen nicht durch § 429 HGB auf den Substanzschaden gekappt. Vielmehr wird der außervertragliche Haftungsanspruch anstelle des nach § 429 HGB ermittelten Wertes auf die Waagschale mit dem Haftungshöchstbetrag nach § 431 HGB gestellt, sodass z.B. auch Güterfolgeschäden einbezogen werden.[225] Da meistens aber sowieso der Haftungshöchstbetrag des § 431 HGB geringer wiegt als der Wertersatz nach § 429 HGB oder der außervertragliche Haftungs-

[224] Vgl. *Ruhwedel* in *Thume, Transport und Vertriebsrecht* S. 168; Vgl. *Dubischar, Grundriß Gütertransportrecht* S. 60f. .

[225] Vgl. *Thume* in VersR Jhrg. 2002 Heft 7 S. 267 f.: Die Rechte des Empfängers bei Vermischungsschäden in Tanks oder Silos als Folge verunreinigt angelieferter Güter; vgl. *Heuer* in TranspR 2002/09 S. 334 f.: Zur außervertraglichen Haftung des Frachtführers (und seines Kfz-Haftpflichtversicherers) für Güterfolgeschäden.

anspruch, gelangt man in beiden Fällen zum gleichen Ergebnis. Der Gleichlauf führt aber auch zur Einbeziehung der Vorsatzvorschrift des § 435 HGB, sodass bei qualifiziertem Vorsatz unbeschränkt gehaftet wird.

Dieser Gleichlauf bewirkt in seiner Konsequenz aber noch mehr: Es wird für den geschädigten Absender oder Empfänger recht uninteressant, außervertragliche Ansprüche zu stellen, da sie zumeist ein Verschulden (*Fahrlässigkeit*) des FF voraussetzen, welches er beweisen muss. Dagegen haftet der FF nach dem allg. Frachtrecht, wie gezeigt wurde, eingeschränkt verschuldensunabhängig mit Entlastungsmöglichkeit.

Vertragsfremde Dritte als außervertraglich Anspruchsberechtigte - Dieser Gleichlauf nach § 434 I HGB gilt unter bestimmten Vorraussetzungen und Einschränkungen gem. Abs. 2 auch für vertragsfremde Dritte, die vom zugrunde liegenden Frachtvertrag nicht betroffen sind. Denkbar ist hier der vertragsfremde Transportgüter-Eigentümer, der weder Absender noch Empfänger ist. Verkehrsunfallgeschädigten kann dieser Gleichlauf nicht entgegengesetzt werden, da sie ja nicht vom Verlust der Ware betroffen sind!

Der Gleichlauf gilt gem. § 434 II HGB auch nur für Verluste und Beschädigungen und nie für Lieferfristüberschreitungen, falls:

1. Der vertragsfremde Eigentümer dem durchgeführten Transport nicht widersprochen hat. Eine Zustimmung zum Transport, z.B. auch eine mittelbare an den Spediteur zeigt dies sicher an. Wurde die Beförderung zustimmungs- als auch widerspruchslos seitens des Dritten durchgeführt, kommt es auf den guten Glauben des FF an, der im Einzelfall ermittelt werden muss.[226]

2. Das Gut dem Dritten oder der zum Besitz berechtigten Person nicht unfreiwillig analog zu § 935 BGB abhanden gekommen ist. Die Gutgläubigkeit des FF kann in diesem Zusammenhang dass Erfordernis nicht abmildern. Es bleibt bei der wortgetreuen Auslegung. [227]

---

[226] Vgl. *Ruhwedel* in *Thume, Transport und Vertriebsrecht* S. 169.

[227] Vgl. *Koller, Transportrecht* S. 450 Rdnr. 15; vgl. *Erman II, BGB* S. 3544 f. Rdnr. 2; vgl. *Ruhwedel* in *Thume, Transport und Vertriebsrecht* S. 169 f. .

Prominente außervertragliche Ansprüche - Wie bereits angedeutet, kann der FF, neben der c.i.c.-Möglichkeit, auch aus anderen Haftungstatbeständen in Anspruch genommen werden, die nicht vom allg. Frachtrecht verdrängt werden. In diesem Zusammenhang darf nämlich nicht außer Acht gelassen werden, dass nicht die Frachtführerhaftung an sich auf Fälle von Verletzungen der Haupt und Nebenpflicht begrenzt ist. Vielmehr ist sein Haftungsprivileg auf diese vertraglichen Schadensformen beschränkt! Die nachfolgende Aufstellung gibt einen beispielhaften Auszug über außervertragliche Anspruchsgrundlagen, die für die Frachtführerhaftung des Öfteren wichtig werden:

§ 812 BGB	- Herausgabeanspruch wegen ungerechtfertigter Bereicherung
§ 823 I BGB	- SE aus unerlaubter Handlung
§ 823 II BGB	- SE aus Verstoß gegen ein Schutzgesetz
§ 826 BGB	- SE aus sittenwidriger, vorsätzlicher Schädigung
§ 989 BGB	- SE nach Rechtshängigkeit
§ 992 BGB	- SE-Pflicht des deliktischen Besitzers
§ 678 BGB	- SE aus Geschäftsführung ohne Auftrag
§ 7 StVG	- SE des Halters für Personenschäden und Sachen
§§ 311 II, 280 BGB	- SE aus c.i.c.

Beispiel: Der Verkehrsunfall im Transportgewerbe – *Der Alleinunternehmer und Frachtführer F transportiert mit seinem LKW Bücher im Auftrag des A von Hamburg nach München. Während des Transports verschuldet er fahrlässig einen Unfall, bei dem ein Mensch (Familienvater) getötet und der Wagen des Unfallgegners komplett zerstört wirdt. Ferner erlitten die Bücher infolge des Verrutschens einen Wertverlust von 80 Prozent.*

Für den Ersatzanspruch wegen der Tötung des Familienvaters kommt zunächst § 823 I BGB in Betracht, denn diese Tötung erfüllt die Anforderungen an eine unerlaubte Handlung, da sie eine schuldhafte Verletzung eines fremden Rechtsgutes darstellt. Nun wird aber § 823 I BGB von § 7I StVG als lex specialis verdrängt, der von sich aus eine für die Geschädigten günstigere Gefährdungshaftung vorsieht.[228] *Die in diesen Fällen trotzdem nach § 823 II BGB geforderte Fahrlässigkeit ist gegeben,*[229] *ebenso wie höhere Gewalt gem. 7 II StVG und ein Mitverschulden gem. § 9 StVG ausgeschlossen ist. Demnach hat der Fahrzeughalter,*[230] *hier der Frachtführer F, seiner Ersatzpflicht nach*

228 Vgl. *Jauernig, Bürgerliches Gesetzbuch 2004* S. 1064 Rdnr. 9 f..

229 Vgl. *Jauernig, Bürgerliches Gesetzbuch 2004* S. 1076 Rdnr. 59.

230 Für die Bestimmung der Haltereigenschaft ist weder die Eigentümerstellung, noch die Frage entscheidend, auf wen das Fahrzeug zugelassen ist, oder wer Prämien, bzw. Steuern bezahlt – vgl. …

Maßgabe des § 10 StVG in den Grenzen des § 12 StVG nachzukommen. Sie erstreckt sich auf etwaige Unterhaltsansprüche der Frau sowie der Kinder, die Beerdigungs-, und vorgelagerte Heilungskosten und ist gem. § 12 I StVG auf 36.000 Euro jährlich oder einmalig 600.000 € begrenzt.

Der Wagen des Unfallgegners wird als Sache im Sinne des StVG angesehen und ist somit auch in die Haftung des Fahrzeughalters gem. § 7 StVG einzubeziehen. Für das Kfz ist die Haftung gem. § 12 I Nr. 3 StVG auf max. 300.000 € beschränkt. Allerdings ist der Sachersatzbetrag gem. Abs. 3 ggfs. mit dem Personenschaden nach Abs. 1 Nr. 1 zu verrechnen.

Die Haftung für die beschädigten Bücher wird aber nicht durch die Halterhaftung gem. § 8 III StVG erfasst, da er sie nicht als Sache i.S.d. § 7 StVG wertet und somit die Bücher als Transportgut von der Haftung fernhält. Somit kommt es auch nicht zu einem Konflikt mit dem allg. Frachtrecht. Der Güterschaden kann im Rahmen der §§ 425 I HGB vom Absender oder Empfänger in Anspruch genommen werden. Da es sich hier nicht nur um eine vertragliche Pflichtverletzung handelt, sondern um eine deliktische Schadensursache, könnte der Absender auch nach § 823 I BGB vorgehen. Diese würde aber unter Beachtung des § 434 I HGB in vergleichbare Bahnen gelenkt.

Ähnlich würde es sich verhalten, wenn die Bücher nicht dem A, sondern einem vertragsfremden E gehört hätten. Dieser hätte in einem ersten Schritt seinen Anspruch aus § 823 I BGB fordern können müssen und wäre in einem zweiten Schritt über § 434 HGB an das allg. Frachtrecht verwiesen worden.

OLG Karlsruhe vom 12.7.1996 Nr. 3 Ss 114/96 in NZV Jhrg. 1997 Heft 4 S. 195; Halter ist vielmehr, wer das Fahrzeug für eigene Rechnung in Gebrauch hat und die Verfügungsgewalt besitzt, die ein solcher Gebrauch voraussetzt – BGH vom 26.11.1996 Nr. VI ZR 97/96 in DAR Jhrg. 1997 Heft 03 S. 108 – 109 | S. 108.

2.5.4 Absenderhaftung

Die Absenderhaftung wird im allg. Frachtrecht sehr gestreut in insgesamt 17 (*Teil-*) Vorschriften behandelt. Sie richtet sich immer nur gegen den vertraglichen Absender des Frachtführers. Nur wenn der Empfänger in die Rolle des Verfügungsberechtigten schlüpft *(§ 418 II S2,3 HGB*), ist der FF gegen den Empfänger auch aktivlegitimiert und kann von ihm Ersatz fordern. Schäden vertragsfremder Dritter sind vom Absender immer nur dann zu ersetzen, falls der FF seinerseits in Anspruch genommen wird.[231] Anspruchsberechtigt gegen den Absender kann also immer nur der Frachtführer sein.

Im Hinblick auf die zu erbringende Hauptleistung des Absenders, der Frachtzahlung gem. § 407 II S2 HGB, wird schnell klar, dass sich die meisten Anspruchsgrundlagen rund um das Thema Frachtzahlung und Aufwendungsersatz drehen. Vereinzelt werden aber auch beförderungsnahe Nebenpflichten des Absenders erwähnt, um einen reibungslosen Transportlauf zu begünstigen. Verstößt ein Absender gegen diese Pflichten, kommen „echte Schäden" an Sachen (*LKW, Sendungsteile Anderer, ...)* und Personen sowie Vermögensschäden (*entgangener Gewinn, vergebliche Aufwendungen*) in Betracht. Die Haftungsregularien des Absenders folgen in Teilbereichen dem des Frachtführers, wodurch ein gewisser Nachteilsausgleich für die für ihn hinzunehmenden Haftungsbeschränkungen geschaffen wird.[232] Güter und Verlustschäden sind aber immer der Frachtführerhaftung des § 425 I, II HGB vorbehalten, in dessen Rahmen dem Absender auch die alleinige Schuld zugewiesen werden kann (*vgl. Kap. 3.1.3.1*)![233] Dies ist immer dann bedeutsam, wenn der Absender nicht auch Eigentümer der Ware ist und dieser sich wegen des Verlustschadens an den FF wendet.

Haftungshöchstbeschränkung des Absenders - Der Abgrenzung der sich teilweise überschneidenden Begriffe[234] von Schaden und Aufwendung kommt unter Umständen höchste Bedeutung zu, denn hiervon hängt ab, ob der Ersatzanspruch den in § 414 I S 2 HGB beschriebenen Haftungsbeschränkungen unterliegen kann, oder nicht! Hiernach richtet sich die Regulierung von Schäden an der allg. Frachtrechtshaftung aus. Dem Schaden wird somit ein gewillkürter Haftungshöchstbetrag entgegengesetzt, der nach § 431 I HGB bei Totalverlust zu zahlen wäre. Die §§ 434 bis 436 HGB sollen ebenfalls Anwendung finden,

---

231 Vgl. *Basedow, Aktualisierung Band 7a zu MüKo* S. 26 Rdnr. 2; vgl. *BR-Drucks. 368/97* S. 42.
232 Vgl. *Helm* in *Thume, Transport und Vertriebsrecht* S. 90.
233 Vgl. LG München vom 27.12.2001 Nr. 40 16730/01 in TranspR Jhrg. 2002/04 S. 157 – 158 | S. 157.
234 Vgl. *Fremuth, Kommentar zum Transportrecht* S. 92 Rdnr. 7.

sodass außervertragliche Frachtführeransprüche (*§ 434 HGB*) und qualifiziertes Absenderverschulden (*§ 435 HGB*) analog zur Frachtführerhaftung berücksichtigt werden. Auch kann bei der Schadenszuweisung ein Mitverschulden des FF gem. § 414 II HGB ein Rolle spielen. Insofern folgt die Absenderhaftung auch hier dem Vorbild des § 425 II HGB, bzw. § 254 II BGB.[235] Im Unterschied zum Frachtführer stehen dem Absender aber keine Befreiungsmöglichkeiten i.S.d. §§ 426 f. HGB zu, mit denen er die Haftung von sich fernhalten kann. Seine Exkulpationsmöglichkeiten beschränken sich demnach immer auf ein Mitverschulden des Frachtführers. Auf höhere Gewalt oder andere besondere Haftungsausschlussgründe kann er sicht nicht berufen.

Schäden und Aufwendungen - Nun spricht das Gesetz bezüglich der Absenderhaftung lediglich an einer Stelle (*§ 414 I S1 HGB*) von Schäden in sehr allgemeiner Weise. Ansonsten bedient es sich meistens des Begriffs der Aufwendung, teils auch des Vergütungs- oder Fautfrachtanspruches. Ungeklärt bleibt indes weiterhin die Unterscheidung zwischen Aufwendung und Schaden, da § 414 HGB gleichzeitig beide Varianten verwendet, wenn es um die in Abs. 1 Nr.1 bis 4 aufgezählten Tatbestände geht.

Der in § 414 HGB verwendete Begriff der Aufwendungen reduziert sich nach der Rechtssprechung zu § 670 BGB (*Anwendungsbereich u.a. Geschäftsbesorgungsvertrag!*)[236] auf freiwillige Vermögensopfer, die der Beauftragte zur Erreichung des Auftragszwecks erbringt.[237] Generell hat der FF gem. § 420 I S2 HGB einen Erstattungsanspruch für Aufwendungen, soweit er diese für das Gut tätigte und er sie den Umständen nach für erforderlich halten durfte. Dies ist besonders für nicht extra im allg. Frachtrecht aufgelistete Aufwendungsfälle wichtig und folgt dem Gedanken des §§ 670 ff. BGB.[238] Im Hinblick auf die freiwillig getätigten Aufwendungen, aber weitergehend als nach § 670 BGB, erfasst der Aufwendungsersatzanspruch nach § 683 BGB auch die übliche Vergütung des FF, wenn die vorliegende Aufwendung zum Frachtgeschäft gehörte.[239] Reine Aufwendungen des FF sind vom Absender in unbegrenzter Höhe zu erstatten, wobei die Sinnhaftigkeit und Berechtigung zum getätigten Geschäft im Rahmen des Mitverschuldens gem. § 414 II HGB vom Absender angezweifelt werden kann.[240]

---

235 Vgl. *Müglich, Das neue Transportrecht* S. 81 Rdnr. 7.
236 Vgl. *Jauernig, Bürgerliches Gesetzbuch 2004* S. 883 Rdnr. 1.
237 Vgl. BGH vom 29.11.1988 Nr. IX ZR 85/88 in NJW Jhrg. 1989 Heft 20 S. 1285 – 1286 | S. 1285.
238 Vgl. *Koller, Transportrecht* S. 246 Rdnr. 10.
239 Vgl. BGH vom 7.3.1989 Nr. XI ZR 25/88 in NJW-RR Jhrg. 1989 Heft 16 S. 970 – 971.
240 Vgl. *Koller, Transportrecht* S. 173 Rdnr. 14.

Unfreiwillig gemachte Aufwendungen, also solche, die der FF im seinem eigenen Interesse machen musste, sind demnach nicht als Aufwendungen i.S.d. § 414 HGB einzustufen. So bei allen für ihn schadensmindernden und beseitigenden Maßnahmen oder bei zu erduldenden, unfreiwilligen Standzeiten beim Absender. Bei der Schadensbemessung kann nicht nur ein angemessener Vergütungsanspruch in Ansatz gebracht werden, sondern auch der entgangene Gewinn gem. § 252 BGB, wodurch beim Schaden auch weitergehende Elemente Berücksichtigung finden.

Die Haftungsansprüche gegen den Absender ergeben sich im Einzelnen aus folgenden Umständen, die teils auch untereinander kollidieren können, falls unklar ist, welcher Anspruch im Vordergrund steht.

Gleichlauf der Absender- und Frachtführerhaftung - Wichtig zu ergänzen bleibt natürlich noch, dass die Schadensersatzregeln des BGB (*§§ 280 ff. BGB*) genauso wie bei der Frachtführerhaftung auch dem FF zugute kommen können. In den Fällen des § 414 I Nr. 1-4 HGB werden sie allerdings hinsichtlich der Beweislastverteilung von ihm verdrängt.[241] Der Aufwendungsersatz des FF richtet sich zwar an den HGB-Regeln aus (*Generalklausel des § 420 I S2 HGB*), doch bleibt es dem FF unbeschadet, weitergehende Ansprüche (*echte Schäden*) aus dem BGB geltend zu machen.[242] Da nun aber § 414 II HGB nicht nur die Schäden aus seinem ersten Absatz im Blick hat,[243] gilt die Haftungshöchstbeschränkung des Absenders auch für aus dem BGB hervorgebrachte Ansprüche, sofern sie sich zumindest auf beförderungsnahe Nebenpflichtverletzungen des Absenders beziehen. Auch § 434 HGB ist bezüglich dem Gleichlauf der Absenderhaftung mit der Frachtführerhaftung „umzudrehen“ und in dessen Rahmen auch auf außervertragliche Ansprüche des Frachtführers entsprechend anzuwenden.

---

[241] Vgl. *Braun, Das Leistungsstörungsrecht nach dem TRG* S. 157 f – mit der prinzipiell gleichen Wirkung.; Vgl. *Helm* in *Thume, Transport- und Vertriebsrecht* S. 88, 94.

[242] Immer da wo § 414 I HGB nicht als lex specialis vor §§ 280 ff BGB eingreift, können diese natürlich angewendet werden. Die Spezialregeln zum Aufwendungsersatz müssen aber beachtet werden.

[243] Vgl. *BT-Drucks. 13/10014* S. 47 Der Rechtsausschuss will alle Frachtführerschäden in Abgrenzung zu den Aufwendungen erfasst sehen – kritisch: Vgl. Helm in *Thume, Transport und Vertriebsrecht* S. 94; so auch *Müglich* u.a.. Sie vertreten die These, dass der Gesetzgeber in § 414 I S2 HGB entgegen dem Wortlaut eigentlich „Für Schäden ***aus Satz 1*** hat der Absender…“ meinte. Hierfür spricht die enumerative Aufzählung der vier Schadensfälle in Satz 1. Dagegen steht jedoch klar der Wortlaut und der offensichtliche Sinn, wenn man es ernst nimmt mit der Gleichstellung! Der FF genießt seine Haftungsprivilegien ja auch nicht nur bei seiner strengen Obhutshaftung gem. § 425 HGB, sondern ebenso für beförderungsnahe sonstige Schäden! Auch behält Satz 1 noch einen Sinn, da so für die Mehrzahl der durch den Absender herbeigeführten Schäden eine verschuldens-unabhängige Haftung statuiert wird, die auch ihre Vorbilder bei der Frachtführerhaftung hat. Übrige, zumindest beförderungsnahe Schäden (*Schadensfälle des FF, die nicht in Satz 1 erwähnt werden*) müssten so analog zur Frachtführerhaftung zunächst über die allgemeinen Regeln des BGB geltend gemacht werden und würden dann einer Haftungshöhenbeschränkung unterliegen.

2.5.4.1 Ungenügende Verpackung

Der Anspruch aus § 414 I Nr. 1 HGB stellt die haftungsrechtliche Weiterführung des § 427 I Nr. 2, 5 HGB dar, der Absenderansprüche wegen ungenügender Frachtverpackung und Kennzeichnung vom FF fernhält. Bei § 414 I Nr. 1 HGB wird nun in die Gegenrichtung geblickt: Der Absender wird hieraus verpflichtet, für gemachte Aufwendungen und Schäden des FF einzustehen.

Generell wird in Abs. 1 S1 eine verschuldensunabhängige Haftung des Absenders eingeführt, die auch für die nachfolgenden Fälle der Nr. 2 – 4 (*vgl. Kap. 3.1.4.12-4*) gilt.[244] Abgefedert wird dieser eingeleitete, verschuldenslose Haftungsmaßstab durch Abs. 3 derselben Vorschrift, wodurch sich der Absender in dem Maße exkulpieren kann, sofern den FF ein Mitverschulden trifft. Die verschuldensunabhängige Absenderhaftung wird jedoch nicht gänzlich zunichte gemacht, da der Absender dem FF immer noch für Verschulden Dritter oder für höhere Gewalt haften kann. Handelt es sich jedoch beim Absender um eine Privatperson, so trifft sie nicht die Härte der verschuldensunabhängigen Haftung. Nur ihr eigenes Verschulden muss sie sich gem. § 414 III HGB anrechnen lassen.

Eingangsvoraussetzungen – Um eine Haftung nach Nr. 1 zu begründen bedarf es der dreier Vorraussetzungen:

Der FF darf gem. § 411 HGB nicht Verpackungs- und Kennzeichnungspflichtig gewesen sein, was den gesetzlichen Normalfall darstellt. Obwohl von diesem Erfordernis im Gesetzestext des § 414 HGB nicht direkt die Rede ist, kommt es hierauf an.[245] Denn sonst hat der Absender, unabhängig von § 414 III HGB, für die mangelhafte Verpackung des FF einzustehen, was sehr ungerecht wäre. Dies bedeutet, dass der Absender, oder ein Dritter, für eine angemessene und beförderungssichere Verpackungsqualität Sorge tragen muss, sodass die Ware einen typischen Transportlauf ohne Schaden übersteht.[246]

In einem zweiten Schritt muss festgestellt werden können, dass die Verpackung und Kennzeichnung tatsächlich nicht den Anforderungen entsprochen habe – der Absender also die verkehrsübliche Sorgfalt außer Acht gelassen hat.[247]

---

[244] Vgl. *Helm* in *Thume, Transport und Vertriebsrecht* S. 91.
[245] Vgl. *BR-Drucks. 368/ 97* S. 43.
[246] Vgl. *BR-Drucks. 368/97* S. 39.
[247] Vgl. *Koller, Transportrecht* S. 169 f. Rdnr. 6.

Zudem muss wie in allen Fällen des § 414 HGB ein adäquater Kausalzusammenhang zwischen dem Tatbestand (*ungenügende Verpackung*) und dem Schaden / der Aufwendung des FF (*Nachverpackungsaufwand, …*) bestehen.[248] Die geforderte Schadenskausalität ergibt sich aus Abs. 1 S1 „…, *die verursacht worden durch …*".

Regulierung – Der Absender hat dem FF alle seine Aufwendungen gem. § 414 I HGB zu ersetzen, die er im Zusammenhang mit der Mangelhaftigkeit der Transportverpackung und Kennzeichnung im Interesse des Absenders getätigt hat. Darüber hinaus sind dem FF hierdurch bedingte Schäden bis zur Haftungshöchstsumme des § 414 I S. 2 HGB zu erstatten.

2.5.4.2 Falsche Angaben im Frachtbrief

Unrichtige oder unvollständige Angaben stellen den zweiten Unterfall des § 414 HGB dar, weswegen betreffend der Kausalität und der Regulierung auf die obigen Ausführungen verwiesen werden kann.

Eingangsvoraussetzungen – Neben der geforderten Schadenskausalität kommt es darauf an, ob dem FF schriftlich im Frachtbrief falsche oder unvollständige Angaben anhand gegeben und er so in die Irre geleitet wurde.[249] Gemeint sind hier vornehmlich die sich aus § 408 I HGB ergebenden Pflichtangaben, wobei aber auch andere, falsche Angaben gem. § 408 II HGB zur Aufwendungen und Schäden beim FF führen können. Hinsichtlich der Beurteilung, ob eine Angabe nun unvollständig ist, genügt es nicht zu erkennen, dass einzelne Teilangaben gänzlich fehlen. Vielmehr muss hierdurch der komplette Informationsgehalt fehlgedeutet werden können.[250]

Um nun nicht den Absender beim frachtbrieflosen Transport besser zu stellen, kann vom Wortlaut abgewichen werden, wenn frachtbriefähnliche Dokumente verwendet werden.[251] § 414 I Nr. 2 HGB ist demnach auch auf solche Fälle anzuwenden.

---

248 Vgl. *ebd.* S. 176 Rdnr. 18.
249 Vgl. *ebd.* S. 170 f. Rdnr. 8.
250 Vgl. *BR-Drucks. 368/97* S. 43.
251 Vgl. *Koller, Transportrecht* S. 170 f. Rdnr. 8.

2.5.4.3 Keine Mitteilung über Gefahrgüter

§ 414 I Nr. 3 HGB stellt eine zusätzliche Sanktionsvorschrift zu § 410 HGB dar und erlaubt die weitergehende Geltendmachung echter Schäden des Frachtführers. Für § 414 I Nr. 3 HGB gelten die schon getroffenen Aussagen zur Kausalität und Schadensregulierung (*vgl. Kap. 3.1.4.1*). Diese beiden Vorschriften haben die Mitteilungspflichten des Absenders beim Gefahrgütertransport zum Gegenstand, wobei beide von sich aus losgelöste Anspruchsgrundlagen darstellen.

Eingangsvoraussetzungen – Nach § 410 I HGB ist es die Pflicht des Absenders, den von ihm beauftragten FF rechtzeitig und schriftlich über die Gefährlichkeit der Transportgüter und zu ergreifende Vorsichtsmaßnahmen aufzuklären. In diesem Zusammenhang ist die Klassifizierung von gefährlichen Gütern entscheidend. Nicht nur Güter aus den einschlägigen Gefahrgutvorschriften werden hiervon erfasst, die bei einem späteren Unfall Umwelt und Personenschäden in großem Ausmaß hervorrufen können. Hinzuzurechnen sind ferner Waren, deren Transport für den FF und seine Transportmittel ein hohes Gefahrenpotential aufwerfen.[252] Für eine spätere Regulierung ist es nur wichtig, dass die hiermit verbundenen Aufwendungen (*Rücktransport, Auslagerung, Vernichtung, …*) allein dem Grunde nach objektiv erforderlich waren, also das die Güter für ihn oder andere gefährlich werden konnten. Die subjektive Einschätzung des FF ist hierbei unerheblich!

Kommt der Absender seiner Mitteilungspflicht nicht nach und war ihm die Gefahr nicht sonst wie bekannt, ist der FF berechtigt, sich des Transportgutes zu entledigen (*vgl. Kap. 4.2*). Für die ihm hieraus entstehenden Aufwendungen kann er sich beim Absender gem. § 410 II Nr. 2 HGB schadlos halten. Auch wenn dem Absender nach § 410 I HGB eine Informationspflicht trifft, ist es für den Aufwendungsersatz letztlich nur wichtig, ob dem FF die genaue Art der Gefahr und die zu ergreifenden Vorsichtsmaßnahmen rechtzeitig bekannt waren.[253] Dies wird durch § 410 II S1 HGB bekräftigt, indem es u.a. heißt: „*… die Art der Gefahr bekannt war oder jedenfalls mitgeteilt worden ist, …*“. Das Bekanntsein ist hier das schwächere Erfordernis aus Sicht des Absenders und bietet ihm zugleich die Möglichkeit zum Haftungsausschluss bei nicht erfolgter Nichtmitteilung. Andererseits schließt eine erfolgte Mitteilung i.S.d. § 130 BGB die Gefahrhaftung nach § 410 HGB aus, ohne das es noch darauf ankommt, ob der FF von dieser Information auch wirklich Kenntnis nahm.

---

252 Vgl. *de la Motte* in *Korf, Der Güterverkehr nach neuem Recht* S. 111.

253 Vgl. *ebd.* S. 115.

Um eine Haftung nach § 414 I Nr. 3 HGB zu begründen, reicht allein schon eine Missachtung der Mitteilungspflicht seitens des Absenders aus.[254] Dabei ist es egal, ob der FF um die Gefahr und etwaige Vorsorgemaßnahmen von sich aus schon kannte.[255]

Regulierung – Nach § 410 II Nr. 2 HGB steht dem FF der Aufwendungsersatz zu, den er dem Prinzip der Verhältnismäßigkeit folgend, getätigt hat. Er hat somit, sofern möglich, nach Treu und Glauben das für den Absender günstigste Verfahren (*Auslagerung, Vernichtung*, …) zu wählen.

Über § 410 HGB hinaus eröffnet sich aus § 414 HGB die Möglichkeit, erlittene Vermögensschäden zu regulieren, wiederum unter den Einschränkungen und den Grenzen des § 414 II HGB.[256]

2.5.4.4 Falsche oder keine Transportdokumente & Auskünfte

Die Verwendung falscher oder überhaupt keiner Begleitpapiere gem. § 413 I HGB kann beim FF zu erhöhten Aufwendungen und Vermögensschäden führen. Das Gleiche gilt für falsche / fehlende Auskünfte. Die in § 413 II HGB statuierte Frachtführerhaftung für den falschen Umgang mit Begleitpapieren wird im Fall des Absenderverschuldens (*Nicht-, Falschausstellung, bzw. fehlende Übergabe*) praktisch im vierten Fall des § 414 I HGB umgekehrt. Für Kausalität und Regulierung gelten die schon gegeben Voraussetzungen.

254 Vgl. *Koller, Transportrecht* S. 172 Rdnr. 11.
255 Vgl. *ebd.* S. 171 f. Rdnr. 10.
256 Vgl. *Koller, Transportrecht* S. 111 Rdnr. 16.

Eingangsvoraussetzungen – Die Anwendung des § 414 I Nr. 4 HGB setzt eine Nichtleistung des Absenders hinsichtlich der Bereitstellung erforderlicher Urkunden voraus. Natürlich muss der Absender nur haften, wenn er auch zur Bereitstellung verpflichtet gewesen ist, da die gesetzliche Norm des § 413 I HGB vertraglich im Rahmen des § 449 HGB abdingbar ist.[257] Zu den erforderlichen Dokumenten zählen alle denkbaren Papiere, die im Lichte eines geplanten und vertragsgemäßen Transports benötigt werden, also vornehmlich Zolldokumente, Sondergenehmigungen, Ausfuhrdokumente, etc. Da der Absender seiner Pflicht genügt, wenn er die erforderlichen Dokumente erst zum benötigten Zeitpunkt (*Zollkontrolle*) beibringt,[258] kann ihn auch nicht davor die Haftung nach § 414 I Nr. 4 HGB treffen. Die Bereitstellung gilt also immer dann als nicht erfolgt, wenn dieser Zeitpunkt überschritten ist.

Auch bezüglich der zu tätigenden Auskünfte i.V.m der amtlichen Behandlung der Sendung trifft dem Absender gem. § 413 I HGB eine Bringschuld gegenüber dem FF.[259] Er muss den FF dergestalt aufklären, soweit von einem Frachtführer bestimmte Kenntnisse nicht erwartet werden können.[260] Kommt er seiner Auskunftspflicht nicht nach, macht er sich gem. § 414 I Nr. 4 HGB haftbar. Dabei ist es unerheblich, ob er dem FF nun mündlich oder schriftlich die Auskünfte erteilt. Es zählt nur, dass auch hier der Absender seiner Informationspflicht zum kritischen Zeitpunkt nicht nachgekommen ist.[261]

Regulierung – Hat der Transport bereits begonnen, haftet der Absender nach den bekannten Regeln des § 414 HGB für sein Nichterbringen von Dokumenten und Auskünften i.S.d. § 413 I HGB. Anders stellt sich die Lage dar, falls der FF den Mangel schon vor Fahrtantritt erkennt und mit dem Abtransport deshalb wartet oder den Frachtvertrag kündigt. Dann kann er sich grundsätzlich nur via der allg. Regeln des BGB *(§§ 643, 645 BGB)* schadlos halten, aber ohne einer Haftungsbeschränkung zu unterliegen.[262]

---

[257] Vgl. *ebd.* S. 570 Rdnr. 6.
[258] Vgl. *Basedow, Aktualisierung Band 7a zu MüKo* S. 30 Rdnr. 1.
[259] Kritisch: Helm in Thume, Transport und Vertriebsrecht S. 92.
[260] Vgl. *de la Motte* in *Korf, Der Güterverkehr nach neuem Recht* S. 114; Vgl. *Koller, Transportrecht* S. 163 Rdnr. 9.
[261] Vgl. *Koller, Transportrecht* S. 163 Rdnr. 10.
[262] Vgl. *Koller, Transportrecht* S. 162 Rdnr. 6.

2.5.4.5 Prüfkosten

Der FF hat gem. § 409 III S.2 HGB unter bestimmten Umständen ein Recht auf Ersatz seiner Aufwendungen für die Überprüfung des in den Frachtbrief eingetragenen Sendungsgewichts, der angegeben Menge sowie des Inhalts der Frachtstücke. Der Sinn dieser Übung besteht darin, die Beweiskraft des Frachtbriefs zu erhöhen und so eine verbesserte Rechtssicherheit für beide Vertragspartner zu schaffen.

Eingangsvoraussetzungen – Die Prüfkosten können nur ersetzt werden, wenn der FF diesbezüglich nachträglich vom Absender angewiesen wurde. Der Anspruch nach § 409 III S.2 HGB stellt somit einen Unterfall des § 418 I S.3 f. HGB dar.[263] Hat sich der FF in Gegensatz dazu bereits vorher vertraglich verpflichtet, derartige Prüfungen vorzunehmen, kann er natürlich keinen weiteren Ersatzanspruch geltend machen, denn er konnte seine Prüftätigkeiten in die Fracht einkalkulieren.[264]

Regulierung – Der Ersatzanspruch ist unbegrenzt auf die Höhe der vom FF getätigten Prüfkosten, da es sich um ein freiwilliges Vermögensopfer handelt.[265] Dem FF trifft zwar eine Überprüfungspflicht, doch hat er sich ja freiwillig dazu entschlossen, einen Frachtvertrag unter den bekannten Bedingungen einzugehen. Insofern stellen die reinen Prüfkosten keinen Schaden für den FF dar.

2.5.4.6 Standgeldanspruch

Der Standgeldanspruch des FF ist das spiegelbildliche Pendant zum SE-Anspruch des Absenders aus Verschleppung der Güterübernahme zum Transport seitens des FF. Nur verhindert hier der Absender den vertragsgemäßen Beginn oder das Ende der Beförderung.

Eingangsvoraussetzungen – Um dem FF einen Standgeldanspruch aus § 412 III HGB zuzubilligen, bedarf es echter Belade- oder Entladehemmnisse, die die jeweilige Wartezeit in die Länge ziehen. Sie müssen jeweils vom Absender oder Empfänger ausgelöst werden.[266] Ein Warten des FF aus sonstigen, von ihm nicht zu vertretenen Gründen wird nicht erfasst und muss nach den allgemeinen

---

263 Vgl. *ebd.* S. 100 f. Rdnr. 25.

264 Vgl. *ebd.* S. 100 Rdnr. 22.

265 Vgl. *ebd.*

266 Vgl. *Eckhardt, Die Rechtsstellung des Empfängers* S. 136.

frachtrechtlichen Regeln des § 420 I HGB behandelt werden.[267] Desweiteren muss natürlich entsprechend dem gesetzlichen Regelfall des § 412 I HGB den Absender die Pflicht zum Ver- und Entladen treffen.[268] Da sich die Standgeldvoraussetzungen bei Be- und Entladungen leicht unterscheiden, ist hier noch genauer zu differenzieren:

Beladung – Beim Beladevorgang trifft dem FF generell die Pflicht, dass Ende der üblichen oder vereinbarten Ladezeit gem. § 417 I HGB abzuwarten. Der Beginn und die Dauer der Beladung kann entweder vertraglich vereinbart werden oder sich aus der Verkehrssitte ergeben.[269] Normalerweise setzt der FF bei Überschreiten der Ladezeit oder kurz davor eine angemessene Nachfrist, in der der Absender seine Versäumnisse oder Fehler korrigieren kann. Nutzt der FF die ihm nach § 417 II HGB zustehende Kündigungsmöglichkeit nach Ablauf der Frist oder beginnt er mit dem Transport gem. § 417 III HGB, endet zu diesen Zeitpunkten sein Standgeldanspruch gem. § 412 III HGB! Nach Fristerreichung kann er seine Ansprüche entweder aus § 416 S2, 3 HGB (*Teilbeförderung*) oder § 415 II HGB (*Kündigung*) befriedigen.

[267] Vgl. *Braun, Das Leistungsstörungsrecht nach dem TRG* S. 279 ff.

[268] Hat der Frachtführer zu Ver- und Entladen sind die Möglichkeiten auf einen Standgeldanspruch sehr beschnitten, da es ja gerade an den FF liegt, für eine zeitgemäße Verladung zu sorgen. Prinzipiell ist die Möglichkeit aber immer noch gegeben, so z.B. bei passiven Tun des Absenders im Hinblick auf die Verladung eines Schiffes (Bereitstellung eines ungeeigneten Kais) – Vgl. *Didier, Risikozurechnung bei Leistungsstörungen* S. 195.

[269] Vgl. *Didier, Risikozurechnung bei Leistungsstörungen* S. 202.

Sein Standgeldanspruch beschränkt sich ebenfalls (*kumulativ*) auf den Zeitraum, in dem aus der Ladezeitverlängerung noch kein Beförderungshindernis i.S.d. § 419 HGB geworden ist:

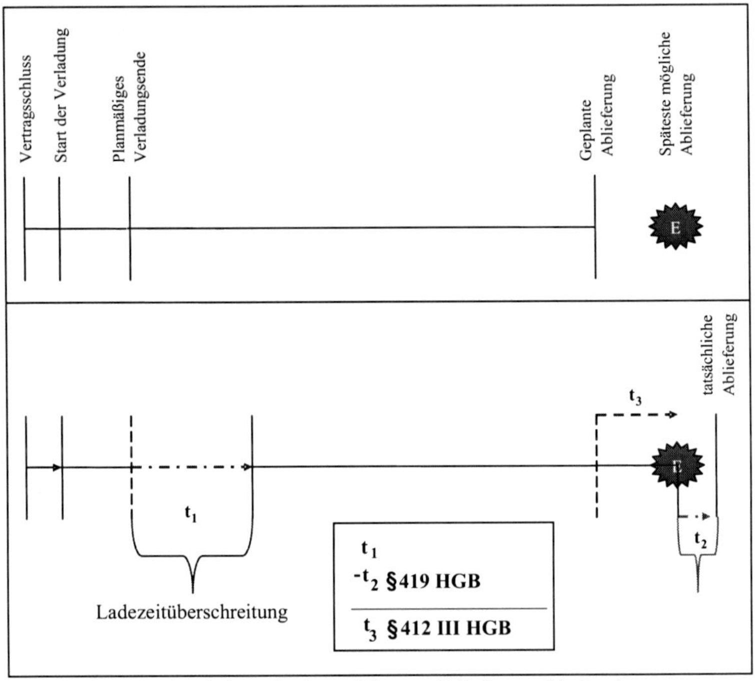

Abb. 2.29: Ladezeitüberschreitung führt zu Ablieferungshindernis

Die anzusetzende Zeit der Ladezeitüberschreitung – und damit auch der Standgeldanspruch nach § 412 III HGB – kann sich also max. auf den Zeitraum zwischen dem vorhersehbaren Ende und dem spätest möglichen Ablieferungszeitpunkt belaufen (t_3).

Entladung – Ebenso wie bei der Beladung muss der FF das Ende der normalen Entladezeit abwarten.[270] Da allerdings nach Ablauf der üblichen Entladezeit ein Ablieferungshindernis gem. § 419 I S1 Alt2 HGB vorliegt, muss der FF Weisungen des Empfängers (*alt. Absender*) einholen.[271] Er kann nicht eigenmächtig ein etwaiges Entladeende abwarten und auf Standgeld hoffen. Wird er nun nach § 418 I S1 HGB

270 Vgl. *Koller, Transportrecht* S. 148 Rdnr. 50.

271 Vgl. *ebd.*

angewiesen, ein späteres Entladeende abzuwarten, hat er dies auch zu tun, wenn nicht einem anderen Nachteile hierdurch entstehen könnten. Das Besondere hieran ist, dass ein Ablieferungshindernis einsetzt, sobald die normale Entladezeit verstrichen ist! Es spielt keine Rolle, ob der Empfänger real noch bis zum spätest möglichen Ablieferungszeitpunkt oder gar noch vor der geplanten Ablieferung entladen kann. Das Erreichen der Sendung am Ablieferungsort setzt praktisch den Countdown für die Entladezeit.

Regulierung – Sind die Vorraussetzungen für das Standgeld erfüllt, so hat er Anspruch auf eine angemessene Vergütung für die zusätzlich aufgebrachte Zeit. Die Höhe richtet sich nach den getroffenen Abreden.[272] Wurde eine solche Preisvereinbarung nicht geschlossen und können sich die Parteien auch im Nachhinein nicht einigen, muss das Gericht im Streitfall nach billigem Ermessen über Höhe des Standgelds entscheiden.[273] Zwar kann dem FF sogar ein Unternehmergewinn zugesprochen werden, doch Verspätungsschäden bei vertragsfremden Sendungen hat der Absender hieraus nicht zu verantworten, da der FF bei der Beladung ein Kündigungsrecht gehabt hat sowie bei der Entladung nachträgliche, schädigende Weisungen nicht ausführen muss. Kann er etwa infolge einer tolerierten Beladungszeitüberschreitung Transporte anderer Kunden nicht pünktlich ausliefern, und entsteht hierdurch ein Schaden, so kann der FF sich nicht über den Standgeldanspruch schadlos halten.

Für die Binnenschifffahrt, bei der die Ladevorgänge aufgrund der großen Mengen sehr viel Zeit beanspruchen können, wird vom dem Verordnungsrecht gem. § 412 IV HGB Gebrauch gemacht. Dort regelt die Lade- und Löschzeitenverordnung (*BinSchLV*) neben den anzusetzenden Zeiten auch die angemessene Vergütung.

---

[272] Vgl. *Eckhardt, Die Rechtsstellung des Empfängers* S. 138.
[273] Vgl. *Koller ,Transportrecht* S. 155f. Rdnr. 58.

2.5.4.7 Frachtanspruch bei Kündigung

Innerhalb der zentralen Kündigungsvorschrift des § 415 HGB werden erstmals die Rechtsfolgen der Absenderkündigung geregelt, da dem Absender gem. Abs. 1 ein jederzeitiges Auflösungsrecht zusteht. Der Aufbau setzt sich im Abs. 2 mit den allg. Ansprüchen des FF bei erfolgter Kündigung durch den Absender fort und wird in den Absätzen 3 und 4 eingeschränkt.

Wie oben bereits angedeutet, referenziert § 417 II HGB in seinem Fall der durch Ladezeitüberschreitung bedingten Frachtführerkündigung auf das allg. Regulierungsrecht des § 415 II HGB, sodass die für Abs. 2 getroffen Aussagen auch auf derlei Fälle zu übertragen sind.

Eingangsvoraussetzungen – Für das eigentliche Kündigungsrecht des Absenders nach § 415 I HGB gibt es keine Vorraussetzungen, da sie jederzeit, fristlos und ohne Angaben von Gründen erklärt werden kann.[274] In diesem Zusammenhang können aber Wertungsgrundsätze bei Vorliegen von bestimmten Tatbeständen dazu führen, dass andere als die Haftungsregeln der Absätze 2 bis 4 anzuwenden sind. Insofern ist zunächst negativ zur besseren Rechtsstellung des Absenders auf eine Kündigung aus speziellen Gründen zu prüfen.[275] Dies ist möglich, da § 415 HGB kein lex specialis vor den anderen Kündigungs- und Leistungsstörungsrechten ist:

> **Unmöglichkeit der Beförderung** – Wird der vertragsgemäße Transport schon vor Übernahme der Sendungsgüter unmöglich, ist die Absenderkündigung im Lichte des § 419 HGB zu sehen. Insofern tritt bei der Regulierung § 420 II HGB an die Stelle des § 415 II HGB.
>
> **Übernahmeverzug** – Treffen Übernahmeverzug des FF und Absenderkündigung nach erfolgter Fristsetzung zusammen, ohne dass es sich bereits um ein Beförderungshindernis handelt, so ist zum Vorteil des Absenders auf eine Kündigung i.S.d. §§ 323 f. BGB abzustellen. Dies stellt den Absender frei von dem Fautfrachtanspruch des FF. Etwaige Schadensersatzansprüche des Absender bleiben ihm sowieso erhalten, egal ob eine Kündigung nach §§ 323 f. BGB vorliegt, oder „nur" nach § 415 HGB.
>
> **Erfüllungsverweigerung** – Beruht die Kündigung tatsächlich auf

[274] Vgl. *de la Motte* in *Korf, Der Güterverkehr nach neuem Recht* S. 116.
[275] Vgl. *Koller, Transportrecht* S. 183 Rdnr. 10.

einer Erfüllungsverweigerung des FF, der grundlos nicht mehr vertragsgemäß befördern wird, ist anzunehmen, dass der Absender mit der Kündigung seine ihm zustehenden Rechte aus §§ 281 II, 323 II 1 BGB ausüben will.

Aus den Ausführungen zu § 415 II S2 HGB ergibt sich, dass der FF jegliche Ansprüche aus § 415 II HGB verliert, soweit der Kündigungsgrund seinen eigenen Risikobereich zuzurechnen ist und wenn die Beförderung für den Absender nicht mehr von Interesse ist. Sie entspringt immer dann den Risikobereich des FF, wenn dieser bspw. für einen Auslandstransport nicht über die erforderliche CEMT-Genehmigung verfügt oder es versäumt, rechtzeitig die LKW zur Verladung bereitzustellen.[276] Zudem muss der geforderte Interessenwegfall eng mit dem Kündigungsgrund verbunden sein, so z.B. wenn durch einen Übernahmeverzug kurzfristige Eventartikel zu spät beim Empfänger in den Verkauf kämen.[277]

Sofern dem Absender ein Transport aber noch zuzumuten wäre und sein Interesse grds. bejaht wird, obzwar die Kündigung aus der Sphäre des FF entspringt, verliert der FF nur sein Wahlrecht. Er hat sich bei der Regulierung auf die ihn nach Abs. 2 Nr. 1 gebotenen Möglichkeiten zu beschränken. Das Fautfrachtprivileg entfällt.

Regulierung – Ist die Kündigung nicht aus obigen Gründen ausgesprochen worden und die Regulierung möglich, stehen dem FF grds. zwei Anspruchsarten zu, von denen er jeweils eine Nutzen kann. Desweiteren ist es ja wichtig, dass das Gut, sofern es schon verladen wurde, wieder ausgeladen wird.

Frachtführeransprüche – Dem FF steht nach § 415 II S1 HGB ein freies Wahlrecht bezüglich der zwei genannten Alternativen zu, falls die Kündigung sich nicht doch aus Gründen ergab (*nicht die obigen drei, die sowieso anders behandelt werden!)*, die in seinen Risikobereich fallen. Es ist jedoch dem FF untersagt, im Nachhinein noch auf die jeweils andere Alternative umzuschwenken.[278]

Abs. 2 Nr. 1: Nach dieser Berechnungsmethode kann der FF zunächst alle für ihn positiven Ansprüche aus der vereinbarten Fracht, dem etwaigen Standgeld sowie zu ersetzende Aufwendungen aufsummieren

---

276 Vgl. *ebd.* S. 185 f. Rdnr. 16.
277 Vgl. *Fremuth, Kommentar zum Transportrecht* S. 105 Rdnr. 23.
278 Vgl. *Koller, Transportrecht* S. 184 Rdnr. 15.

und anführen. Da ihn dies sogar besser stellen würde, als wenn der Transport ordentlich ausgeführt wäre, muss alles, was er infolge der Aufhebung des Vertrages erspart oder anderweitig erwirbt oder zu erwerben böswillig unterlässt, von diesem Anspruch abgezogen werden. Diese Dreierreihe ist zwar nicht originär als Einwendung des Absenders konzipiert, kann aber von ihm hierzu genutzt werden,[279] um den Frachtführeranspruch auf ein realistisches Maß zu stutzen, da der FF natürlich versuchen wird, die Ersparnisse so knapp wie möglich ausfallen zu lassen.

Die Grafik verdeutlicht beispielhaft die Abwicklung der Frachtführeransprüche gem. Abs. 2 Nr. 1 unter Einbeziehung eines anderen Transportauftrags:

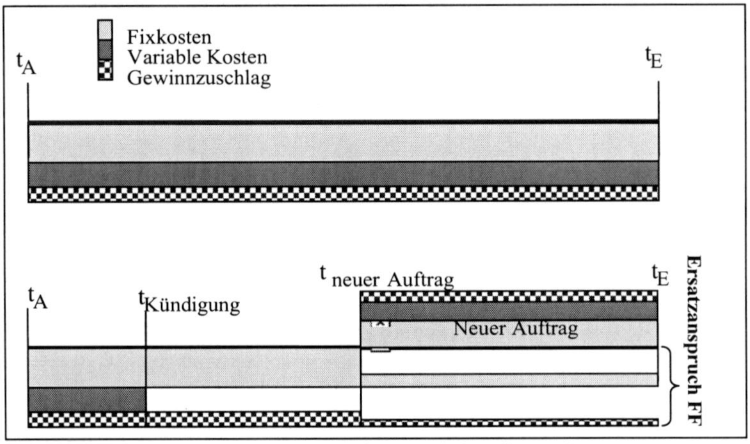

Abb. 2.30: Frachtführeransprüche bei Absenderkündigung I

Im Beispiel setzt sich die Fracht des FF aus fixen und variablen Kosten sowie Gewinnzuschlägen zusammen, die er zunächst fordern kann. Da ab dem Kündigungszeitpunkt dem FF (bis auf eventuelle Rückfahrkosten) die variablen Kostenanteile (Sprit, etc...) der Fracht erspart bleiben, muss er diese entsprechend abziehen. Demgegenüber erspart er sich naturgemäß nicht seine Fixkosten, bestehend aus Kapitalbindung, fortgesetzte Lohnkosten, etc., weswegen er diese Posten genauso wie den Gewinn weiterhin anrechnen darf. Infolge der Kündigung konnte der FF einen neuen, etwas kleineren Auftrag

279 Vgl. BGH vom 5.5.1992 Nr. X ZR 133/90 in NJW-RR Jhrg. 1992 Heft 17 S. 1077 – 1078.

annehmen. Die hieraus entstehende Fixkostendeckung (hellblau) und der anteilige Gewinn (hellgelb) müssen nun mit ihren Gegenstücken verrechnet werden. In seltenen Fällen ist es so denkbar – der FF kann aufgrund der Kündigung eienn außerordentlich lukrativen Auftrag entgegennehmen – dass der Frachtanspruch ganz entfällt, da der neuen Auftrag den gekündigten voll kompensieren kann..

Es zeigt sich, dass dieser so hergeleitete FF-Anspruch äußerst streitfördernd ist, da einerseits der FF schnell in die Versuchung kommt, höchstens ersparte Aufwendungen anzusetzen und die variablen Frachtanteile auf ein Minimum zu reduzieren, andererseits der Absender geneigt ist, dem FF böswilliges Unterlassen anzulasten.

Abs. 2 Nr. 2 – Durch die Fautfrachtalternative sollen die Vertragsparteien vor gerichtlichen Streitigkeiten bewahrt werden.

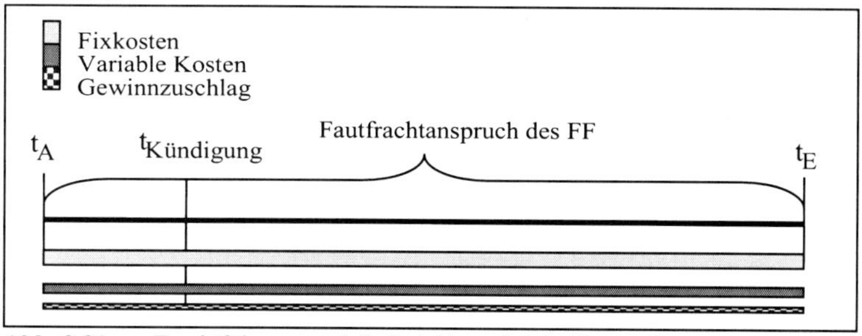

Abb. 2.31: Frachtführeransprüche bei Absenderkündigung II

Im Gegensatz zu Nr. 1 ist die Berechnung denkbar einfach: Die vormalige Fracht wird einfach durch drei geteilt![280]

Abwicklung der Entladung – Wurde das Gut bereits verladen, so kann er es gem. Abs. 3 S1 auf Kosten des Absenders geeignet entladen und zur Abholung verwahren (*lassen*) oder zurückbefördern. In seltenen Fällen kann er es unter Abzug seiner Kosten im Auftrag der Absenders verkaufen oder gar vernichten. Hier ist aber auf jeden Fall

[280] In diesem Zusammenhang ist Kollers Meinung (*Koller, Transportrecht* S. 186 Rdnr. 17) zur Berechnung der Fautfracht nicht zu vertreten. Er ist der Auffassung, dass nur der Teil der nicht durchgeführten Beförderung in den Fautfrachtanspruch einfließen kann. Dies läuft meiner Meinung dem Rechtsgedanken der Nr. 2 zuwider, der ja gerade eine pauschalisierte Vereinfachung anbieten will. Durch diese hineininterpretierte Lösung will Koller zwar der Realität näher kommen, vergisst dabei aber den hohen Abgrenzungsaufwand, der ebenfalls wieder streitträchtig wäre und die nach Nr. 1 gegebene genaue Aufrechnungsmöglichkeit. Die Rechtssprechung hat ebenso noch nicht derart entschieden.

die Verhältnismäßigkeit im Auge zu behalten, will sich der FF nicht einer unerlaubten Handlung strafbar machen. Der Absender haftet für diese Art der Aufwendungen unbeschränkt, da der FF hierbei keine Schäden zuzulassen hat.

Hat sich allerdings der FF die Kündigung selbst zuzuschreiben – sie fällt in seinen Risikobereich – muss der FF die Sendung unverzüglich auf eigene Kosten entladen.[281]

[281] Vgl. *Fremuth, Kommentar zum Transportrecht* S. 106 Rdnr. 33.

2.5.4.8 Frachtanspruch bei Teilbeförderung

Der Frachtanspruch des FF bei ausgeführter Teilbeförderung ergibt sich aus § 416 S2 HGB und stellt ein Spezialrecht zu § 415 HGB (*Absenderkündigung*) und § 418 HGB (*nachträglicher Weisung*) dar. Alle sonstigen Rechte und Pflichten der Vertragsbeteiligten bleiben ansonsten komplett unberührt.

Nutzt ein FF dass ihm aufgrund einer Ladezeitverzögerung zustehende Recht auf Teilbeförderung (*vgl. Kap.4.3*), steht ihm auch der Frachtanspruch aus der Teilbeförderung zu.

Eingangsvoraussetzungen - Einzige Grundlage für einen Frachtanspruch aus Teilbeförderung ist die Durchführung ebensolcher. Im Gegensatz zu § 418 I S3 HGB muss der FF trotzdem mit der Beförderung beginnen, auch wenn sie Nachteile für seinen Betrieb mit sich bringt.

Regulierung – Dem FF gebührt lt. S2 die volle Fracht abzüglich erzielter Alternativfrachten, die er mit dem nunmehr freien Frachtraum erzielt hat. In Abwandlung zu § 415 II Nr. 1 HGB braucht sich der FF keine ersparten Aufwendungen oder böswilliges Unterlassen entgegenhalten zu lassen.[282] Etwaige Zusatztransporte im freien Frachtraum sind somit ein für den Absender aufwandsminderndes Entgegenkommen seitens des FF, denn er könnte diese Transporte vielleicht auch mit einem anderen Transportfahrzeug durchführen.

Desweiteren kann der FF den Aufwendungsersatz infolge der Teilbeladung (*Umstauung, ...*) und etwaiges Standgeld für sich beanspruchen. Prinzipiell sind diese Ansprüche überflüssig, da sie dem FF ohnehin schon aus §§ 420 I S2; 412 III HGB zustehen.

2.5.4.9 Aufwendungsersatz bei nachträglichen Weisungen

Nachträgliche Weisungen und deren Haftungsfolgen für den Absender und Empfänger werden in § 418 HGB geregelt. Sie sind abzugrenzen von der Absenderkündigung, der Weisung auf Teilbeförderung, der Prüfanweisung durch den Absender und der Warteanweisung bei Ladeschwierigkeiten. Diese vier Sonderformen der Weisung sind speziell an anderer Stelle geregelt und werden von § 418 HGB nicht direkt erfasst. Alle anderen Formen der Absender- und Empfängerweisungen sowie deren Vergütung werden in § 418 HGB

[282] Vgl. *ebd.* S. 111 Rdnr. 12.

behandelt. Zu den typischen Weisungen des Absenders zählen Modifikationen des Ablieferungsortes oder spezielle Wünsche an die Transportgeschwindigkeit. Falls der Empfänger dem FF Anweisungen gibt, dreht es sich meistens um ein Rück- oder Weitersendungsbegehren. Aber auch die Beauftragung zur Entladung gehört in diese Kategorie.

Eingangsvoraussetzungen - Um den aus § 418 I S4 HGB gegebenen Anspruch für sich zu beanspruchen, muss der FF nur die jeweilige Anweisung vom Absender oder Empfänger befolgen. Zwar kann eine Anweisung sogar formfrei ausgesprochen werden, doch ist auf die eventuelle notwendige Legitimation gem. Abs. 6 zu prüfen, falls der Frachtbrief als Sperrpapier deklariert wurde (*vgl. Kap. 4.2*). Der Frachtführer kann nur Aufwendungsersatz verlangen, wenn es sich um eine wirksame Weisung handelte. In allen anderen Fällen würden sonst die Regeln über die Geschäftsführung ohne Auftrag nach § 420 I HGB greifen.

Regulierung - Für die befolgten Weisungen erhält der FF einen Aufwendungsersatz und Vergütungsanspruch zugesprochen, der sich im Rahmen einer üblichen Rendite[283] für derlei Tätigkeiten bewegt.

Erleidet der FF nun nach den Anweisungen einen Schaden, so wird dieser Sachverhalt nach den allg. Grundsätzen der hier besprochenen Absenderhaftung beurteilt.[284] Anders könnte es sich verhalten, wenn der Schaden direkt durch die Weisung erkennbar gesetzt wurde, denn der FF braucht im Rahmen seiner Weisungsgebundenheit nicht alles ausführen, was man ihm zuträgt. Klar ist, dass er keine sittenwidrigen Weisungen ausführen oder gar gegen ein Verbotsgesetz verstoßen darf, noch unmögliche Weisungen nachkommen kann, denn sonst würde er nicht nur Gefahr laufen, sein Recht auf Aufwendungsersatz zu verwirken.[285] Durch die Einwendungsmöglichkeit gem. § 418 I S3 HGB „ *...nur insoweit zur Befolgung solcher Weisungen verpflichtet, als deren Ausführung weder Nachteile für den Betrieb seines Unternehmens noch Schäden für ...*“ wird eine echte Schadensregulierung vom § 418 I S4 HGB praktisch ferngehalten, da der FF schadhaften Anweisungen nicht nachkommen braucht.[286] Insofern handelt es sich um freiwillige Vermögensopfer, die als Aufwendungen zu qualifizieren sind, da er sich ansonsten selber einen Schaden zufügen würde.

[283] Vgl. BGH vom 13.03.1985 Nr. IVa ZR 211/82 in BGHZ Heft 94 S. 98 – 104.
[284] Vgl. *Koller, Transportrecht* S. 214 Rdnr 24 f.
[285] Vgl. *ebd.* S. 208 ff. Rdnr. 7 – 12.
[286] Vgl. *Fremuth, Kommentar zum Transportrecht* S. 121 f. Rdnr. 19.

Die Abbildung zeigt die graphische Interpretation der Aufwandsregulierung nach § 418 I S4 HGB anhand einer Zielortsveränderung. Die angewandte Rechentechnik ist aber auch auf alle anderen Weisungen übertragbar.

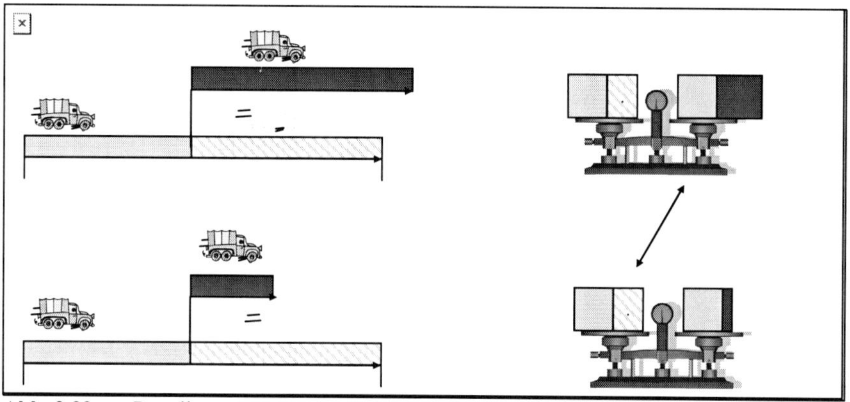

Abb. 2.32: Regulierung von nachträglichen Weisungen

In Satz 4 wird zwar bloß von „Aufwendungen samt angemessener Vergütung" gesprochen, gemeint sind aber vielmehr zu entrichtende Mehraufwendungen, da sich der Frachtführer durch die Weisung erzielte Ersparnisse anrechnen lassen muss. Da er aber nie unter die ursprüngliche Fracht fallen darf[287] – im Gegensatz zur Absenderkündigung – kommt hier dass schon bekannte „Waagenprinzip" der Frachtführerhaftung, allerdings genau umgekehrt, zum Einsatz. Nicht der niedrige (*leichtere*) sondern der höhere (*schwerere*) Betrag wird dem FF erstattet! In die erste Waagschale ist also immer die ursprüngliche Fracht (hellgrau \ *hellgrau-gestreift*) zu legen. Zweitens wird die Summe aus bis zur Weisungsbefolgung aufgelaufener Fracht (*hellgrau*) und „neuer" (dunkelgrauer) Fracht gebildet und in die andere Waagschale gelegt. Entscheidend ist also die Differenz aus normaler und abgeänderter Restfracht.[288]

[287] Vgl. *Braun, Leistungsstörungsrecht nach dem TRG* S. 76 – mit der Ausnahme, dass für die Absenderweisung der Frachtführer „verantwortlich" war, sie also seiner Sphäre entspringt.

[288] Vgl. *Braun, Leistungsstörungsrecht nach dem TRG* S. 77.

2.5.4.10 Aufwendungsersatz bei Transporthindernissen

Der Aufwendungsersatz des FF nach § 419 HGB für eingeholte und befolgte Weisungen bei Beförderungs- und Ablieferungshindernissen lehnt sich an § 418 I S4 HGB an. In diesem Zusammenhang ist immer auch § 420 II HGB zu beachten, wenn infolge des Transporthindernisses die Beförderung nicht umgeleitet (*vgl. Abb. 3.26*) sondern beendet wird.

Eingangsvoraussetzungen – Wichtig ist zunächst, dass ein Transporthindernis vorgelegen hat, denn sonst würde sich die Regulierung allein aus § 418 I S4 HGB ergeben. Transporthindernisse werden per Gesetz so definiert, dass die Beförderung nicht mehr vertragsgemäß durchgeführt werden kann. Dies heißt aber nicht, dass die Zielerreichung vollkommen unmöglich sein muss – lediglich unter den gegebenen Vertragsbedingungen unmöglich! *Wurde z.B. ausdrücklich ein Bahntransport vereinbart und verhindern nun langwierige Gleisbauarbeiten am einzigen Zufahrtsgleis die Ablieferung am Empfangsbahnhof, kann nun nicht mehr vereinbarungsgemäß abgeliefert werden. Es liegt ein Beförderungshindernis vor, auch wenn die Ware auf LKW umgeladen und alternativ via Straße zum Empfänger gebracht werden könnte!*[289]

Großen Einfluss auf die Regulierung hat es auch immer, wenn das Hindernis in den Risikobereich des Frachtführers fiel *(§§ 419 I S3; 419 IV; 420 II S2 HGB*), weshalb zunächst auch geprüft werden muss, welcher Sphäre (*Absender, Neutral, Frachtführer*) das Hindernis entsprang. Dieses Merkmal hat zwar inhaltliche Ähnlichkeit mit der Formulierung aus § 278 BGB „des Vertretenmüssens“, doch stimmt es nicht in Gänze mit ihm überein, weil das Verschuldensmerkmal nicht derart betont wird. Wurde ein Transporthindernis z.B. durch einen Fahrzeugmangel, Fehlverhalten des FF oder seiner Angestellten, Streik oder Unfall hervorgerufen,[290] so sollte das Hindernis in den Risikobereich des FF fallen, weil dies die üblichen Transportgefahren sind, für die er ja auch ein Haftungsprivileg genießt.

[289] Vgl. *Koller, Transportrecht* S. 222 ff. Rdnr. 2-5.
[290] Vgl. auch Kap. 3.1.4.7 .

Für den Ersatzanspruch aus § 419 IV HGB ist es über das geforderte Transporthindernis hinaus erforderlich, dass der FF keine Anweisungen in angemessener Zeit vom Absender oder Empfänger (*Verfügungsberechtigten*) erlangen konnte und von den Möglichkeiten des dritten Absatzes gebrauch machte. In diesen Fällen spricht man auch von einer berechtigten Geschäftsführung ohne Auftrag.[291]

Regulierung – Bei der Regulierung muss, wie bereits angesprochen, der Hindernisgrund berücksichtigt werden, sodass zwei Hauptfallgruppen unterschieden werden:

Hindernis entspringt Absender / Neutraler-Sphäre – Der FF kann gem. §§ 419 I S3 i.V.m. 418 I S4, 420 II S1 HGB die sog. Distanzfracht (*hellgrauer Balken in Abb. 3.26*) und die gemachten Aufwendungen (*entspr. dunkelgrauen Balken*) fordern. Aufwendungen, die für die Einholung der Weisung getätigt werden (*Arbeitszeit, Kommunikationskosten*) sind dem FF nicht zu ersetzen.[292] Im Unterschied zum eigentlichen Anspruch aus § 418 HGB wird aber nicht die volle Fracht garantiert.

Für den Vertrauensschaden des FF auf die volle Fracht braucht der Absender nicht zu haften, es sei denn er hat dass Hindernis schuldhaft herbeigeführt oder es rührt aus einem der Unterfälle des § 414 HGB.[293] Dann müsste dieser Schaden (*volle Fracht abzüglich Distanzfracht*) mittels §§ 280 ff. BGB oder § 414 HGB ersetzt werden.

Hindernis entspringt Frachtführer-Sphäre – Falls der Frachtführer eigentlich an dem Hindernis etwas hätte ändern oder es umgehen können, entfallen für den FF zum Schutze des Absenders alle Aufwendungsersatzansprüche gem. S4.[294] Eine Ausnahme hiervon macht § 420 II S2 HGB, indem es ihm wenigstens noch die Distanzfracht zubilligt, soweit der Transport bis zum Ort des Beförderungshindernis für den Absender noch von Interesse ist (*vgl. Kap. 3.1.4.7*). Ansonsten geht der FF komplett leer aus und hat zudem noch die Weisungen des Absenders zu befolgen, wie mit der Ware zu verfahren ist.

291 Vgl. *Müglich, Das neue Transportrecht* S. 101 Rdnr. 10-12.
292 Vgl. *Braun, Leistungsstörungsrecht nach dem TRG*, S. 139.
293 Vgl. *Koller, Transportrecht* S. 231 Rdnr. 25a.
294 Vgl. *Koller, Transportrecht* S. 232 f. Rdnr. 28 – 31.

Unklar ist, was im Fall der Weisung, an einem anderen Ort abzuliefern, passieren soll, denn hierüber schweigt sich das Gesetz aus (*analog Fall I Abb. 3.26*). Sicher ist, dass dann noch ein gewisses Absenderinteresse an der Lieferung besteht, sodass der Distanzfrachtanspruch nach § 420 II HGB erhalten bleibt. Theoretisch könnte sich der Absender nämlich „bereichern", indem er vom FF nun verlangt, dass Gut ganz weit entfernt vom Bestimmungsort, etwa sogar in einem anderen Land, abzuliefern. Dies wäre nach der allg. Rechtsauffassung untragbar und würde der Ausnutzung einer Zwangslage durch den Absender oder Schikane gleichkommen und müsste nach dortigen Regeln *(§§ 138, 226 BGB*) sanktioniert werden. Alternativ dem § 420 II HGB ein Bereicherungsverbot zu entnehmen[295] oder dem FF ein Recht auf Leistungsverweigerung gem. § 418 I S3 HGB zuzusprechen[296] würde zwar nahe liegen und führt schlussendlich zu ähnlichen Ergebnissen, ist aber per Gesetz und Rechtssprechung nicht vorgesehen.

[295] Vgl. *Braun, Leistungsstörungsrecht nach dem TRG* S. 144 ff..
[296] Vgl. *Koller, Transportrecht* S. 233 f. Rdnr. 32.

2.5.5 Einbeziehung individueller Abreden und AGB

Die Einbeziehung individueller Abreden und vorformulierter Vertragsbedingungen in den Frachtvertrag dient oftmals dem Zweck, Rechte und Pflichten der Vertragsparteien näher zu konkretisieren und gesetzliche Regelungen, sofern möglich, abzuändern. Oft verspricht sich eine Vertragspartei hiervon einen Vorteil, indem sie für sich günstigere Bedingungen erlangt. Geregelt wird die Abdingbarkeit des allg. Frachtrechts durch § 449 HGB, der allerdings recht verquer strukturiert und nicht auf den ersten Blick fassbar ist.

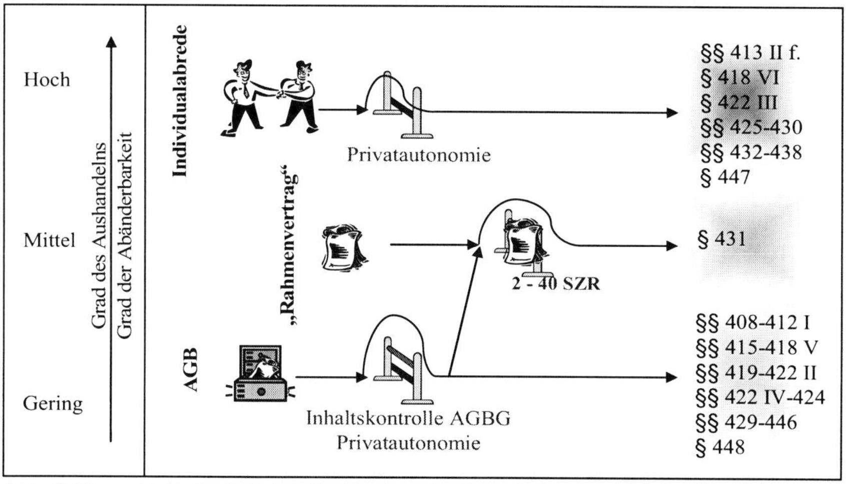

Abb. 2.33: Abdingbarkeit des allg. Frachtrechts im zwischengewerblichen Bereich

Dabei gilt die Grundregel: Je intensiver die Vertragspartner untereinander über die Modalitäten verhandeln, desto größer sind ihre Möglichkeiten, von den gesetzlichen Vorschriften abzuweichen. Um dem Verbraucherschutzgedanken Rechnung zu tragen, enthält § 449 I S1 HGB den Passus, dass bei privaten Absendern weder durch AGB noch durch Individualvereinbarungen von den in ihm benannten Vorschriften (*oberer Bereich!*) zu deren Nachteil abgewichen werden kann. Eine Verschärfung der Haftungsvorschriften des Frachtführers wäre demnach denkbar, aber in der Praxis recht ungewöhnlich.

Individualabrede – Das Aushandeln einzelner oder der kompletten Vertragsmodalitäten gem. § 449 II S1 HGB, stellt die mächtigste Möglichkeit dar, von den gesetzlichen Vorschriften abzuweichen. Prinzipiell können so alle Bereiche des Frachtrecht abgeändert werden, solange sich die die Verhandlungsergebnisse im Rahmen der Privatautonomie bewegen. Somit wird sichergestellt, dass nicht gegen allg. Gesetze verstoßen, Rechtsmissbrauch betrieben und gegen die Grundsätze von Treu und Glauben gehandelt wird.[297] Diese Hürde gilt es bei allen Vereinbarungsformen *(auch Rahmenverträge und AGB)* zu überwinden.

Da der jeweilig Begünstigte im Streitfall darlegen muss, dass die modifizierte Klausel (*oberer Bereich*) auch wirklich ausgehandelt wurde, ist es so wichtig, eine scharfe Trennlinie zu ziehen. Was verbirgt sich also hinter dem alleinigen Erfordernis des § 449 I S1 HGB „.. *kann ... nur durch Vereinbarung abgewichen werden, die im einzelnen ausgehandelt ist, auch wenn sie für eine Mehrzahl von gleichartigen Verträgen zwischen denselben Vertragsparteien getroffen ist.*" und wann ist es erfüllt? Wenig Anknüpfungspunkte über das Aushandeln verschafft § 305 I S3 BGB (*ehem. § 1 II AGBG*), der es nur von den allgemeinen Geschäftsbedingungen abgrenzt. Mehr Klarheit verschafft schon die logisch-systematische Auslegung des § 449 HGB mit einer negativen Abgrenzung.[298] Zum einen können Klauseln demnach nicht ausgehandelt sein, die einseitig gestaltet und mit dem Anspruch auf endgültige Geltung ohne Verhandlungsabsicht eingebracht wurden. Zum anderen scheiden solche Fälle von Verhandlungen aus, in denen nicht ein Mindestmaß an Aufmerksamkeit für das Regelungsproblem sowie Kenntnis des Inhalts und der Tragweite der auszuhandelnden Vertragsbedingungen gewährleistet ist.[299] Die Verhandlung muss zudem faktisch ergebnisoffen geführt worden sein, bei der beide Vertragsparteien echte Verhandlungsbereitschaft gezeigt haben.[300] Diese Punkte, und gerade das Kriterium der Abänderungsbereitschaft sind im Streitfall objektiv schwer nachweisbar. Deswegen kommt es für die Vertragspartner darauf an, soviel Dokumentationsmaterial wie möglich zum Hergang der Vertragsverhandlungen aufzubewahren, um so später ihr Aushandeln darlegen zu können.[301]

Falls ein einzeln ausgehandelter Vertragspunkt mit einer AGB-Klausel inhaltlich kollidieren sollte, hat natürlich die Individualabrede gem. § 305 b BGB Vorrang. Da so hohe Anforderungen an das Aushandeln gestellt werden, wird man sich in der Praxis sowieso vermehrt auf die Punkte beschränken, die nicht durch AGB geregelt werden können.

---

[297] Vgl. *Temme* in *Thume, Transport und Vertriebsrecht* S. 200, genauer *Pfeiffer, Das Aushandeln im Transportrecht* S. 114 ff.

[298] Vgl. *Pfeiffer, Das Aushandeln im Transportrecht* S. 288.

[299] Vgl. *ebd.*

[300] Vgl. *ebd.* S. 292.

[301] Vgl. *Temme* in *Thume, Transport und Vertriebsrecht* S. 200 f..

Die Individualvereinbarung zwischen den Vertragsparteien kann aber auch in einem Rahmenvertrag münden, der für eine Vielzahl gleichartiger Geschäfte anzuwenden ist. Dieser wird aber immer nur zwischen den aushandelnden Vertragsparteien geschlossen, was ihn von den AGB abhebt.

AGB – Im Gegensatz zu den Individualvereinbarungen sind AGB für eine Vielzahl von Verträgen vorformulierte Vertragsbedingungen, die der Verwender seinen Kunden bei Abschluss stellt *(§ 305 I S1 BGB)* und nicht mehr einzeln ausgehandelt werden. Durch sie alleine kann nicht die Frachtführerhaftung (*oberer Bereich*) durchbrochen werden, z.B. auch nicht wenn der Absender eigene, anderslautende AGB verwendet. Ansonsten sind aber die verbleibenden Vorschriften dispositiv, also per AGB abdingbar.[302] Dies kommt vor allem dem FF zugute, indem er in seinen AGB die Absenderhaftung modifizieren kann. Aber auch Verpackungs- und Ladepflichten können geändert werden. Solange sich die AGB in ihrem Anwendungsbereich bewegen, dürfen sie auch Verbrauchern zu deren Ungunsten entgegengehalten werden.

Damit die AGB, bzw. einzelne Klauseln, auch wirksam werden, müssen sie formgereicht einbezogen werden und zusätzlich die Hürde der Inhaltskontrolle meistern. Dabei gibt es gewisse Unterschiede zwischen „Verbraucher- und Unternehmens-AGB".

> **Einbeziehung – gegenüber Verbrauchern**: Bei gegenüber Verbrauchern verwendeten AGB ist es unerlässlich, dass zur Einbeziehung ein ausdrücklicher Verwendungshinweis gem. § 305 II Nr. 1 BGB dem Verbraucher gestellt wird.[303] Beim potentiellen Vertragspartner darf so kein Zweifel darüber bestehen, dass der Verwender nur unter Zugrundelegung seiner AGB zum Abschluss bereit ist.[304] Hierzu müssen die Allg. Geschäftsbedingungen im Ladenlokal oder im Disponentenbüro aushängen. Da aber gerade viele Transportaufträge telefonisch erteilt werden, reicht auch ein entsprechender mündlicher Hinweis, ebenso wie ein schriftlicher Verweis auf die AGB im Angebots- oder Vertragsschreiben genügen kann.[305] Da hierdurch erst der Verbraucher nur um die Existenz der AGB weiß, muss ihm auch die Möglichkeit zur Kenntnisnahme in

---

[302] Vgl. *Müglich, Transportrecht & Logistikrecht* S.81.
[303] Vgl. *Dörner/Schulze, BGB-Handkommentar* S. 322 Rdnr. 12.
[304] Vgl. *Erman, BGB I* S. 948 Rdnr. 2.
[305] Vgl. *Jauernig, Bürgerliches Gesetzbuch 2004* S. 312 Rdnr. 13; kritisch: *Dörner/Schulze, BGB-Handkommentar* S. 322 f. Rdnr. 12 – 14.

zumutbarer Weise gem. Abs. 2 verschafft werden. Genügt für den privaten Auftraggeber der bereits angesprochene Aushang zur einfachen Kenntnisnahme aus, müssen die AGB dem abwesenden Verbraucher (*Telefon*) grds. zugesandt werden.[306] Sie müssen dem Privatkunden aber nicht erst langwierig übermittelt werden, wenn dieser nach einen Hinweis auf die AGB auf eine Einsichtnahme verzichtet.[307] Mit der ausdrücklichen oder schlüssigen Einverständniserklärung ist die Geltung der AGB nun vereinbart (*beredtes Schweigen*).[308]

In einem zweiten Teilschritt muss (*im Zweifelsfall*) nun geprüft werden, ob alle AGB-Klauseln auch Vertragsbestandteil geworden sind, denn überraschende und mehrdeutige Klauseln sind, mit denen der Vertragspartner des Verwenders nicht zu rechnen braucht, kein Vertragsbestandteil gem. § 305 c BGB. Sinn dieser Vorschrift ist es, den gutgläubigen Verbraucher zu schützen, da der Gesetzgeber auch darum weiß, dass die Vertragspartner die AGB häufig nicht aufmerksam zur Kenntnis nehmen.[309] Der Einschätzung, ob eine Klausel im Einzelfall überraschend oder mehrdeutig ist, bedarf jedenfalls einer Abwägung der Gesamtumstände. So kann das „Verstecken" einer wichtigen Klausel das Vorhandensein einer überraschenden Klausel indizieren.[310] Sie ist gem. § 306 I BGB unwirksam und wird somit auch nicht Vertragsbestandteil. An ihrer Stelle rücken die gesetzlichen Regelungen gem. § 306 II BGB. Bei mehrdeutigen Klauseln verhält es sich ähnlich kompliziert. Mehrdeutigkeit gem. § 305 c II BGB liegt generell erst einmal vor, wenn es objektiv mindestens zwei Auslegungsmöglichkeiten gibt und Uneinigkeit über deren Auslegung besteht.[311] Nur wenn beide Auslegungsvarianten wirksam i.S.d. §§ 307 BGB (*Inhaltskontrolle*) wären, ist Abs. 2 anzuwenden und es kommt die kundengünstigere Variante gem. der Unklarheitenregel zum Zug.[312]

---

306 Vgl. *Jauernig, Bürgerliches Gesetzbuch* 2004 S. 312 Rdnr. 13.
307 Vgl. *ebd.* S. 312 Rdnr. 14; ebenso folgend *Erman, BGB I* S. 952 Rdnr. 36.
308 Vgl. *Dörner/Schulze, BGB-Handkommentar* S. 324 Rdnr. 18.
309 Vgl. *Erman, BGB I* S. 965 Rdnr. 2.
310 Vgl. BGH vom 17.3.1994 Nr. IX ZR 102/93 in NJW Jhrg. 1994 Heft 25 S. 1656 – 1657 | S. 1657.
311 Vgl. *Dörner/Schulze, BGB-Handkommentar* S. 328 f. Rdnr. 4.
312 Vgl. *Erman, BGB I* S. 975 Rdnr. 24; vgl. Jauernig, Bürgerliches Gesetzbuch 2004 S. 317 Rdnr. 7.

Einbeziehung - geg. Unternehmern: Für die zwischengewerbliche Verwendung von AGB gelten erleichterte Regeln, da Unternehmer nicht so schutzbedürftig wie Privatpersonen sind. Möchte der FF, oder auch der gewerbliche Absender (*Spediteur, Produzent, ...*), den Frachtvertrag durch AGB modifizieren, so kommt es gem. § 310 I BGB nicht auf die Erfordernisse des ausdrücklichen Hinweis und der Möglichkeit der Kenntnisnahme in zumutbarer Weise an, wie es bei privaten Verbrauchern der Fall ist. Um nun aber nicht bei der Frage nach Einbeziehung einem völligen Chaos zu unterliegen, musste die Rechtssprechung Mindeststandards setzen.[313] So darf sich der Verwender relativ passiv gegenüber seinen Geschäftspartnern verhalten, da sie um die Existenz von AGB wissen müssen. Den FF trifft nun keine „Bringschuld" bezüglich eines Verwendungshinweises mehr, wie es gegenüber Verbrauchern üblich ist. Wenn der Verwender aber von seinem Vertragspartner gefragt wird, ob dieser AGB verwendet, muss er ihm die Möglichkeit der Einsichtnahme verschaffen.[314] Bei Verwendung von bekannten Verbands-AGB wie den ADSp genügt aber auch schon ein Hinweis, um die Möglichkeit der Einsichtnahme herbeizuführen. Auf eine explizite Einverständnis-erklärung kann natürlich auch bei Unternehmern verzichtet werden – sie kann auch stillschweigend erfolgen.[315]

Da § 310 I BGB die Überprüfung auf überraschende und mehrdeutige Klauseln nicht ausschließt, ist sie ebenfalls noch nach den bekannten Muster (*vgl. oben*) durchzuführen.

Fraglich ist es insbesondere, ob bei den ADSp nicht (*noch*) ein echter Handelsbrauch i.S.d. § 346 HGB, oder wenigstens eine Handelsübung vorliegt, sodass die ADSp im Transportgewerbe immer gelten, solange nichts anderes vereinbart wurde. Dies ist zu verneinen, denn zum einen gibt es auch noch andere, weit verbreitete Geschäftsbedingungen (*VGBL, ...*) und andererseits gibt es die ADSp in ihrer neuen Fassung noch nicht lange genug, die nötig wäre, um zumindest eine Handelsübung anzunehmen.[316] So ist es doch noch nötig, die verwendeten AGB, wenn auch stillschweigend, einzubeziehen.

---

313 Vgl. *Erman, BGB I* S. 955 Rdnr. 47.

314 Vgl. *ebd.* S. 956 f. Rdnr. 50.

315 Vgl. BGH vom 7.6.1978 Nr. VIII ZR 146/77 in NJW Jhrg. 1978 Heft 44 S.2243 – 2244 | S. 2244 / bei Schweigen auf Bestätigungsschreiben.

316 Vgl. *Koller in TranspR* Jhrg. 2001/09 S. 359 ff.: Nochmals: Einbeziehung der ADSp in Transportverträge; vgl. *Herzog* in *TranspR* Jhrg. 2001/06 S. 244 ff.: Die Einbeziehung der ADSP in den Verkehrsvertrag.

Kritisch kann es immer dann werden, wenn FF und Absender gleichfalls, miteinander konkurrierende AGB verwenden und diese an sich einbezogen haben. Hier gilt nicht die Theorie des letzten Wortes, da in der letzten AGB-Verweisung kein neuer Antrag gem. § 150 I BGB liegt, der den vormaligen Stand aufhebt.[317] Prinzipiell sind dann beide AGB in den Punkten weiter wirksam, in denen sie sich nicht widersprechen.[318] Überall dort wo Konflikte zwischen den einzelnen AGB auftreten, wird auf die gesetzliche Regelung zurückverwiesen, sodass beide AGB in diesen strittigen Punkte ihre Gültigkeit verlieren.[319]

Inhaltskontrolle – gegenüber Verbrauchern: Hat der Verbraucher sein Einverständnis zur Einbeziehung der AGB´s gegeben, und geschah dies nach einen ausdrücklichen Hinweis und einer ausreichenden Möglichkeit zur Einsichtnahme, steht der Wirkung der einzelnen Klauseln nur noch die Inhaltskontrolle der §§ 307 – 309 BGB entgegen. Mit ihr wird das Ziel verfolgt, dem Kunden vor einer unangemessenen Benachteiligung infolge der vorherigen Abfassung der AGB zu bewahren.[320] Dabei kommt zunächst, entgegen der numerischen Reihenfolge, § 309 BGB zum Einsatz, da er die spezielleren Regelungen enthält.

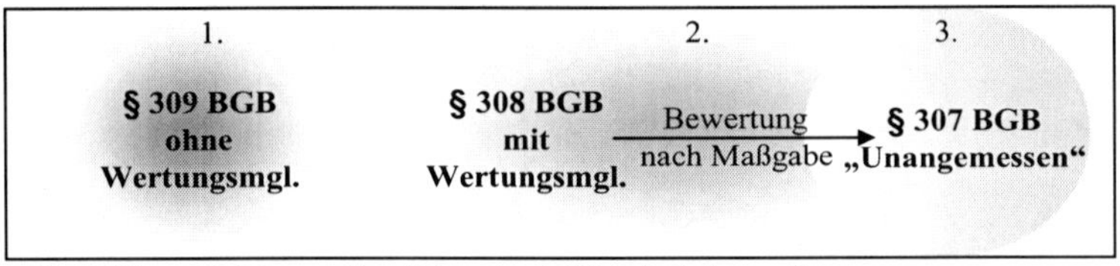

Abb. 2.34: Prüfungsreihenfolge der AGB-Inhaltskontrolle

Wie die Überschrift des § 309 BGB bereits andeutet, wird eine endgültige Aufzählung über die Klausel-Tatbestände gegeben, die wegen ihrer besonderen Gefährlichkeit für den Kunden unangemessen und deshalb unwirksam sind.[321] Dadurch ist die Möglichkeit durch richterliche Interessenabwägung zwischen Absender und FF doch noch

[317] Vgl. *Dörner/Schulze, BGB-Handkommentar* S. 324 f. Rdnr. 20.
[318] Vgl. *ebd.*
[319] Kongruenzlehre: BGH vom 23.1.1991 Nr. VIII ZR 122/90 in NJW Jhrg. 1991 Heft 25 S. 1604 – 1608 | S. 1606.
[320] Vgl. *Jauernig, Bürgerliches Gesetzbuch* 2004 S. 319 f. Rdnr. 1.
[321] Vgl. *Jauernig, Bürgerliches Gesetzbuch* 2004 S. 320 Rdnr. 5.

zur Wirksamkeit zu kommen, versperrt.[322] Besonders die unter Nr. 8 genannten Klauseltatbestände schränken den FF bei der Aus- und Umgestaltung dispositiver Vorschriften ein. So ist § 415 HGB (*jederzeitiges Kündigungsrecht des Absenders*) eine Vorschrift, von der Abweichungen eigentlich zulässig sind. § 309 Nr. 8 b BGB schränkt aber diese Disposität zugunsten des Verbrauchers ein.[323]

Die zweite Möglichkeit, eine Klausel für unwirksam zu erklären, ergibt sich aus § 308 BGB, der Klauselverbote mit Wertungsmöglichkeit zum Gegenstand hat. Die in ihm aufgeführten Klausel-Tatbestände können, müssen aber nicht zwangsläufig zur Unwirksamkeit führen. Die aufgezählten Aspekte sind vielmehr unter den Gesichtspunkten des § 307 BGB, also nach Maßgabe von Treu und Glauben, auf Unwirksamkeit hin zu untersuchen.[324] Wenn trotzt eines Einwandes des Klauselgegners die Wirksamkeit der strittigen Klausel in § 308 BGB anerkannt wird, so ist sie im Normalfall deshalb auch nach alleiniger Prüfung durch § 307 BGB statthaft.

§ 307 BGB ist somit die letzte Prüfmöglichkeit im Rahmen der Inhaltskontrolle und zugleich die Allgemeinste. Mit ihm können Klauseltatbestände, die nach § 309 BGB noch nicht angreifbar sind, trotzdem im Rahmen einer Gesamtwürdigung für unwirksam erklärt werden.[325] Theoretisch ist dies auch für die Fälle des § 308 BGB möglich - da dieser aber den Maßstäben des § 307 BGB folgt, sehr unwahrscheinlich. Das in § 307 BGB verwendete Kriterium der unangemessen Benachteiligung ist häufig nur subjektiv überprüfbar. So soll generell das Gleichgewicht der Verpflichtungen zwischen den Parteien nicht in eine Schieflage geraten.[326] Bei der Abwägung, ob eine Klausel unzulässig ist, ist stets der gesamte Vertragsinhalt unter die Lupe zu nehmen. Auch zur Unangemessenheit entgegen dem Gebot von Treu und Glauben brachte die Rechtssprechung schon einiges zur Klärung hervor. So liegt Unangemessenheit i.d.R. dann vor, wenn der Verwender einseitig und missbräuchlich eigene Interessen auf Kosten des anderen Teils durchzusetzen versucht, ohne ihm einen angemessen

---

322 Vgl. *Palandt, Kurz-Kommentar BGB* - 63 A S. 449 Rdnr. 2.
323 Vgl. *Palandt, Kurz-Kommentar BGB* - 63 A S. 455 Rdnr. 53.
324 Vgl. *Dörner/Schulze, BGB-Handkommentar* S. 338 Rdnr. 1.
325 Vgl. *Dörner/Schulze, BGB-Handkommentar* S. 330 Rdnr. 2.
326 Vgl. *Jauernig, Bürgerliches Gesetzbuch* 2004 S. 322 Rdnr. 4.

Ausgleich zuzubilligen.[327]

Zusammenfassend kann dem Verbraucher nach Betrachtung der ihm zugute kommenden Inhalts- und Einbeziehungskontrolle ein guter Schutz vor allzu benachteiligenden AGB bescheinigt werden.[328] So dürfte nicht allzu sehr vom gesetzlichen Leitbild des Frachtrechts abgewichen werden. Dies spiegelt sich auch darin wieder, dass die ADSp sowie die VGBL ihre Geltung ausschließlich auf den zwischengewerblichen Bereich beschränken.[329] Falls dortige, einzelne Vorschriften schlimmstenfalls nach § 309 BGB unwirksam wären, würde das vormals (*angeblich*) so fein austarierte Geflecht zugunsten des Verbrauchers außer Kraft gesetzt.

Inhaltskontrolle – gegenüber Unternehmer: Dem zwischengewerblichen Klauselverwender trifft nach § 310 I HGB nicht die strikte Inhaltskontrolle der §§ 308 f. BGB, wohl aber die des § 309 BGB! Da die Rechtssprechung mancherorts aber dazu neigt, eigentlich nicht zu ahndende Verstöße gegen §§ 308 f. BGB bei AGB unter Gewerbetreibenden durch § 307 BGB zu sanktionieren, wird häufig faktisch derselbe Schutz herbeigeführt, wie ihn nur Verbraucher genießen.[330] Bei der originären Anwendung des § 307 BGB hinsichtlich unangemessener Benachteilungen muss aber auch dem Unterschied in der Schutzbedürftigkeit zwischen Privatperson und Unternehmer Rechnung getragen werden. So sollte z.B. das Kriterium der Unangemessenheit im gewerblichen Verkehr großzügiger zugunsten des Verwenders ausgelegt werden, da die Vertragspartner des Verwenders „es eigentlich wissen müssten, worauf sie sich einlassen".[331]

---

[327] Vgl. BGH vom 3.11.1999 Nr. VIII ZR 269/98 in NJW Jhrg. 2000 Heft 15 S. 1110 – 1114 | S. 1110; BGH vom 17.12.2002 X ZR 220/01 in NJW Jhrg. 2003 Heft 12 S. 886 – 888 | S. 887.

[328] Vgl. *Erman, BGB I* S. 1043 Rdnr. 162.

[329] Vgl. *ebd.*

[330] Vgl. *Hensen* in NJW Jhrg. 1987 Heft 33 S. 1986: Die Auswirkungen des AGB-Gesetzes auf den kaufmännischen Verkehr.

[331] Vgl. *Alisch* in JZ Jhrg.1982 Heft 20 S. 706: Zur Kontrolle von allgemeinen Geschäftsbedingungen bei Verwendung im rein kaufmännischen Geschäftsverkehr.

Sonderfall § 431 HGB – Die Haftungshöhenbegrenzung des § 431 HGB ist wie die gesamte Frachtführerhaftung nach §§ 449 I S1 i.V.m. 449 II S1 HGB eigentlich unabdingbar durch AGB. Nach Abs. 2 S2. kann hiervon nun besonders im Interesse der Binnenschifffahrt und dem Luftfrachtverkehr für alle Verkehrsmittel unter bestimmten Voraussetzungen abgewichenen werden. Bei Nutzung dieser Möglichkeit findet hierauf weder jedwede Inhaltskontrolle nach § 307 BGB, noch eine Überprüfung auf Überraschung und Mehrdeutigkeit gem. § 305 c statt.[332] Dies scheint auch gerechtfertigt, da zum einen der Haftungskorridor explizit eröffnet wird und die drucktechnische Hervorhebung dafür sorgt, dass der Vertragspartner vor Überraschungen geschützt ist.

Haftungskorridor – Die in § 431 HGB hinterlegte Haftungshöhe von 8,33 SZR kann vom Verwender (*FF*) auf bis zu 2 SZR herunter- oder bis zu 40 SZR zu seinen Gunsten heraufgeschraubt werden. Theoretisch könnte demnach der Frachtführer seine Haftung auf bspw. 60 SZR je kg. heraufsetzen und die Absenderhaftung gem. Abs. 2 S. 3 auf 1 SZR herunterfahren, ohne dass für ihn die besonderen Erfordernisse der Nr. 1 und 2 gelten, weil es ja zu seinen Ungunsten geschieht.

Drucktechnische Hervorhebung – Der veränderte Haftungsbetrag – zugunsten des Verwenders – muss drucktechnisch besonders hervorgehoben werden. Dabei reicht es nicht aus, dass nur die bloße Ziffer fett gedruckt wird, da ansonsten nicht die Warnfunktion erfüllt würde. Vielmehr muss die komplette Klausel dem Vertragsnehmer deutlich erkennbar gemacht werden.

Selbst unter Kaufleuten reicht es hier nicht aus, dass die AGB einmal entsprechend gedruckt und anschließend in der Schublade verschwinden, bis sie der Vertragspartner einmal einsehen möchte.[333] Dieser muss aktiv vom Verwender auf den betreffenden Passus aufmerksam gemacht werden, sofern nicht klar ist, dass er ihn kennen musste – so auch am Telefon![334] Selbst der unternehmerische Vertragspartner muss also über den Wortlaut der Nr. 1 hinaus besonders geschützt werden.

---

332 Vgl. *Rabe in* TranspR Jhrg. 1998/11 S. 429, 433: Auswirkungen des neuen Frachtrechts auf das Seefrachtrecht.

333 Vgl. *Temme* in *Thume, Transport und Vertriebsrecht* S. 203 f.

334 Vgl. *Bästlein* in TranspR Jhrg. 2003/02 S. 61, 64: Einbeziehung von Haftungsbeschränkungsklauseln in Transportverträge.

Person des Vertragspartners – Bei dem Absender muss es sich um einen gewerblichen Auftraggeber handeln.[335] Obzwar auch Transport-AGB zum Nachteil von privaten Absendern konzipiert sein können (*unterer Bereich – Abb. 3.27*), hat die Ausnahme des Abs. 2 S2 (*mittlerer Bereich – Abb. 3.27*) nur Unternehmer im Blick, da sie sich direkt auf Abs. 2 S1 bezieht, der unter anderem alle Gruppen meint, die nicht nach Abs. 1 Verbraucher sind!

Falls die AGB-Haftungsklausel wirklich durchschlägt, hat sie natürlich auch mittelbaren Einfluss auf die AGB-fest angelegten Vorschriften des allg. Frachtrechts (oberer Bereich). Dieser kann zwar nicht durch AGB direkt abgeändert werden, doch gibt es viele Verweise auf „*den Betrag, der bei Verlust zu zahlen wäre*", sodass auch dort die Haftungshöhe abgeändert wird.

[335] Vgl. *Koller* in TranspR Jhrg. 2000/01 S. 1, 5: ADSp'99 – Bedenken gegen Einbeziehung und Wirksamkeit nach AGBG.

2.6 Inländische Besonderheiten im Frachtrecht

Die deutsche Schifffahrt nimmt auch noch weiterhin im reformierten Transportrecht eine Sonderstellung ein. Zum einem kann die Haftung des Schiffseigners extra beschränkt werden, zum anderen ist das Seehandelsrecht größtenteils autonom im fünften Buch des HGB geregelt, während die Binnenschifffahrt maßgeblich dem allg. Frachtrecht unterliegt. Deshalb ist es eingangs auch so wichtig zu wissen, wo die Grenze zwischen Binnenschifffahrts- und Seeschiffsbeförderungen gezogen wird. Bei den meisten Küsten-Passagen werden nämlich sowohl Binnengewässer als auch die offene See befahren. Die Frage ist also statthaft, welchem Recht dieser Transport unterliegt – etwa komplett dem Seerecht, zersplittert oder sogar voll nach allg. Frachtrecht der §§ 407 HGB ff.? Über die Zuordnungsfrage erteilen die §§ 407,450, 484 HGB Auskunft:

Verweisvorschrift		Normenwerk
Darst. 1 ‖484 HGB		Seerecht
Darst. 2 ‖450 Nr. 2 HGB		Seerecht
Darst. 3 ‖450 Nr. 1 HGB		Seerecht
Darst. 4 ‖450 HGB		Allg. Frachtrecht
Darst. 5 ‖450 i. V. m. 407 I Nr. 1. HGB	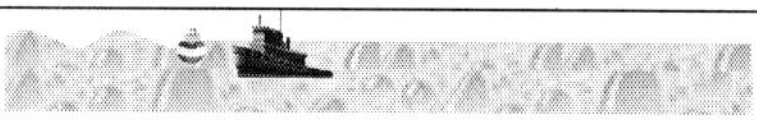	Allg. Frachtrecht
Darst. 6 ‖407 HGB I Nr. 1 HGB	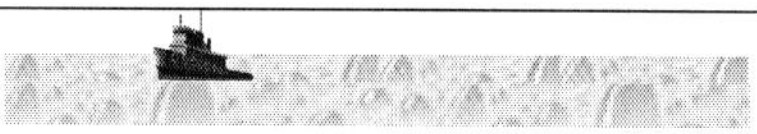	Allg. Frachtrecht

Abb. 2.35: Zuordnung des Schifffahrts-Frachtrechts

Aus diesen Vorschriften lassen sich direkt wie indirekt obige Zuordnungen ableiten:

So unterliegen Güterverkehre grundsätzlich dem Seehandelsrecht (SHR), wenn die Strecke ausschließlich über Meerpassagen führt und Schiffe benutzt werden, die gem. § 486 HGB zum Erwerbe durch die Seefahrt dienen (*Darst. 1*). Diese Schiffe werden im Fachjargon auch als Kauffahrtei-, oder Handelsschiffe bezeichnet.[336] Dieses Erwerbsmerkmal von Güterschiffen wird auf alle weitergehenden Betrachtungen unterstellt. Das SHR kennt allerdings keine expliziten Verweisnormen für Verkehrsträger, wie es das allg. Frachtrecht durch § 407 HGB positiv legaldefiniert vornimmt – es fehlt somit ein genauer Hinweis für Beförderungen auf Küstengewässern (*inländische Seebeförderungen*).

§ 450 HGB ist so eine Verweisvorschrift, die bestimmt, welches Recht gelten soll, wenn ein Transport sowohl auf dem Meer wie auch auf Wasserstraßen stattfindet. Ist der Seestreckenanteil größer oder wurde ein Konnossement ausgestellt, dann gilt SHR (*Darst. 2 - 3*). Das Konnossement heilt sozusagen den „Mangel" der kürzeren Seestrecke. Beträgt dagegen der Binnengewässeranteil an der gesamten Fahrstrecke zwischen 50 (*inkl.*) und 100 Prozent (*exkl.*) – und wurde kein Konnossement ausgestellt, kommt das allg. Frachtrecht zur Geltung (*Darst. 4 - 5*).

Reine, hundertprozentige Binnenverkehre unterliegen unisono dem allg. Frachtrecht nach § 407 HGB (*Darst. 6*).

2.6.1 Exkurs Binnenschifffahrt

Bezüglich der inländischen Binnen- und Seeschifffahrt kann in einigen Fällen von den gesetzlichen Höchsthaftungsgrenzen des HGB-Frachtrechts abgewichen werden. Für den Güterverkehr auf den deutschen Wasserstraßen gilt nämlich neben dem HGB ferner das BinSchG, welches im Nachgang zur Transportrechtsreform 1998 ebenfalls novelliert wurde.[337] Es verweist in § 26 BinSchG zwar zunächst direkt auf die einschlägigen Vorschriften der §§ 407 ff. HGB, doch beschränkt es ebenso in §§ 4 – 5 m BinSchG die Haftung des Schiffseigners für Personen und Güterschäden. Wie kann dieser scheinbare Widerspruch nun gelöst werden, da sich zwei Gesetze unterschiedlich zur Haftungsbegrenzung in der Binnenschifffahrt äußern?

Hierzu muss man wissen, dass das BinSchG hinsichtlich der Höchsthaftungsfrage eine Spezialvorschrift ist, die dem allg. Frachtrecht ähnlich vorgeht, wie es etwa die Sondervorschriften zum Multimodal-, und Umzugsvertrag tun, sich aber ansonsten auf ihn beziehen.[338] Generell ist also zunächst

---

336 Vgl. *Rabe, Seehandelsrecht* S. 18.

337 Vgl. *Thyes* in TranspR Jhrg. 2003/06 S. 221.: Die Entwicklung des deutschen Binnenschiffahrtsrechts in den Jahren 1999 bis 2002; vgl. Trost, Haftungsbeschränkungsrecht in der Binnenschifffahrt.

338 Vgl. *Koller, Transportrecht* S. 778 Rdn. 1.

die Frage der Schadenshaftung nach HGB-Vorschriften zu lösen, wobei man schlussendlich einen Haftungsbetrag erhält, der eventuell sogar den HGB-Haftungsbeschränkungen unterlag (*vgl. Kap. 3.1.3.1*) und somit gekürzt wurde. Für diesen Haftungsbetrag muss der Frachtführer im Schadensfalle nach HGB-Recht abschließend einstehen. Im BinSchG wird nun nach Vorliegen bestimmter Eingangsmerkmale geprüft, ob der HGB-Haftungsbetrag auf den Höchsthaftungsbetrag des BinSchG gekürzt werden kann. Die schifffahrtsrechtliche Höchsthaftungsprüfung erfolgt nur wenn:

- der Beklagte ein Schiffseigner, eine ihm unterstellte Person, Charterer (*Spediteur*) oder Ausrüster (*Schiffsmieter*) gem. §§ 1, 2, 5 c BinSchG ist, und
- der Schaden gem. § 4 I BinSchG, egal ob es sich um einen Güter- oder Verspätungsschaden handelt, maßgeblich durch den technischen Einsatz (*Störung an Bord / Unfall*) des Binnenschiffes hervorgerufen wurde,[339] und
- der Schaden weder durch Absicht noch durch eine bewusste Leichtfertigkeit gem. § 5 b BinSchG herbeigeführt wurde.

Laut BinSchG kann sich also in erster Linie der Schiffseigner auf diese Art der übergeordneten (*globalen*) Haftungsbeschränkung berufen.[340] Hierzu muss man wissen, dass sich hinter diesem Begriff der sog. Partikulierschiffer verbirgt, der zugleich Eigentümer, Schiffer und Frachtführer in einer Person ist. Es ist klar, dass es sich bei dieser Konstellation eher um kleine Familienunternehmen als um international agierende Konzerne handelt.[341] Aber auch anderen Personengruppen wird dieses Haftungsprivileg eingeräumt:

	Eigentum am Schiff	Schiffer	Frachtvertrag	Haftungs-Privileg	Synonym
Schiffseigner	Ja	ja	ja	**Ja**	Reeder
Eigentümer	Ja	Nein	Ja	**Ja**	
Ausrüster	Mietvertrag	Ja	Ja	**Ja**	Mieter
Charterer	Mietvertrag	Nein	ja	**Ja**	
Verlader	Nein	Nein	Ja	**Nein**	Ablader / Charterer

Tab. 2.2: Haftungsprivilegierte Personen nach dem BinSchG

Demnach können auch der Eigentümer, Ausrüster und Charterer die zusätzliche

339 Vgl. *ebd.* Transportrecht S. 779 Rdn. 3.
340 Vgl. *BT-Drucks. 13/8446* S. 20; S. 71.
341 Vgl. *ebd. 13/8446* S. 21; S. 71.

Haftungsbegrenzung des BinSchG nutzen. Ihnen allen zu Eigen ist, dass sie ein unmittelbares (*Schiffseigner / Ausrüster*) oder wenigstens mittelbares (*Eigentümer / Charterer*) Besitzverhältnis am Frachtschiff innehaben.[342] Hierunter fällt somit aber nicht das Konstrukt des lediglich auf Binnenschifffahrt spezialisierten Geschäftsbesorgungsspediteurs, analog zum §§ 453 f. HGB.[343] Diese Gruppe beschäftigt auch keine eigenen Leute (*Schiffscrew*), sondern beauftragt einen Unterfrachtführer (*z. B. Schiffseigner*) mit dem physischen Transport. Der Vertrag zwischen Verlader und Absender dürfte wohl regelmäßig eher als Speditionsvertrag eingestuft werden, da es sich bei der binnenschifffahrtlichen Strecke meistens nur um einen Teil der Gesamtbeförderungsstrecke handeln dürfte. Im schifffahrtlichen Sprachjargon spricht man auch oft vom Verlader oder Ablader, manchmal auch wenig ausdifferenziert vom Charterer. Es zeigt sich also, dass die meisten „Binnenschiffer" dieses erste Kriterium erfüllen dürften.

Ferner muss, wie bereits angedeutet, das Schadensereignis während und durch den technischen Betrieb des Schiffes entstanden sein.[344] Dies soll klarstellen, dass nur den Reeder oder Mieter in ihrer jeweils originären Eigenschaft als Binnenschiffer das Haftungsprivileg zusteht. Durch das heutzutage übliche, weite Aufgabenspektrum, beispielsweise eines Ausrüsters, kann es natürlich vorkommen, dass er in seiner zweiten Rolle als Verlader Fehler begeht (*bspw. Organisationsverschulden*), die im Fortgang zu Verspätungsschäden führen, für welche er sich dann aber nicht auf sein Haftungsprivileg berufen kann.[345] Die Rechtssprechung hat hierzu noch keine weiteren Entscheidungen getroffen. Es ist aber davon auszugehen, dass der Gesetzgeber aus frachtvertraglicher Sicht hier vorwiegend deliktische Ansprüche im Sinn hatte, etwa resultierend aus Schiffszusammenstößen (*nautische Schadensfälle*) oder Motorenausfall. Ursächliche Schäden z. B. aus Kommunikationsproblemen zwischen Schiffseigner und seinem Schiffer gehören demnach wahrscheinlich nicht zur Kategorie der technischen Störungen, aber es kommt wohl immer auf die Einzelfallbewertung an.[346]

Schlussendlich darf dem Reeder / Mieter oder seiner Schiffsbesatzung kein qualifizierter Verschuldensvorwurf entgegengesetzt werden können (*vgl. Kap.*

342 Vgl. *Erman, BGB II* S. 3191 Rdnr. 4; S. 3211 Rdnr. 2-3.
343 Abgeleitet aus der Legaldefinition des § 5 c BinSchG.
344 Vgl. *BR-Drucks. 371/97* S. 25.
345 Vgl. *BT-Drucks. 13/8446* S. S. 71.
346 Vgl. *BR-Drucks. 371/97* S. 25.

3.1.3.1). Hiermit lehnt sich das BinSchG sehr eng an die Parallelvorschrift des § 435 HGB, wonach es ebenso zum Niedergang jeglicher Haftungsbegrenzung kommt. In der Binnenschifffahrt kann es bspw. schon als leichtfertig gelten, ein Gewässer bei schlechten Wetter zu befahren.[347] Wenn dazu noch das Tatbestandsmerkmal „des vollen Bewusstsein" erfüllt wird, geht die etwaige Haftungsbeschränkung ebenfalls verloren. Auf die abgestellten, frachtgeschäftlichen Konstellationen mag diese Vorschrift einfach nur doppelt erscheinen, da sie ja ebenfalls im HGB besteht, doch um so wichtiger kann sie im außervertraglichen Bereich, fern des HGB werden, etwa bei der Regulierung von Personenschäden. In der Praxis wird die Verschuldensfrage eng mit dem technischen Aspekt verknüpft, was im Kern bedeutet, dass dem Schiffer kein (*grobes*) Verschulden für den technischen Defekt seines Schiffes oder den Unfall treffen darf.[348]

Werden alle diese vorgeschalteten Erfordernisse bejaht und liegt der schifffahrtsrechtliche Höchsthaftungsbetrag nun unter dem HGB-Haftungsbetrag, kann der Haftende (*Schiffseigner*, ...) seine Haftung entsprechend §§ 4 ff. BinSchG reduzieren. Angewendet wird hier das System der sog. Summenhaftung, wodurch sich die Maximalhaftung aus der potentiellen Trag- und Leistungskraft des Schiffes ergibt.[349] Für Güter und Verspätungsschäden lässt sich also folgendes Berechnungsschema aufstellen:

$$Max.Haftungssumme: \frac{(200 * Tragfähigkeit.des.Schiffes.in.to.) + (700 * Nennleistung.des.Schiffes.in.KW)}{2}$$

Dieser Wert bemisst die maximale Haftungshöhe ausgedrückt in SZR des IWF gem. § 5 BinSchG.

Da es sich hier um eine Schutzvorschrift handelt, die den Schiffseigner vor ruinösen Haftungssummen bewahren will (*Normzweck*),[350] kann nicht der Anspruchsberechtigte versuchen, hieraus höhere Haftungssummen zu erzielen, als es nach HGB-Recht möglich ist. Dies lässt sich schon aus § 4 I 1 HS BinSchG abgeleiten, indem es ausdrücklich den Haftungsprivilegierten das Recht zur Einrede auf Haftungsbeschränkung zugesteht. Es gilt somit das sog. Günstigkeitsprinzip.

Bei dieser Sekundärhaftungsbegrenzung der Binnenschifffahrt handelt es sich aber bislang um die einzig, gesetzliche Ausnahme vom Haftungssystem des allg.

---

347 Vgl. *Koller, Transportrecht* S. 457 Rdnr. 7.
348 Vgl. *BR-Drucks. 371/97* S. 27.
349 Vgl. *ebd.* S. 22.
350 Vgl. *ebd.* S. 22.

Frachtrechts.[351] Der Umstand, dass diese Ausnahmeregelung auch im Frachtrechtskreisen eher unbekannt ist, mag daran liegen, dass dieses Konstrukt eines „schuldlosen“ technischen Versagens des Schiffes oder Unfallereignis eher selten ist, gelten doch Binnengewässer als relativ sichere Verkehrsträger. Ein weiterer Grund dürfte auch sein, dass die überwiegende Mehrheit der frachtvertraglichen Leistungsstörungen über alle Verkehrsträger hinweg nicht durch technische Pannen und Unfälle hervorgerufen wird. Desweiteren kommt es ja häufig auch nur zu Teilbeschädigungen an der Fracht, sodass die Haftungsbeschränkung nach HGB-Recht deutlich günstiger für den Schiffseigner ausfallen kann, als nach dem Prinzip der binnenschifffahrtlichen Summenhaftung.

Aus Perspektive der übrigen Verkehre ergibt sich zwangsläufig die Frage, wieso überhaupt der Binnenschifffahrt ein derartiges Haftungsprivileg eingeräumt wird. Dies liegt vor allem an der langen Tradition und den teilweise vorhandenen Eigenheiten der Binnenschifffahrt. Der Allgemeinheit kann eine Haftungsbeschränkung gerade auch für Personenschäden zugemutet werden, da es sich hierbei aufgrund der Abgeschiedenheit der Wasserwege um höchst seltene Ereignisse mit Personenschaden bei unbeteiligten Dritten handeln dürfte. Demzufolge ist das Interesse an einer gänzlich unbeschränkten, persönlichen Haftung seitens der Öffentlichkeit eher gering einzuschätzen. Dagegen kann der Nutzen für den Schiffseigner (*Partikulierschiffer*) ungleich bedeutungsvoller sein, da bei Sinken seines Schiffes ansonsten seine komplette Existenz vernichtet würde. Er hätte regelmäßig mit enormen Haftungsbeträgen zu rechnen, die ein kleines Familienunternehmen selten aufbringen könnte.[352] Ein weiterer Vorteil liegt in der besseren Versicherbarkeit, zumal im internationalen Verkehren gleichartige Regeln herrschen.[353]

---

351 Vgl. *BT-Drucks. 13/8446* S. S. 71.
352 Vgl. *ebd.* S. 71.
353 Vgl. *BT-Drucks. 13/8446* S. 18– gilt aber im stärkeren Maße für die klass. Haftpflichtversicherung.

2.6.2 Exkurs Küstenschifffahrt

Die deutsche, inländische Seeschifffahrt lässt sich prägnant als Küstenschifffahrt bezeichnen, auch wenn sie dabei zwischenzeitlich in internationale Gewässer vordringen sollte, wie z.B. bei einer Passage von Wilhelmshaven nach Rostock üblich. Das hier behandelte SHR gliedert sich in das umfangreiche deutsche Seerecht mit seinen 430 Paragraphen ein! Regelungen zum Frachtgeschäft werden im viertem Abschnitt *(§§ 556 663 b)* getroffen. Daneben enthält § 486 HGB den direkten Verweis auf die zweite, sich aus dem LondHBÜ ergebende, Haftungsbeschränkung für Schiffseigner. Dieses an sich intern. Übereinkommen gilt somit auch für die deutsche Küstenschifffahrt.[354]

Der Frachtvertrag wird zweckmäßigerweise in § 556 HGB als erstes ins Visier genommen, da auf ihn die nachfolgenden Bestimmungen aufbauen - mit Ausnahme der Übernahmevorschriften der §§ 662 f. HGB. Die Seeschifffahrt kennt in Abweichung vom Landfrachtrecht gleich zwei Typen von Frachtverträgen, den Raumfrachtvertrag und den Stückgutvertrag. Beim Raumfrachtvertrag, auch Charter- oder Frachtchartervertrag genannt, ist der Fokus auf ein Schiff mitsamt Besatzung gerichtet, um Güter entweder selbst oder durch Schiffer zu transportieren. Beim Stückgutvertrag, den man auch aus dem allg. Frachtrecht kennt, kommt es auf die eigentliche Beförderung von Gütern an. Das „Wie?“ des Transportes ist Sache des Verfrachters. Denn ihm als Frachtführer steht es anheim, gleichwie er die ihm anvertrauten Transportgüter zum vereinbarten Ziel bringt. Er schuldet maßgeblich die Transportleistung, abgesehen von den vertraglichen Nebenpflichten. Wichtig ist die Unterscheidung, da einige Raumfrachtverträge nicht den Konnossementsbedingungen des SHR unterliegen und weil es jeweils gesonderte Vorschriften für die einzelnen Vertragstypen gibt.[355] In Bezug auf den Stückgutvertrag gilt es z. B. die Abladung und genaue Terminierung zu regeln, was bei Raumfrachtverträgen eher im Hintergrund steht, da sich hier der Auftraggeber selber um diese Aufgaben kümmert.[356]

---

[354] Vgl. *Rabe, Seehandelsrecht* S. 81 Rdnr. 1-2.
[355] Vgl. *ebd.* Rdnr. 15-17.
[356] Vgl. *ebd.*

Durch § 662 f. HGB werden die integrierten Konnossementbedingungen der H-VR (*vgl. Kap. 3.4.3*) in das SHR des HGB einbezogen, wie nachfolgende Grafik gut verdeutlicht:

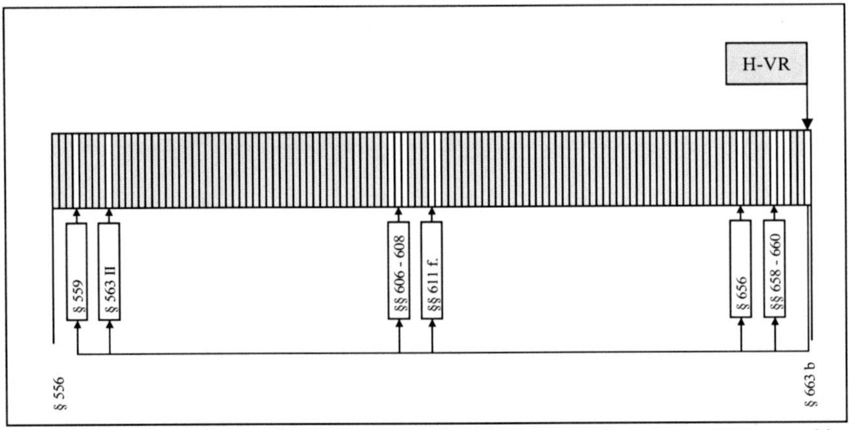

Abb. 2.36: Anwendung der „übersetzten" H-VR im deutschen SHR – hier Küstenschifffahrtsrecht.

Versinnbildlicht wird schnell klar, dass die bis jetzt behandelten Haftungsbeschränkungen und Konnossementbedingungen der Haager Regeln / H-VR nur einen kleinen Teil der frachtrechtlichen Aussagen des SHR darstellen. Auch einem scheinbaren Widderspruch aus Abb. 3.29. / Darstellung 1 und 2 kann jetzt vorgebeugt werden. Diese dem SHR aus § 450 HGB unterstellten Beförderungen ohne jegliche Verwendung von Konnossementen können trotz Geltung des SHR nicht den Regelungen der deutschen H-VR (*weiß*) unterstellt werden! Nach § 662 HGB muss ein Konnossement ausgestellt werden, um die zwingende Haftung des Verfrachters einzuläuten. Dies könnte in der Praxis interessante Fragestellungen aufwerfen, etwa ob es aus Absendersicht günstiger ist, eine gemischte Binnen-Meer Beförderung im Verhältnis 60 zu 40 mit einem Konnossement (*SHR mit zwingender Haftung nach § 662 HGB*) oder ohne dergleichen auszustatten (*allg. Frachtrecht*).

Die sonstigen graugefärbten Vorschriften des SHR gehen bspw. auf etwaige Ansprüche des Verfrachters aus dem Frachtvertrag (*§§ 614 – 627*), Aspekte zur Auflösung des Frachtvertrags (*§§ 628 – 641*) oder dem eigentlichen Frachtvertrag (*§§ 556 ff*) ein. Somit werden die theoretisch auch subsidiär geltenden Regeln des allg. Frachtrechts durch die seerechtlichen Spezialbestimmungen verdrängt.

2.7 Multimodalvertrag

Das Multimodalrecht der §§ 452 – 452 d HGB stellt das erste der drei hier behandelten Sonderrechtsgebiete dar, die dem schon speziellen allg. Frachtrecht des HGB vorgehen. Hauptgegenstand der fünf Paragraphen sind im Grunde genommen Zuordnungs- und Verweisnormen, sowie die Sicherstellung gewisser Mindeststandards hinsichtlich Schadensanzeige und Verjährung. Ziel des Multimodalrechts ist es, zu klären welcher Rechtsordnung multimodale Transporte mit einheitlichen Frachtverträgen zu unterwerfen sind, da ja gerade nicht nur in Deutschland oder mit nur einem Verkehrsträger transportiert wird.

Schon aus ökonomischer Gründen verlangen bestimmte Transporte nach Umschlagshandlungen zwischen den einzelnen Transportmitteln, um die Beförderung so kostengünstig wie möglich zu gestalten oder sie überhaupt durchführen zu können. So z.B. werden oft große Mengen an Transportgütern so nah wie möglich mit dem Binnenschiff zum Empfänger herangeführt, um die „letzten" Meter per LKW abzuwickeln. Vor der Transportrechtsreform 1998 war das Frachtrecht dermaßen zersplittert, dass es für fast jeden wichtigen Verkehrsträger gesonderte Frachtvorschriften gab. So war es natürlich nötig zu wissen, welchem Frachtrecht multimodale Transporte unterliegen. Heute ist diese Frage dank der Transportrechtsreform im inländischen Bereich nicht mehr so akut, da bis auf das Seerecht nun alle Verkehrsträger dem allg. Frachtrecht des § 407 HGB unterstehen. Dazu kommt noch Deutschlands Küstengeografie, die dafür sorgt, dass multimodale, inländische Beförderungen mit Meeres-Teilstrecken zu den absolute Ausnahmen gehören. Von daher ist es meistens unerheblich zu bestimmen, auf welcher Teilstrecke ein Schaden geschah.

So zielen die Regelungs- und Verweisnormen des Multimodalrechts vielmehr auf transnationale Transporte mit Auslandsbezug, bei denen auch mehrere ausländische Rechtsordnungen oder int. Übereinkommen berührt sein könnten. Diese genießen als zwingendes Recht i.d.R. Vorrang vor anderen Rechtsordnungen in ihrem Regelungsbereich und besitzen eigenständige Zuweisungsnormen.[357] Aber auch hier dürfte oftmals die Brisanz der Zuordnungsfrage gewichen sein, da die in vielen Fällen einschlägigen CMR als Vorbild zum heutigen nat. Frachtrecht dienten. Da beide Regelungswerke sich in ihren Haftungsfragen sehr ähnlich sind, macht es in vielen Fällen keinen allzu großen Unterschied, wonach ein Schaden reguliert wird.

---

357 Vgl. z.B. Art. 2 CMR; Ar. 2 § 2 COTIF; Art. 3 § 3 COTIF; Art. 1, 28, 48 CIM; Art. 18 III, 31 WA 1955; Art. 18 IV, 38 MÜ.

Eingangsvoraussetzungen - Die Sondervorschriften der §§ 452 ff. HGB greifen natürlich nur unter den bestimmten Umständen des § 452 HGB ein und falls deutsches Recht auf den Multimodalvertrag überhaupt anzuwenden ist (*vgl. Kap. 2.2; 3.1 – IPR*).[358]

Einheitlicher Frachtvertrag – Notwendige Vorraussetzung ist zunächst, das es sich um einen Frachtvertrag i.S.d. § 407 HGB handelt, bei dem die Ortsveränderung des Gutes geschuldet wird.[359] Für die gesamte Beförderungsstrecke darf es ferner nur einen Übernahme- und Übergabeort geben, sodass sie einem einheitlichen Frachtvertrag unterliegt. Es gibt also, im Unterschied zum gebrochenen Verkehr, immer nur einen Frachtvertrag.

Verschiedenartige Beförderungsmittel - Gemeint sind hier alle Transportmittel, die einer Ortsveränderung der Frachtgüter dienen. Erfasst werden hiervon neben LKW, Zügen, Schiffen und Flugzeugen theoretisch auch Kräne, Pipelines und Ähnliches.[360] Dabei kommt es auf die Verschiedenartigkeit der Transportmittel an sich an, ein bloßer Wechsel von einem auf den anderen LKW bedingt noch keinen multimodalen Transport!

Verschiedene Teilstreckenrechte - Weiteres den multimodalen Verkehr kennzeichnendes Merkmal, ist das der unterschiedlichen Teilstreckenrechte. Für mindestens zwei dieser Teilstrecken müsste normalerweise ein anderes Transportrecht zuständig sein, gäbe es da nicht den einheitlichen Frachtvertrag.[361]

[358] Vgl. *Koller, Transportrecht* S. 626 f. Rdnr. 1.
[359] In Abwandlung zum Speditions- und Lagervertrag.
[360] Vgl. *Müglich, Transportrecht & Logistikrecht* S. 89.
[361] Vgl. *Koller, Transportrecht* S. 631 f. Rdnr. 15.

2.7.1 Spezielle Fristenregelungen

Rügefristen - Falls das Multimodalrecht anwendbar ist, muss der Empfänger, wie sonst auch, im Schadensfall zunächst einmal dem Frachtführer eine Schadensanzeige zukommen lassen, um seine Ansprüche abzusichern (*vgl. Kap. 3.1.3*). Doch welches Rügerecht soll nun gelten – das erste, das letzte oder das Teilstreckenrecht der längsten Teilstrecke? Um hier zu einer praktikablen Lösung zu kommen, ist folgendes Schema anzuwenden:

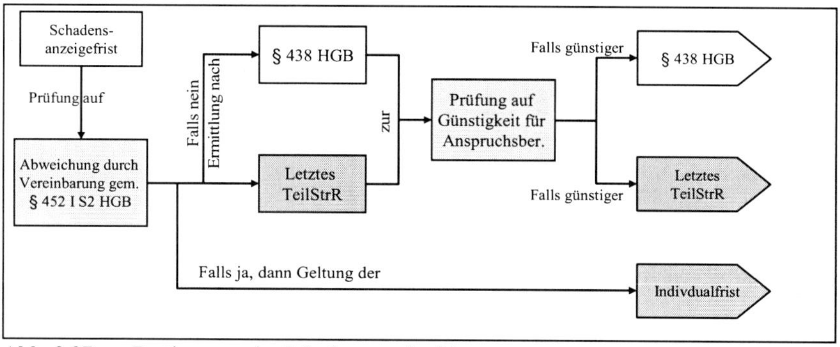

Abb. 2.37: Bestimmung der Schadensanzeigefrist

Am Anfang der Betrachtungen steht die Kontrolle etwaiger Vereinbarungen auf Modifikation der Schadensanzeigefrist, die zwischen Absender und Frachtführer im Rahmen der Privatautonomie wirksam vereinbart wurden. Durch den Mindeststandard der Privatautonomie wird der nicht immer informierte Empfänger vor unbilligen Härten bewahrt, wenn er allzu gestraffte Fristen einzuhalten hätte (vgl. *zu den Schranken der Privatautonomie Kap. 3.1.5*). Andererseits kann so der Frachtführer vor etwaigen Verschlechterungen seiner Beweislage geschützt werden, die durch zunehmenden Zeitverlauf entstehen.[362]

Falls keine Vereinbarung getroffen wurde, gelten die gesetzlichen Regelungen. Diese besagen, dass zunächst einmal die Schadensanzeige, bzw. Rügefristen des allg. Frachtrechts und des letzten, hypothetischen Teilstreckenrechts - dass bei Ablieferung anzuwenden wäre - ermittelt und gegenübergestellt werden müssen. Der Empfänger kann sich dem Günstigkeitsprinzip folgend gem. § 452 b I S1 HGB die für ihn vorteilhaftere Fristenregelung aus § 438 HGB und Teilstreckenrecht aussuchen.[363] Desweiteren sind auch die Folgen einer verspäteten Schadensanzeige § 438 HGB zu entnehmen, sodass eventuell

[362] Vgl. *Koller, Transportrecht* S. 496 f. Rdnr. 1.
[363] Vgl. *Koller, Transportrecht* S. 648 Rdnr. 2.

vorgesehener Haftungswegfall (*Präklusion*) bei Beschädigung und Verlust der Ware unter Einbeziehung eines Int. Übereinkommens vermieden werden.[364]

Verjährung - Durch die Schadensanzeige weiß der Frachtführer nun um den Schaden und kann sich auf eine Inanspruchnahme innerhalb der Verjährungsfrist einstellen. Bei ihr ergibt sich das gleiche Auswahlproblem wie vormals schon bei der Rügefrist, denn sie kann je nach anzuwendenden Frachtrecht zwischen ein und zwei Jahre variieren.[365]

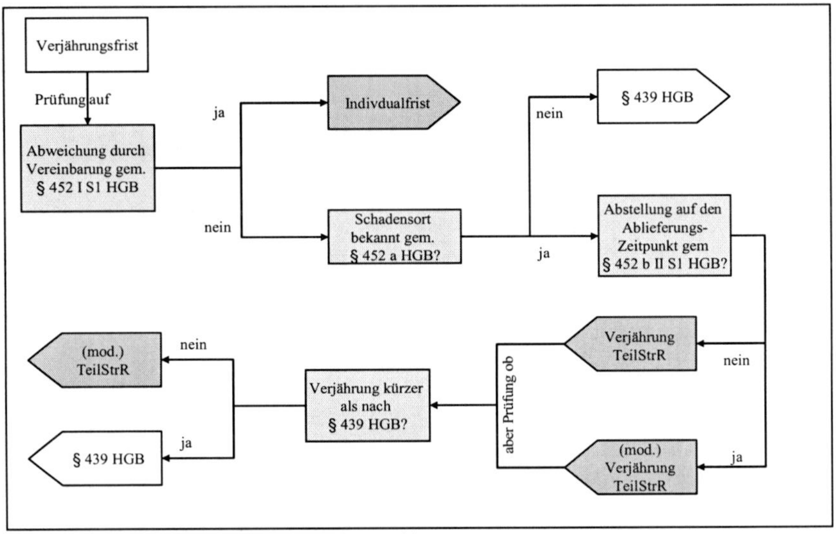

Abb. 2.38: Bestimmung der Verjährungsfrist

So wird den Vertragsparteien in § 452 d I S2 HGB nur durch Individualvereinbarung das Recht eingeräumt, die Verjährungsfrist herauf oder herunterzusetzen, bzw. den Beginn besonders festzulegen.[366] Ist nichts dergleichen geschehen, kommt es gem. § 452 a S1 HGB darauf an, ob der Schadensort bekannt ist. Wenn dies nicht der Fall ist, ist direkt auf § 439 HGB und seine regelmäßige einjährige Verjährungsfrist abzustellen.[367] Kann jedoch der Schadensort bestimmt werden, ist zunächst einmal vom Verjährungsrecht der jeweiligen Teilstrecke auszugehen.[368] Dabei ist darauf zu achten, dass nicht

[364] Vgl. *Müglich, Transportrecht & Logistikrecht* S. 91.
[365] Vgl. *Wieske, Transportrecht schnell erfasst* S. 121.
[366] Vgl. *Koller, Transportrecht* S. 655 Rdnr. 7 f.
[367] Vgl. *Fremuth, Kommentar zum Transportrecht* S. 430 Rdnr. 11.
[368] Vgl. *Koller, Transportrecht* S. 649 Rdnr. 3.

alle Frachtrechte auf einen Ablieferungszeitpunkt abstellen. Da sie hauptsächlich nur von unimodalen Transporten ausgehen, stellt die Warenablieferung dort i.d.R. auch das vertragsgemäße Ende der Beförderung dar. Nicht so beim Multimodalverkehr, wo Ablieferungen nicht das Transportende markieren müssen.

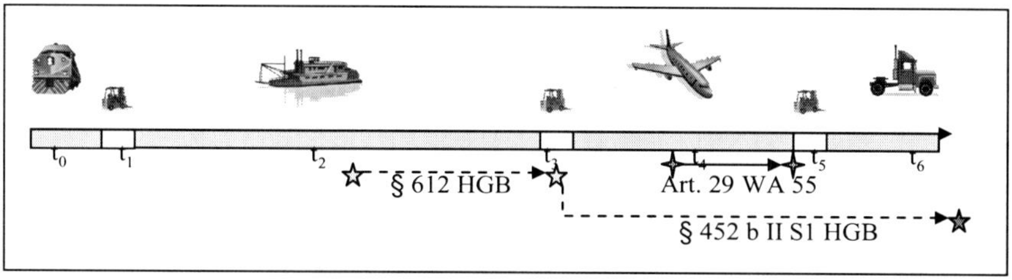

Abb. 2.39: Bezugnahme auf Transportende

In § 452 b II S1 HGB wird das Verlagerungsprinzip des Verjährungsstarts konsequent weitergeführt und auf das tatsächliche Transportende bestimmt. Allerdings nur, wenn im jeweilig anwendbaren Frachtrecht wortgetreu auf einen Ablieferungszeitpunkt abgestellt wird.[369] Überall, wo hiervon nicht die Rede ist, greift die Verlagerung nicht ein und die Verjährung wird allein nach dortigem Recht geregelt.

Die Verlegung des Verjährungsstarts lässt jedoch bei allen Frachtrechten die absolute Dauer und Wirkung der regelmäßigen Verjährung unberührt, sodass nicht allzu sehr in die Übereinkommen eingegriffen wird.

In einem vierten Schritt wird nun der Verjährungsendzeitpunkt des anwendbaren Teilstreckenrechts in § 452 b II S2 HGB mit seinem Pendant aus § 439 HGB verglichen und der für den Geschädigten günstigste Zeitpunkt ermittelt.[370] In der Praxis dürfte der Verjährung bei einer mindestens einjährigen Frist sowieso nur selten von Bedeutung sein, zumal sich die Modifikationen nur zugunsten des Empfängers auswirken.

---

369 Vgl. *Koller* in TranspR Jhrg. 2001/02 S. 69, 71: Reklamation sowie Ausschussfristen bei internationalen Lufttransporten mit gekoppelten Zubringerleistungen.

370 Krit. *Müglich, Transportrecht & Logistikrecht* S. 91 - der den Verjährungsendzeitpunkt allein durch § 438 HGB erblickt, dabei aber anscheinend die Funktion des Wortes „frühestens" in § 452 b II S.2 HGB übersieht. Zustimmend *Wieske, Transportrecht schnell erfasst* S. 121.

2.7.2 Spezielle Frachtführerhaftung

Auch bei der Frachtführerhaftung belässt es das Multimodalrecht bei Verweisungen auf andere Rechtssysteme und fügt keine eigenständigen Sonderregelungen ein. So bleibt auch nur die Zuweisungsfrage klärungsbedürftig, ob besonderes Teilstreckenrecht oder subsidiär das allg. Frachtrecht des HGB herangezogen werden soll.

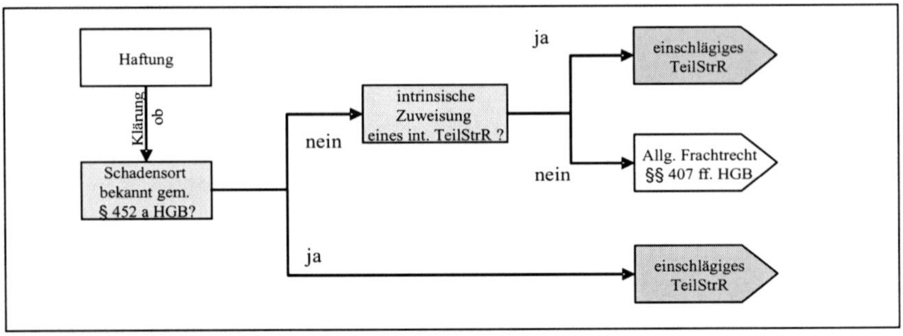

Abb. 2.40: Bestimmung des Haftungsregimes

Vorrangig ist zunächst also die Bestimmung des genauen Schadensortes in Übereinstimmung mit den int. Frachtrechten. Sofern ein solcher Schadensort im Nachhinein noch festlegbar ist, greift nach § 452 a S1 HGB das Haftungsrecht der jeweiligen Teilstrecke ein.[371] Dabei sind natürlich die zuvor bestimmten Verjährungsfristen zu berücksichtigen. Bleibt auch nach eingehender Prüfung der Schadensort nicht genau bestimmbar, so muss kontrolliert werden, ob ein int. Frachtrecht von sich aus auch bei unbekannten Schadensort die Zuständigkeit für sich beansprucht, da das Recht der int. ratifizierten Übereinkommen zwingend vorgeht.[372] Da es momentan noch kein spezielles int. Multimodal-Übereinkommen gibt[373] ist diese rhetorische Frage des § 452 S1 Alt 2 HGB eher zukunftsgewandt. Lediglich Art. 2 CMR beansprucht von sich heraus seine Zuständigkeit bei Multimodaltransporten ohne bekannten Schadensort, allerdings nur bei „unechten" Umladungen (*Huckepackverkehr*).[374] Somit bleibt in den allermeisten Fällen mit unbekanntem Schadensort nur noch das allg. Frachtrecht des HGB als Haftungsgrundlage übrig.

---

[371] Vgl. *Koller* in VersR. Jhrg. 2000 Heft 28 S. 1187 ff. : Die Haftung des Multimodalbeförderers beim bekannten Schadensort.

[372] Vgl. *Koller, Transportecht* S. 633 f. Rdnr. 19.

[373] Vgl. *Müglich, Transportrecht & Logistikrecht* S. 89.

[374] Vgl. *Theunis* in TranspR Jhrg. 1990/07 S. 263, 269: Die Haftung des Straßenfrachtführers bei der Ro/Ro-Beförderung.

2.8 Bestimmung, Abgrenzung und Kurzvorstellung int. Regelwerke

Üblicherweise im Kardinalsrang steht die Bestimmung des jeweilig anzuwendenden Regelwerkes, da hiervon hauptsächlich das Haftungsregime – und damit auch die potentielle Haftungshöhe – abhängt. Hohe Höchsthaftungen und strenge Haftungstatbestände verlangen von allen Beteiligten naturgemäß ein großes Maß an Disziplin in der Erfüllung ihrer Vertragspflichten, schaffen zugleich aber auch die nötige Sicherheit, welche nötig ist, um überhaupt einen Transportvertrag abzuschließen.

Die konkrete Anwendung eines Gesetzes- und Regelwerks hängt von einer Reihe von Faktoren ab, etwa der Wahl des Verkehrsträgers, der Art der beförderten Güter, der Internationalität, etc. Folgende Tabelle gibt einen ersten Überblick über die frachtrechtlichen Regelwerke:

	Straße	Schiene	Luft	Wasserstraße	Meere
Deutschland / inländisch	**HGB**	**HGB**	**HGB**	**HGB /** ***BinSchG***	**HGB-Seehandel**
Deutschland / grenzüberschreitend	**CMR**	**CIM**	**MÜ / WA**	**CMNI /** ***CLNI***	**Haager-Regeln / H-VR**

Tab. 2.3: Regelwerke nach Verkehrsträgern und Destinationen

Wie bereits gezeigt, entwickelt sich das Frachtrecht stetig fort. Für rein inländische Transporte gilt nun seit 1998 maßgeblich das allg. HGB-Frachtrecht, bzw. Seehandelsrecht. Auch der bedeutendste Teil der inländischen Kabotageverkehre via Straßenverkehr unterliegt nachweislich deutschem Recht (*vgl. Kap. 2.2*). Auch in der Binnenschifffahrt folgt man auf europäischer Ebene diesem Beispiel anhand Art. 3 I a, e (EWG) Nr. 3921/91. Sind schon Schiene, Luft und Meer als rein inländische Verkehrsträger recht unbedeutend, so trifft diese Tatsache erst recht auf dieserlei Kabotagetransporte zu, weswegen eine explizite Berücksichtigung an dieser Stelle nicht stattfindet.

Dagegen sind die grenzüberschreitenden Transporte nicht derart verkehrsträgerübergreifend mit einem Einheitsrecht ausgestaltet, vielmehr gelten hier besondere Bestimmungen für jedes Verkehrsmittel. Wenn diese Abkommen unterzeichnet, ratifiziert und in Kraft getreten sind, stellen sie für Deutschland unmittelbar geltendes, internationales Einheitsrecht dar.[375] Da die Regelungstiefe dieser Abkommen thematisch sehr begrenzt sein kann, kommt es bei aufkommenden Rechtslücken zunächst auf die Bewertung derselbigen an. Klammert ein Abkommen erkennbar einen Themenkomplex oder auch nur einzelne Aspekte aus, ist i. d. R. alternativ ein nationales Recht, bestimmt durch die Kollisionsnormen des IPR, anzuwenden. Der Umgang mit ungewollten Lücken oder sprachlichen Auslegungsfragen gestaltet sich dagegen schon schwieriger.[376] Ungewollte Lücken sind im Wege der Analogie und nahe liegender Umkehrschlüsse sowie aus dem betreffenden Abkommen selbst heraus zu schließen.

Die rein sprachliche Auslegung eines Abkommens bietet wie so oft natürlich gerade zu Beginn bis kurz nach Inkrafttreten ein großes Streitpotential. Zu zahlreichen Begriffen, die in den int. Übereinkommen verwandt werden, finden sich entsprechende Definitionen im nationalen Recht, welche im Zuge der Transportrechtsreform unisono übernommen wurden. Diese Begriffe dürfen jedoch nicht allein nach nationalen Grundsätzen ausgelegt werden, da die Urväter dieser Konventionen unter Umständen etwas anderes gemeint haben könnten. Da es sich hier um int. Einheitsrecht handelt, sind auch besondere Auslegungs- und Lückenfüllungsmaximen einzuhalten, um möglichst eine weltweit einheitliche Auslegung zu gewährleisten.[377] Zunächst wird dabei der strittige Wortlaut in der verbindlichen Vertragssprache analysiert, wobei jedoch darauf zu achten ist, dass der Begriff nicht ohne weiteres aus dem dieser Sprache unterliegenden Recht heraus interpretiert werden darf. Noch komplizierter wird es, wenn für ein Abkommen gleich mehre Sprachen maßgeblich sind, wie etwa bei der in englisch und französisch abgefassten CMR. Das für Deutschland gültige Wiener Übereinkommen (*WÜ*) über das Recht der Verträge, welches die völkerrechtlichen Auslegungsgrundsätze kodifiziert, gibt hier erste Anhaltspunkte für die Vorgehensweise. So ist zunächst gem. Art. 31 I WÜ der Abkommenstext generell nach Treu und Glauben in Übereinstimmung mit dem in gewöhnlichen, seinen Bestimmungen in ihrem Zusammenhang zukommenden Bedeutung und gleichzeitig im Lichte seinen Zieles und Zweckes auszulegen. Für Vertragstexte, die mehrsprachig verbindlich niedergeschrieben sind, erweitert Art. 33 IV WÜ diese Regel noch. Hiernach ist diejenige Bedeutung

---

375 Vgl. *Koller, Transportrecht* S. 1015 Rdnr. 2-3 (CMR); S. 1362 Rdnr. 3 (WA 1929 & 1955); S. 1498 Rdnr. 2 (ZAG); S. 1535 Rdnr. 2-3 (MÜ); S. 1571 Rdnr. 2-3 (CIM 1980).

376 Vgl. *Eickelberg, Lückenfüllung Einheitstransportrecht* S. 37 ff. zur Klassifizierung von Lücken in int. Transportabkommen.

377 Vgl. *Kropholler, Internationales Einheitsrecht* S. 258 ff.; S. 293 ff.

zugrunde zu legen, die unter Berücksichtigung des Zwecks der Konvention die verschiedenen Texte am besten im Einklang bringt. Bei der Auslegung sollte darauf geachtet werden, dass das betreffende Abkommen in allen Vertragsstaaten gleich ausgelegt wird. Es ist also auch schon eventuell bestehende, ausländische Rechtssprechung im Sinne der Rechtsvereinheitlichung zu beachten.

2.8.1 Deutschland – grenzüberschreitend / Straße

Der bedeutendste int. Güterverkehrssektor, die Straßenbeförderung, wird seit Inkrafttreten der CMR[378] im Oktober 1961 weitgehend einheitlich geregelt. Seine frühen Wurzeln stammen aus dem Jahre 1948. Das Römische Institut für die Vereinheitlichung des Privatrechts (*UNIDROIT*) nahm damals die Vorarbeiten auf, die schließlich 1956 in dem Vertragswerk der CMR mündeten und fünf Jahre später ratifiziert wurden.[379] Zwar verfügte die CMR zu diesem Zeitpunkt erst über fünf Mitgliedsstaaten, doch das sollte sich schon bald ändern. Deutschland trat dem Übereinkommen kurz darauf im Februar 1962 bei, sodass es auch hierzulande bei grenzüberschreitenden Transporten anzuwenden ist. Bald folgten vielen andere europäische Länder diesem Beispiel. Es hat sich bis heute bewährt, sodass es bislang nur aus Gründen der Währungsumstellung[380] vom Goldfranken auf das Sonderziehungsrecht (*SZR*) des Internationalen Währungsfonds (*IWF*) im Jahre 1978 durch ein Änderungsprotokoll modifiziert werden musste.[381] Da sich für die Rechtsanwendung keine Änderungen ergeben, kann die CMR, egal aus welchem Revisionsjahr, an dieser Stelle einheitlich betrachtet werden.[382] Die CMR stellt keine abschließende Kodifikation des grenzüberschreitenden Straßengüterverkehrs dar und spezialisiert sich infolgedessen auf nur einige, wichtige frachtrechtliche Fragen, hauptsächlich zur Haftung.[383] Auftretende Rechtslücken

---

378 Abk. (engl..): Convention on the Contract for the International Carriage for Goods by Road
Abk. (franz.): Convention relative au Contrait de transport international der marchandises par route
Vertragsstaaten (konsolidiert) **CMR 1956** Stand August 2005: Belarus, Bosnien und Herzegowina, Bulgarien, Jugoslawien, Kasachstan, Kroatien, Mazedonien, Mongolei, Polen, Russische Förderation, Serbien und Montenegro, Slowakei, Slowenien, Tadschikistan, Tschechische Republik – Vgl. *DGTR, Vertragsstaaten CMR.*

379 Vgl. *Herber, CMR* S.38 Rdnr. 2.

380 Vgl. *ebd.* S. 41 f. Rdnr. 12-13.

381 Vertragsstaaten **CMR 1978** Stand August 2005 (allesamt auch Vertragstaaten der CMR 1956): Belgien, Dänemark, Deutschland, Estland, Finnland, Frankreich, Georgien, Griechenland, Iran, Irland, Italien, Kirgisien, Lettland, Litauen, Luxemburg, Marokko, Niederlande, Norwegen, Österreich, Portugal, Rumänien, Schweden, Schweiz, Tunesien, Türkei, Turkmenistan, Ungarn, Usbekistan, Großbritannien, Zypern – Vgl. *DGTR, Vertragsstaaten CMR..*

382 Vgl. *Herber, CMR* S.43 Rdnr. 14-15; vgl. Dubischar, Grundriß Gütertransportrecht S. 96.

383 Vgl. *Koller, Transportrecht* S. 1019 Rdnr. 5.

werden in Deutschland, sofern die CMR keinen eigenen Verweis vornehmen, über die Kollisionsnormen des Art. 27 ff. EGBGB an das jeweilig anzuwendende, nationale Recht verwiesen.[384] So z. B. immer dann bei Fragen um Frachtzahlung oder Ladepflicht.[385] Hinsichtlich des Gerichtsstands wurde im Art. 1 a des deutschen Ratifizierungsgesetz zur CMR festgelegt, dass auch in Abwandlung zu den einschlägigen EGBGB Vorschriften, ein Gericht im Bezirke des Be- und Entladeortes angerufen werden kann und nicht nur der Gerichtsstand des Frachtführers maßgeblich ist.[386]

Da die CMR großen Einfluss auf das neue deutsche Frachtrecht hatte, kann in Kommentierungsfragen fast immer an die entsprechenden Ausführungen zum nat. Frachtrecht verwiesen werden. Doch ergeben sich auch hier einige, kleine Besonderheiten, die es im Zuge der Transportrechtsreform nicht bis ins HGB geschafft haben.

Anwendung finden die CMR-Vorschriften immer dann, wenn folgende Voraussetzungen erfüllt werden:

Beförderungsvertrag – Bereits im ersten Artikelsatz (*Art. 1 I CMR*) des Abkommens wird klargestellt, dass es sich immer nur auf einen Beförderungsvertrag und nicht wie in manchen anderen Abkommen auf den Frachtbrief beziehen kann. Die Ausstellung eines Frachtbriefs, eine Sollvorschrift der CMR und zugleich ein beidseitiger faktischer Vertragsanspruch, ist jedoch im Hinblick auf die spätere Beweisführung im Schadensfall sehr zu empfehlen.[387] Der Abschluss und das Zustandekommen eines Beförderungsvertrags ist indes in den Bestimmungen nicht geregelt, sodass hilfsweise auf das nationale Recht verwiesen wird.[388] Ein int. Frachtvertrag im Sinne des HGB ist sicherlich immer auch ein CMR-Beförderungsvertrag. Der im englischen Urtext verwendete Begriff des „Carrier" geht allerdings etwas weiter als die deutsche Definition des Frachtführers.[389] Insofern können auch Frachtverträge mit leicht speditionellem Charakter den CMR unterstehen, wobei die Abgrenzung immer im Einzelfall zu suchen ist. Klassische Speditionsverträge fallen allerdings keinesfalls unter die CMR-Normen.[390]

---

[384] Vgl. *Giefers, Beweislast und Beweisführung* S. 44 ff.
[385] Vgl. *Dubischar, Grundriß Gütertransportrecht* S. 97.
[386] Vgl. *Koller, Transportrecht* S. 1044 Rdnr. 1.
[387] Vgl. *Dubischar, Grundriß Gütertransportrecht* S. 98 f.
[388] Vgl. *Herber, CMR* S.66 ff. Rdnr. 4-8.
[389] Vgl. *Koller, Transportrecht* S. 1035 f. Rdnr. 2.
[390] Vgl. *Herber, CMR* S.74 f. Rdnr. 24-26.

Grenzüberschreitung – eine vereinbarte Grenzüberschreitung ist das zweite große Prüfkriterium gem. Art. 1 I CMR bezüglich der CMR-Anwendbarkeit.[391] Es muss also ein Transport zwischen zwei Staaten vereinbart worden sein, wobei mindestens einer ein CMR-Vertragstaat ist. Ist also zwischen Absender und Frachtführer ein Transport von München nach Kopenhagen vereinbart worden und wird der Transport aufgrund einer Absenderweisung schon in Hamburg gestoppt, kommt hier, obwohl es sich bislang nur um einen inländischen Transport handelt, CMR-Recht zur Geltung. Dies ist auch logisch und folgerichtig, da sich die Beteiligten schon bei Vertragsschluss auf das CMR-Recht eingelassen hatten.

Entgeltliche Straßengüterbeförderung – Hierbei handelt es sich eigentlich um drei miteinander verknüpfte Einzelkriterien. Da der Vertrag eine Vergütung beinhalten muss, fallen kostenlose Beförderungen, wie Werkverkehre, nicht unter die CMR. Strittig kann es im Einzelfall sein, wenn etwa bei int. Werkverträgen der Warentransport auch durch den Lieferanten abgewickelt wird. Hier liegt zwar sicherlich auch eine Entlohnung für den Transport vor, doch wurde kein spezieller Frachtvertrag abgeschlossen.[392]

Unter dem Güterbegriff der CMR fallen sämtliche bewegliche Sachen, mit Ausnahme von Postsendungen, Umzugsgut sowie Leichen.[393] Hier folgen die CMR teils den anderen int. Bestimmungen. Postsendungen unterliegen auch bei allen anderen Abkommen, egal ob ausdrücklich erwähnt, oder nicht, dem Weltpostvertrag.[394] Demgegenüber klassifizieren die übrigen int. Frachtrechte sowohl Umzugsgut als auch Leichenüberführungen als Gütersendungen, was bei den CMR nicht in Betracht kommt.

Naturgemäß gelten die Regeln der CMR nur für den Straßentransport per LKW.[395] Um aber nicht nur das europäische Festland zu erfassen, wird der Geltungsbereich in Art. 2 auch auf kombinierte Transporte im sog. Huckepackverfahren ausgedehnt, bei der ein Zug oder ein Schiff den LKW aufnimmt und wieder zur Weiterfahrt entlässt.[396] Für derartige Transporte gelten auch die CMR mit der Besonderheit, dass es bei Haftungsfragen auf den genauen Schadensort ankommt. Liegt dieser bspw. genau auf dem Deck eines

---

391 Vgl. *ebd.* S. 86 f. Rdnr. 50 ff.
392 Vgl. *Herber, CMR* S. 68 f. Rdnr. 10,11.
393 Vgl. *Koller, Transportrecht* S. 1037 f. Rdnr. 4.
394 Vgl. *ebd.* S. 1375 Rdnr. 2.
395 Vgl. *ebd.* S. 1038 f. Rdnr. 5.
396 Vgl. *ebd.* S. 1047 ff Rdnr. 1-4.

Schiffes, kommt das int. Seehandelsrecht in Betracht, wohingegen bei unbekannten Schadensorten die CMR voll zum Zuge kommen.

Eine etwas andere Variante liegt vor, wenn die Transportgüter gänzlich umgeladen werden. Ist ein derartiger Verkehrsträgerwechsel von vorneherein vereinbart, so sind Haftungsfragen über das einschlägige nationale Multimodalrecht zu beantworten.[397] Verlädt der Frachtführer demgegenüber vertragswidrig, also eigenmächtig ohne Einverständnis des Absenders die Güter, dann führt dies im jeden Fall auch zur Haftung nach den CMR-Bestimmungen, ergänzt zum Vorteil des Absenders um die Bestimmungen des anderen Verkehrsmittels.[398]

Soweit die CMR Geltung erlangen, regeln sie wie bereits angesprochen die wichtigsten frachtrechtlichen Aspekte. Besonderes Augenmerk ist natürlich auf die Haftungsfragen zu legen, die immer bei Streitigkeiten relevant werden. Die wichtigsten Ersatzansprüche aus Beschädigung oder Verlust der Ware (*Substanzschäden*) sowie Fristüberschreitung (*Vermögensschäden*) werden weitgehend analog zum allg. Frachtrecht des HGB behandelt.[399] Beide Regelungswerke definieren diese Begriffe gleich, sodass hier eine gewisse Rechtsvereinheitlichung entsteht. Die Regelungen zu den Schadensersatzansprüchen finden sich in den Art. 17 ff. CMR wieder, wobei der Frachtführer für Schäden generell einstehen muss, die in seiner Obhut entstehen. Deswegen spricht man auch von einer Obhutshaftung.[400] Natürlich kann sich der Frachtführer auch von einer Inanspruchnahme seitens des Geschädigten schützen, indem er die Verantwortung von sich weisen kann. Hier gibt die CMR verschiedene Möglichkeiten der Haftungsexkulpation vor, die sich in ähnlicher Form aber auch im HGB-Frachtrecht wieder finden: Entweder legt der Frachtführer gem. 17 I CMR dar, dass er überhaupt nicht für einen Schaden verantwortlich ist oder er beruft sich auf die Haftungsausschlussgründe des Art 17 IV a-f CMR, die ein Indiz für seine Unschuld liefern. Hierdurch wird eine sog. Beweislastumkehr eingeleitet. Verweist ein Frachtführer bspw. unstrittig darauf, das der Absender die Verladung vornahm, wird bis zum Beweis des Gegenteils angenommen, dass der Schaden durch unsachgemäßes Verladen entstanden ist.[401] Im Ergebnis kann dies gem. Art. 17 V CMR zu einer

397 Vgl. *ebd.* S. 1049 f. Rdnr. 5; vgl. *Herber, CMR* S. 100 f. Rdnr. 13.
398 Vgl. *Koller, Transportrecht* S. 1039.
399 Vgl. *Koller, Transportrecht* S. 1150 f. Rdnr. 1,2.
400 Vgl. *Wieske, Transportrecht schnell erfasst* S. 201.
401 Vgl. *Herber, CMR* S. 312 Rdnr. 120.

vollständigen oder teilweisen Haftungsbefreiung für den Frachtführer führen.[402] Nicht zu vergessen ist aber diesbezüglich auch, dass gem. Art. 29 CMR besonders schweres Verschulden des Frachtführers alle Haftungsprivilegien zunichte macht, mit der Folge einer gänzlich unbeschränkten Haftung (*vgl. Kap. 3.1.3.1*).

Gibt es bei der Schadenszuweisung schon einen starken Gleichklang mit den nationalen Parallelvorschriften, setzt sich dieser bei der Regulierung fort. Zwar gibt es leicht unterschiedliche Nuancierungen in der Haftungsbemessung, doch fallen diese im Vergleich zu den einschlägigen HGB-Vorschriften kaum ins Gewicht. Unterschiede macht die CMR allerdings bei der Höhe des max. Ersatzanspruches für Schäden aus Lieferfristüberschreitungen mit ihrer Begrenzung auf den einfachen Wert der Frachtkosten gem. Art. 23 V CMR. Auf gleichem Niveau bewegt man sich wiederum bei den Haftungshöchstgrenzen infolge von Güterschäden mit 8,33 SZR gem. Art. 23 III CMR. Auch die Deklaration eines höheren Entschädigungswertes bei Güterschäden oder eines besonderen Interesses, mit der auch entgangener Gewinn ausgeglichen werden kann, ist möglich. Im Endeffekt kann dies sogar zur Einbeziehung einer Vertragsstrafe führen, die eigentlich nicht vorgesehen ist![403] Zu beachten ist, dass entsprechende Eintragungen in den Frachtbrief generell nötig sind, wodurch eine alleinige Veränderung der Haftungshöchstsummen durch Einbeziehung von AGB nicht möglich ist.

[402] Vgl. *ebd.* S. 321 Rdnr. 143 f..
[403] Vgl. *ebd.* S. 416 Rdnr. 2.

2.8.2 Deutschland – grenzüberschreitend / Wasserstraße

So relativ unbedeutend dieser Verkehrssektor auch erscheinen mag, vermag die hier vorherrschende missliche Regelungssystematik doch zu verwundern. Doch gerade die mangelnde int. Bedeutung könnte ein Grund dafür sein, weshalb sich die vielzahligen, sehr traditionellen Interessengruppen noch nicht auf ein übergreifendes Regelwerk im Vorbild der CMR einigen konnten. Gegenwärtig regeln zwei Übereinkommen mit unterschiedlichen Geltungsbereichen und Zielsetzungen für Deutschland den int. Wasserstraßentransport:

CLNI[404] - Das Straßburger Übereinkommen von 1988 stellt u. a. aus frachtrechtlicher Sicht ein reines Haftungsbeschränkungssystem dar, welches im Nachgang zur Transportrechtsreform sogar zum Großteil in das heutige deutsche BinSchG eingebettet (*§§ 4,5 BinSchG*) wurde.[405] Dabei lehnt es sich eng an die Haftungsregularien aus der int. Seeschifffahrt (*Londoner HBÜ*) an, um hier zu einer weiteren Rechtsvereinheitlichung zu gelangen, die als sehr sinnvoll erachtet wird.[406] Es regelt demnach nicht die aus einem Frachtvertrag entstehenden Rechte und Pflichten der Vertragsparteien untereinander, wie es etwa die CMR vornehmen. Der Fokus liegt aus frachtrechtlicher Sicht gem. Art. 2 I a, b CLNI auf Güter- und Verspätungsschäden. Hiermit werden also auch die wichtigsten Schadensfälle des Frachtrechts anerkannt, die aber gem. Art. 6 I b CLNI allg. Haftungshöchstsätzen unterliegen. Primär hat das CLNI-Vertragswerk aber nicht die frachtrechtliche Haftungsbeschränkung im Blick, vielmehr geht es um den allg. Haftungsumfang für Schäden aller Art (*zur Anwendung und Bedeutung vgl. Kap. 3.3.1*)

Regelt dieses Binnenschifffahrtsabkommen schon nur einen Teilbereich des eigentlich relevanten Frachtrechts, wird die Bedeutung durch die Limitierung auf die Rhein-Anliegerstaaten zusätzlich stark eingeschränkt. In Deutschland wurde von der Möglichkeit des Art. 15 II CLNI Gebrauch gemacht und das ursprüngliche Anwendungsgebiet des Rheins und der Mosel auf alle nationalen Wasserstraßen erweitert.[407] Somit unterliegen also alle int. Binnengüterverkehre

---

404 Abk. (frz.): Convention de Strasbourg sur la limitation de la responsibilité en navigation intérieure (Straßburger Übereinkommen über die Beschränkung der Haftung in der Binnenschifffahrt) Vertragsstaaten **CLNI** - Stand August 2005 : Deutschland, Luxemburg, Niederlande und Schweiz. – Vgl. *EDA, Vertragsstaaten CLNI.*

405 Vgl. *Koller, Transportrecht* S. 779 Rdn. 1; Vgl. *TranspR - Thyes* S. 133.

406 Vgl. *Czerwenka* in TranspR Jhrg. 2005/04 S. 221 ff.: Globale Haftungsbeschränkung in der Binnenschifffahrt – Empfiehlt sich eine Revision der CLNI?.

407 Vgl. Anhang i - v – Originalkorrespondenz der deutschen Botschaft mit dem Generalsekretär der Zentralkommission der Rheinschifffahrt; vgl. Übertragung in das BinSchG in § 5 m Nr. 1; vgl. Gesetz

…

mit einem der CLNI-Vertragsstaaten der Haftungshöhenbeschränkung, bspw. auch auf dem Mittellandkanal. Das Problem der Schuldzuweisung an sich bleibt dagegen unberührt, weswegen eingangs also entweder die CMNI, allg. Vertragsbedingungen[408], oder noch immer die kollisionsrechtlichen Normen des IPR bemüht werden müssen.

CMNI[409] - Im Gegensatz zu dem CLNI ist das Budapester Übereinkommen vom 22.Juni 2001 ein echtes materiellrechtliches Normenwerk,[410] dessen Bestimmungen den grenzüberschreitenden Frachtvertrag weitergehender ordnen - und dies einheitlich. Es bestimmt wie das deutsche HGB den ordentlichen Frachtablauf und die Rechte und Pflichten der Vertragsparteien untereinander. Seine haftungsrechtliche Regelungsreichweite für Güterschäden beginnt mit Verladung der Güter und endet nach der Ladungslöschung vom Schiff gem. Art. 16 II CMNI. Dabei ist es den CMR-Bestimmungen im Regelungsumfang ähnlich. Es kennt ebenso wie die CLNI Haftungshöchstgrenzen (*vgl. Art. 20 CMNI*) und Ausschlusstatbestände für die Inan-spruchnahme der Haftungshöchstgrenzen (*vgl. Art. 21 CMNI*), jedoch verfolgt es hierbei eine andere Strategie. Es richtet die mögliche Haftungshöchstgrenze, ausgedrückt in SZR des IWF, für Güterschäden nach dem Gewicht der beschädigten Güter aus (*vgl. Art. 20 I,II CMNI*). Es folgt damit dem Beispiel des HGB, welches zwar grundsätzlich eine etwa vierfach höhere Haftungsgrenze vorsieht, welche aber auch den CMNI folgend auf 2 SZR je Kg heruntergeschraubt werden kann gem. § 449 II Nr.1 HGB. Anders als im HGB wird die Haftung des Frachtführers wegen Überschreitung der Lieferfrist nur auf den einfachen Frachtbetrag begrenzt, anstatt wie im allg. Frachtrecht auf das Dreifache.

Dem Vertragswerk der CMNI gehören mittlerweile 16 mittel- und osteuropäische Staaten an,[411] allerdings haben erst sechs Länder entsprechend den Vorgaben eine Ratifizierung vorgenommen. Dies reicht somit aus, um die CMNI seit 1. April 2005 gem. Art. 34 I CMNI Inkrafttreten zu lassen. Da die

---

zu dem Straßburger Übereinkommen vom 4.11.1988 über die Beschränkung der Haftung in der Binnenschifffahrt (CLNI) vom 6.8.1998, BGBl. II, S. 1643.

408 Vgl. *IVTB* (Internationale Verlade und Transportbedingungen in der Binnenschifffahrt).

409 Abk. (frz.): Convention de Budapest relative au contract de transport de marchandises en navigation interieure (Budapester Übereinkommen über die Beförderung von Gütern in der Binnenschifffahrt) Vertragsstaaten **CMNI** - Stand August 2005: Kroatien, Luxemburg, Rumänien, Schweiz, Frankreich und Ungarn – Vgl. *UNECE, Vertragsstaaten CMNI.*

410 Materiell-Rechtliche Normenwerke (HGB, BGB) regeln Tatbestände und Anspruchsgrundlagen im Gegensatz zu den prozess-rechtlichen Normenwerken (ZPO).

411 Vertragsstaaten **CMNI** ohne bislang erfolgte Ratifikation - Stand August 2005: Belgien, Bulgarien, Tschechien, Deutschland, Niederlande, Polen, Moldavien, Portugal, Slowakei, und Ukraine – Vgl. *EDA, Vertragsstaaten CMNI.*

Bundesrepublik Deutschland das Budapester Übereinkommen aber noch nicht ratifiziert hat, unterliegen nur Binnenschifffahrtsverkehre von und nach einem Ratifizierungsstaat mit Deutschlandbezug dem Übereinkommen. Dies bedeutet, dass eine Passage von Köln nach Kroatien durch die CMNI geregelt wird, da Kroatien bereits gem. Art. 33 II b CMNI ratifiziert hat und somit ein Vertragsstaat im Sinne des Art. 2 I CMNI ist. Verkehre mit der Slowakei unterliegen hingegen aufgrund der mangelnden Ratifizierung eines der beider Länder nicht den CMNI.

Insgesamt wird den CMNI aber eine große Zukunft prophezeit, weswegen es eine ähnliche große Bedeutung wie die CMR für die Straße, erlangen könnte. Auch in Deutschland wird eine Ratifizierung angestrebt, der politische Prozess ist jedenfalls schon weit fortgeschritten.[412] Somit werden die CMNI das binnenschifffahrtliche, int. Pendant zur CMR. Das haftungsrechtliche Verhältnis CMNI zu CLNI wird deshalb allenthalben vergleichbar sein zur Stellung zwischen HGB und BinSchG.

---

412 Vgl. *IVR, IVR Kongress 2005.*

2.8.3 Deutschland – grenzüberschreitend / Meere

Die Güterbeförderung mit Seeschiffen ist fast ausnahmslos int. Transport. Mit der Zunahme des Seeverkehrs aufgrund der Industrialisierung und des Aufkommens von dampf- und dieselgetriebenen Motorschiffen entstanden, zunächst in den großen Schifffahrtsnationen mit bedeutenden Handelsflotten, nationale Gesetze, die auf den Seefrachtverkehr besonders abstellten. Diese nationalen Gesetze waren jedoch von dispositiver Natur, sodass weiterhin in großem Maße Vertragsfreiheit vorherrschte, welche die aufstrebenden Reedereien nutzten, um ihre Haftung weitgehend einzuschränken. Die Vereinbarung von Haftungsbedingungen erfolgte normalerweise durch Ausstellung von sog. Konnossementen, in welche die Vertragsbedingungen abgedruckt waren – ähnlich wie bei AGB auf der Rückseite eines Kaufvertrags. Hier scheint bis heute ein Interessenkonflikt zwischen den Ladungsbeteiligten (*Absender und Empfänger*) und Verfrachter (*Schiffsreeder und Mieter*) zu bestehen. Insofern folgte auch die entsprechende, jeweilige Gesetzgebung den marktwirtschaftlichen Regeln, indem sie entweder günstige Haftungsregelungen für Reeder in Ländern mit einer starken Handelsflotte (*England / Niederlande / Deutschland*) erließ. Staaten mit einem ehemals hohem Importaufkommen und schwacher eigener Handelsflotte (*USA / Ozeanien*) beugten sich dagegen eher den strengeren Haftungswünschen ihre Importeure.[413] Dabei spielen die Konnossemente bis heute eine besondere Rolle. Sie stellen zwar in erster Linie keine eigenständigen schriftlichen Frachtverträge dar, doch berechtigen sie den Inhaber zum Besitz an der Fracht, indem sie das Eigentum an derselbigen nachweisen. Durch das Konnossement erwirbt der Empfänger als Eigentümer der Ware auch folgerichtig einen eigenständigen Anspruch auf Herausgabe der Güter sowie ggfs. Schadensersatzansprüche bei Transportschäden.

Die herausgehobene Bedeutung des Konnossements und die bereits erwähnten umfassenden Haftungsfreizeichnungen der Reeder führten dazu, dass nach dem ersten Weltkrieg Verhandlungen über ein Internationales Übereinkommen zur einheitlichen Feststellung von Regeln über Konnossemente aufgenommen und verabschiedet wurden. 1924 war die Geburtstunde der Haager Regeln (*Hague Rules*) - des ersten internationalen Regelwerkes über den Frachtvertrag für die Seeschifffahrt. Daraufhin folgten weitere Modifizierungen und Änderungen, die aber nicht von allen Mitgliedsstaaten ratifiziert wurden, sodass heute drei wesentliche Übereinkommen nebeneinanderher bestehen: Die Haager Regeln,

[413] vgl. *Rabe, Seehandelsrecht* S. 300 Rdn. 3.

Haager-Visby Regeln und die Hamburg-Regeln, welche einst eine komplette Reform des Konnossementenrechts bedeuten sollten. Neben diesen drei, z. T. konkurrierenden Übereinkommen zum Frachtvertrag, gilt auch weiterhin noch das nunmehr geänderte Londoner Haftungsbegrenzungs-Übereinkommen (*LondHBÜ*) von 1976, in der Fassung von 1996.[414] Es ist das haftungsrechtliche Spiegelbild – allerdings die Urform – der CLNI und der §§ 4 -5 m BinSchG. Deswegen kann an dieser Stelle auf die jew. Erläuterungen (*CLNI vgl. Kap. 3.4.2 ; BinSchG vgl. Kap. 3.3.1*) bez. des Sekundärhaftungsrechts für technisches und nautisches Verschulden verwiesen werden. Es sei nur anzumerken, dass der Trend in dieser Sondersparte der Haftungsbegrenzung in Richtung Anhebung der Haftungshöchstgrenzen zeigt – ganz im Sinne der Auftraggeber von Transporten.[415]

Haager Regeln[416] – Dieses den int. Seefrachtvertrag indirekt regelnde Vertragswerk ist der Urvater aller weiteren Übereinkommen. Es regelt gem. Art. 10 mit: „The provisions of this convention shall aplly to all bills of lading issued in any of the contracting States.“, dass dieses Übereinkommen für Konnossemente gilt, die in einem der Vertragsstaaten ausgestellt wurden – darum indirekt. Garantiert wird eigentlich nur die Anwendung gesetzlicher Mindeststandards. Deutschland unterzeichnete im Jahre 1924 die Haager Regeln, ratifizierte sie zwar nicht, bettete sie 1940 aber in das HGB ein.[417] Die Haager Regeln konzentrieren sich im Wesentlichen auf die überseeische Stückgutbeförderung, weil in diesem Bereich damals schon das Konnossement als Traditionspapier[418] für die Abwicklung des Zahlungsverkehrs zwischen

---

414 Vertragsstaaten (konsolidiert) **LondonHBÜ 1976** – Stand 31.5.2005: Bahamas, Barbados, Belgien, Benin, China, Kroatien, Dom-Rep, Ägypten, Äquatorial Guinea, Estland, Frankreich, Georgien, Griechenland, Guayana, Indien, Irland, Japan, Lettland, Liberia, Marschall Inseln, Mauritius, Mexiko, Niederlande, Neuseeland, Norwegen, Polen, Sierra Leone, Schweiz, Tongo, Trinidad und Tobago, Türkei, Vereinigte Arabische Emirate, Yamuato , Jemen – Vgl. *IMO, LondHBÜ* S. 284 – 287 & *IMO, LLMC Circular Titles.*
Vertragsstaaten (konsolidiert) **LondonHBÜ 1996** – Stand 31.05.2005: Australien, Dänemark, Finnland, Deutschland, Norwegen, Russland, Sierra Leone, Tonga, Großbritannien, Samoa, Santa Lucia, Albanien, Spanien – Vgl. *IMO, LondonHBÜ* S. 294 f. & *IMO, LLMC Circular Titles.*

415 Vgl. Art. X Londoner HBÜ mit Art. 7 *Londoner HBÜ Änderung.*

416 Vertragsstaaten (konsolidiert) **Haager Regeln** - Stand 2002 (ca.): Bolivien, Kamerun, Kapverden, Macao, Zypern, *Deutschland*, Dom-Rep, Fidschi, Frankreich, Gambia, Ghana, Goa, Grenada, Guyana, Guinea, Ungarn, Iran, Irland, Israel, Elfenbeinküste, Jamaika, Kenia, Kiribati, Kuwait, Madagaskar, Mauritius, Malaysia, Monaco, Mosambik, Nigeria, Papua Neu Guinea, Paraguay, Peru, Portugal, Sao Tomé und Principe, Senegal, Seychellen, Sierra-Leone, Singapur, Slowenien, Salomonen, Somalia, Spanien, Sri-Lanka, Tansania, Timor, Tonga, Trinidad und Tobago, Türkei, Anquilla, USA, Zaire – Vgl. *CMI, Status of Ratifications Haager Rules.*

417 Vgl. *Rabe, Seehandelsrecht* S. 300 Rdnr. 4 – Seefrachtgesetz (SFrG) vom. 5.12.1939 RGBl I 2501.

418 Ein Traditionspapier (Konnossement / Frachtbrief / Lagerschein) verbrieft den Anspruch des Empfangsberechtigten gegenüber den Reeder / Frachtführer / Lagerhalter auf Übergabe der Güter. Es …

Käufer und Verkäufer regen Anklang fand. Der ehrliche Käufer (*Empfänger*), welcher bei Erhalt des Konnossements den Kaufpreis begleicht, sollte durch die Haager Regeln besser geschützt werden. Denn bislang hatte er zwar eigene (*Schadensersatz-*) Ansprüche aus dem Konnossement, doch was damit anfangen, wenn der Transporteur seine Haftung größtenteils in eben diesem weitreichend ausschloss? Hier waren die Haager Regeln nicht nur sprichwörtlich Gold wert, denn sie ließen es gem. Art. 7 § 7 nicht zu, dass dem Haager Übereinkommen unterlaufende, nachteilige Haftungsregeln aus Sicht von Absender und Empfänger zum Zuge kommen. Die andere Richtung der Haftungsverschärfung für den Verfrachter steht aber nach Art. 5 den Vertragspartnern zu. Der Ausschluss der etwaig anwendbaren, globalen Haftungsbeschränkung des LondHBÜ kann aber gem. Art. 8 nicht vereinbart werden.

Die aus einem normalen Landfrachtvertrag bekannten Rechte und Pflichten der einzelnen Beteiligten werden nur angeschnitten und somit auf das Nötigste beschränkt, um dem Prinzip der Vertragsfreiheit gerecht zu werden. So ist es bspw. gem. Art. 3 § 1 die Pflicht des Verfrachters, für ein ladungs- und seetüchtiges Schiff zu sorgen. Diese, aus Perspektive der Landtransportunternehmer, sehr rudimentäre Bestimmung, war damals ein Novum in der Seeschifffahrt, weil nicht selbstverständlich. Gem. Art 3 § hat der Verfrachter (*Frachtführer*) die Ladung und Löschung der Güter vorzunehmen, was ebenfalls eine seerechtliche Besonderheit darstellt. Desweiteren hat der Verfrachter dem Absender (*Ablader*) gem. Art. 3 § 3 bei Übergabe der Güter ein den Erfordernissen entsprechendes Konnossement auszustellen. Da die Konnossementsausstellung ohnehin die Eingangsvoraussetzung zur Einbeziehung der Haager Regeln ist – wenigstens im int. Bereich, wird diese Pflicht sowieso i. d.R als erstes erfüllt.[419] Weitere Regelungen, etwa Informationspflichten usw. bleiben dem eigentlichen Frachtvertrag vorbehalten.

Im SHR gilt grundsätzlich das Prinzip der Verschuldenshaftung mit umgekehrter Beweislast gem. Art 4 § 2 Buchstabe q, welche zugleich gem. Art 3 §§ 3, 8 eine Obhutshaftung darstellt. Das heißt, dass der Verfrachter von dem Zeitpunkt der Ladung bis zur Löschung verantwortlich für den Zustand der Waren ist. Hierdurch haftet er zunächst für Schäden, die in diesem Zeitraum entstanden sind und die er verschuldet hat – allerdings unter Einhaltung der

---

419 hat grds. die Funktion eines Übergabesurrogates. – Vgl. *Köst, Juristisches Wörterbuch* S. 611. Zur Konnossementpflicht vgl. Kap 3.3.2 – Küstenschifffahrt.

Höchsthaftungssätze des Art 4 § 5 der Haager Regeln. Hiernach haftete der Verfrachter bis zu einer Höhe von 100 Pfund Sterling pro defektes oder verlorenes Packstück (*Vgl. Kap. 3.2.1 - CMR*). Dieser Betrag stellt die gesetzliche Mindesthaftung dar, die natürlich auch individuell durch Angabe im Konnossement erhöht werden kann, wobei man dann von einer Skripturhaftung spricht.

Die Haager Regeln sehen in Art. 4 §§ 1,2 zum Vorteil des Verfrachters jedoch ausdrücklich vor, dass er für Tatbestände wie unverschuldete Seeuntüchtigkeit oder Nachlässigkeit des Schiffers sowie seiner Leute, die Haftung gänzlich ausschließen kann.

Haager-Visby Regeln[420] – 1967 begann eine Kommission Vorschläge zu erarbeiten, inwiefern man die noch offenen Punkte der Haftungssumme und des Geltungsbereich der Haager Regeln künftig gestalten könnte, bis schließlich 1968 die Visby Regeln verabschiedet wurden. Da sie ein Zusatzabkommen zu den Haager Regeln sind, heißen sie nun in der konsolidierten Fassung die Haager-Visby Regeln (*H-VR*). Deutschland scheute sich erneut das Abkommen zu ratifizieren, da es Interesse an den Hamburg-Regeln hatte. Eine Ratifizierung wäre der Vorentscheid zugunsten der H-VR gewesen.[421] So entschied man sich in Deutschland notgedrungen dazu, die H-VR durch das zweite Seerechtsänderungsgesetz von 1986 in das HGB zu integrieren. Ganze 19 Jahre später! Nötig war dieser Schritt, weil man nicht mehr die Augen vor den damaligen Problemen mit den Haager Regeln verschließen konnte.

Die Schifffahrt hatte sich mittlerweile gewandelt. Immer häufiger bedienten große Containerschiffe die Weltmeere und die Haager-Regeln führten zwangsläufig durch ihre veralterte Packstückhaftung zu zweifelhaften Ergebnissen. Nach den Haager Vorschriften wurden nämlich ganze Container wie einzelne Packstücke behandelt, was große Vorteile für die Verfrachter hinsichtlich der Haftung bedeutete. Aus Fairnessgründen bedeuten die H-VR einen echten Fortschritt, da der Anspruchsberechtigte nun die Wahl hat, ob er sich auf die Packstücke (*Container*) oder auf Basis des beschädigten Güter in Kilogramm bei der Festlegung der Haftungshöchstsumme berufen möchte. Ab einem durchschnittlichen Containernettogewicht von ca. 350 Kg ist es für den

---

420 Vertragsstaaten (konsolidiert) **H-VR** Stand 2002 (ca.): Belgien, Dänemark, *Deutschland*, China, Hongkong, Kroatien, Ecuador, Ägypten, Finnland, Frankreich, Georgien, Griechenland, Italien, Libanon, Niederlande, Norwegen, Polen, Russland, Singapur, Sri-Lanka, Schweden, Schweiz, Syrien, Tonga, Großbritannien – Vgl. *CMI, Status of Ratifications H-VR.*

421 Vgl. *Rabe, Seehandelsrecht* S. 300 Rdnr. 4.

Geschädigten nun sinnvoller, die Haftungshöchstsumme des Verfrachters auf Kilogrammbasis ermitteln zu lassen.

Bedeutend wurde auch der Art. 4 bis. § 4 der H-VR, da hierdurch klargestellt wurde, dass sich die Schiffscrew des Verfrachters nicht auch noch für qualifiziertes Verschulden (*Absicht oder besondere Leichtfertigkeit*) bei der Schadensherbeiführung exkulpieren kann. Effektiv bedeutet dies, dass der Geschädigte (*Absender oder Empfänger*) entweder seinen kompletten Schaden - bei Vorliegen von qualifizierten Verschulden des Verfrachters gem. Art 4 bis. § 1 - oder gar nichts erstattet bekommt! In allen übrigen, von Art. 4 §§ 1,2 unberührten Sachlagen (*Seetüchtigkeit, unerlaubte Handlungen, Nachlässigkeit*), erhält er folgerichtig den kompletten Wertersatz bei qualifizierten Verschulden oder aber zumindest den haftungsbeschränkten Betrag des Art 4 § 5 H-VR.

Daneben musste die noch in Pfund-Sterling ausgedrückte Währungseinheit der Haager-Höchsthaftung auf die virtuelle Währung der SZR des IWF umgestellt werden, weil mittlerweile die Goldpreisbindung an den US-Dollar entfiel. Der Pfund-Sterling war hierdurch keine brauchbare Größe mehr, um als Umrechnungsgröße zu dienen.

Hamburg-Regeln[422] – 1978 wurden in Hamburg anlässlich einer diplomatischen Seerechtskonferenz der vereinten Nationen die sog. Hamburg-Regeln statuiert und 1992 nach der zwanzigsten Ratifizierung durch Sambia inkraftgetreten. Das ein Entwicklungsland des Seehandels für das Inkrafttreten durch Ratifizierung sorgte, ist kein bloßer Zufall, sondern die Regel bei diesem Übereinkommen, denn ihm bleiben die großen Seehandelsnationen bisher fern. Dies ist aus heutiger Sicht recht misslich, wurden doch noch verbliebene Schwachstellen der H-VR verbessert. So ist es nach dem Hamburger Regeln auch nicht mehr erforderlich, dass in jedem Fall ein Konnossement ausgestellt wird. Für eine Einbeziehung der Hamburg Regeln reicht deshalb auch schon ein Seefrachtbrief gem. Art. 2 aus. Echte, für den Verfrachter haftungsverschärfende Auswirkungen hat die Bestimmung des Art. 6, der die Haftungshöchstgrenze der H-VR um ca. 25 Prozent von 2 auf 2,5 SZR pro kg. bzw. von 666,7 auf 835 SZR pro Packstück anhebt. Auch zu erwähnen ist die Neuregelung der Über-Deck / Unter-Deck Vorschriften der H-VR. Klammerten die H-VR noch größtenteils

[422] Vertragsstaaten **Hamburg-Regeln** - Stand 31.12.2002: Österreich, Barbados, Botswana, Burkina Faso, Kamerun, Chile, Slowakei, Tschechien, Ägypten, Gambia, Guinea, Ungarn, Jordanien, Kenia, Libanon, Lesotho, Malawi, Marokko, Nigeria, Rumänien, Sankt Vincent, Senegal, Syrien, Sierra Leone, Tansania, Tunesien, Uganda, Sambia– Vgl. *CMI, Status of Ratifications Hamburg Rules 1978.*

ihre Geltung für Über-Deck verladene Güter gem. Art. 1 lit c. H-VR aus, werden sie nun ebenfalls einbezogen.[423] Vielmehr erhalten sie durch Art. 9 Hamburg-Regeln ihren eigenen Raum im Vertrag zuerkannt.

Naturgemäß ist die Frage des auf die Güterbeförderung anzuwenden Rechts bei drei konkurrierenden, inter. Fracht- und Konnossementregelwerken besonders wichtig, denn hiernach bestimmen sich die Haftungshöhen, etc.. Doch zunächst soll die nachstehende Tabelle dazu dienen, den Blick für die internationale Bedeutung der einzelnen Übereinkommen zu schärfen.

<table>
<tr><th></th><th>Anteil in %</th><th>Haager Regeln</th><th>H-VR</th><th>Hamburg Regeln</th><th>LondHBÜ 1976</th><th>LondHBÜ 1996</th></tr>
<tr><td>Griechenland</td><td>19,5</td><td></td><td>👍</td><td>👎</td><td>👍</td><td></td></tr>
<tr><td>Japan</td><td>13,6</td><td>👍</td><td></td><td>👎</td><td>👍</td><td></td></tr>
<tr><td>Norwegen</td><td>7,6</td><td></td><td>👍</td><td>👎</td><td></td><td>👍</td></tr>
<tr><td>China</td><td>5,7</td><td></td><td>👍</td><td>👎</td><td colspan="2">👍</td></tr>
<tr><td>USA</td><td>5,5</td><td>👍</td><td></td><td>👎</td><td colspan="2">👎</td></tr>
<tr><td>Deutschland</td><td>5,3</td><td></td><td>👍</td><td>👎</td><td></td><td>👍</td></tr>
<tr><td>Hongkong</td><td>4,9</td><td></td><td>👍</td><td>👎</td><td></td><td>👍</td></tr>
<tr><td>Korea</td><td>3,3</td><td colspan="2">👎</td><td>👎</td><td colspan="2">👎</td></tr>
<tr><td>Taipeh (China)</td><td>2,9</td><td></td><td>👍</td><td>👎</td><td></td><td>👍</td></tr>
<tr><td>Singapur</td><td>2,5</td><td></td><td>👍</td><td>👎</td><td colspan="2">👎</td></tr>
<tr><td>Großbritannien</td><td>2,3</td><td></td><td>👍</td><td>👎</td><td></td><td>👍</td></tr>
<tr><td>Dänemark</td><td>2,1</td><td></td><td>👍</td><td>👎</td><td></td><td>👍</td></tr>
<tr><td>Russland</td><td>2,1</td><td></td><td>👍</td><td>👎</td><td></td><td>👍</td></tr>
<tr><td>Italien</td><td>1,6</td><td></td><td>👍</td><td>👎</td><td colspan="2">👎</td></tr>
<tr><td>Saudi Arabien</td><td>1,4</td><td colspan="2">👎</td><td>👎</td><td>👍</td><td></td></tr>
<tr><td>Indien</td><td>1,4</td><td colspan="2">👎</td><td>👎</td><td>👍</td><td></td></tr>
<tr><td>Türkei</td><td>1,2</td><td>👍</td><td></td><td>👎</td><td>👍</td><td></td></tr>
<tr><td>Niederlande</td><td>0,9</td><td></td><td>👍</td><td>👎</td><td>👍</td><td></td></tr>
<tr><td>Iran</td><td>0,9</td><td>👍</td><td></td><td>👎</td><td colspan="2">👎</td></tr>
<tr><td>Schweiz</td><td>0,9</td><td></td><td>👍</td><td>👎</td><td>👍</td><td></td></tr>
<tr><td>Gesamt in %</td><td>85,6
↳100</td><td>11 %</td><td>82 %</td><td>0 %</td><td>35 %
41 %</td><td>27 %
32 %</td></tr>
</table>

Tab. 2.4: Marktdurchdringungsrate der seerechtlichen Übereinkommen[424]

Die zwanzig größten schifffahrtstreibenden Nationen bilden mit einem Anteil von 85 Prozent am Gesamtmarkt fast ihre gesamte Branche ab, dies jedenfalls repräsentativ. Auffällig ist zunächst, dass keines dieser Länder bislang den Hamburger Regeln beigetreten ist. Die absolute Vormachtstellung genießen mittlerweile die H-VR, die von gut 80 Prozent der schifffahrtsintensiven Länder,

---

[423] Vgl. *Rabe, Seehandelsrecht* S. 802 Rdnr. 5.

[424] Vgl. *ISF, Top 20 beneficial owner countries;* Vgl. *IMO, LondHBÜ S. 284 – 287, 294 f. & IMO, LLMC Circular Titles;* Vgl. *CMI, Status of Ratifications Hamburg Rules 1978;* Vgl. *CMI, Status of Ratifications H-VR;* Vgl. *CMI, Status of Ratifications Haager Rules.*

u. a. auch von Deutschland, angewendet werden. Mit diesen Staaten fällt die Rechtswahl recht leicht. Gem. Art 10 H-VR gelten die H-VR für jedes Konnossement, dass zumindest in einem H-VR Vertragsstaat ausgestellt oder die Anwendung extra vereinbart wurde. Deutschland setzt diese Regel spiegelbildlich durch Art. 6 EGHGB i. V. m. § 662 HGB (*deutsches Konnossementrecht*) um.[425]

Nur Japan, USA, die Türkei und Iran konnten sich bislang nicht durchringen, von den Haager Regeln auf die H-VR oder gar auf die Hamburger-Regeln umzusteigen. Für diese Fallkonstellationen mit Deutschlandbezug kommen noch die Haftungsregelungen der Haager Regeln *(§ 662 HGB ohne kg-Haftung und Regressregelung*) zur Geltung, denn dies ist durch Art. 6 II Nr. 1 EGHGB noch ausdrücklich vorgesehen.[426]

Für Staaten wie Korea, Indien und Saudi-Arabien, die keinerlei Abkommen beigetreten sind, gelten gem. § 6 I Nr. 2 Var. 3 EGHB für alle Verkehre die H-VR.

Güterbeförderungen mit Staaten der Hamburger-Regeln, die allerdings sehr selten sind, werden über das jeweils geltende IPR an die nationalen Gesetze verwiesen, wenn im Konnossement vorher keine eindeutige Rechtswahl getroffen wurde.[427]

Die Geltung der in vielen Staaten darüber hinaus geltenden Schiffseigner-Haftung des LondHBÜ wird durch die drei Abkommen (*Haager Regeln – Art 8, H-VR – Art 8; Hamburger Regeln – Art 25 I*) weder berührt noch eingeschränkt sondern ausdrücklich anerkannt. Nach obiger Repräsentativtabelle wird diese Art der zweiten Haftungsbeschränkung von gut 70 Prozent der Staaten akzeptiert, was sich übrigens auch mit den Erfahrungen auf dem gesamten Weltmarkt deckt.[428]

---

425 Vgl. *Rabe, Seehandelsrecht* S. 794 ff. .
426 Vgl. *ebd.* S. 800 f.
427 Vgl. *ebd.*
428 Vgl. *IMO, Summary of Conventions.*

2.8.4 Deutschland – grenzüberschreitend / Schiene

Die Regelung des internationalen Schienentransports folgt bereits einer langen Tradition. Vor über 115 Jahren im Jahre 1890 wurde das Berner Übereinkommen zur Regelung des internationalen Personen und Güterschienenverkehr statuiert. Nach und nach fanden kleinere Änderungen Eingang in dieses Abkommen.[429] In der Nachkriegszeit des ersten Weltkrieges wurde es sogar in den damaligen Pariser Vorortverträgen (*Art. 365 – 370 Versailer Friedensvertrag*) ausdrücklich anerkannt.

CIM 1980[430] - Die Moderne im internationalen Güterbahnverkehr wurde 1980 mit dem COTIF-Abkommen der zwischenstaatlichen Organisation OTIF[431] eingeläutet. Inkraftgetreten ist es 1985 und gilt bis heute noch – Stand August 2005 - in allen europäischen sowie einigen nordafrikanischen und vorderasiatischen Ländern. Zwischenzeitlich wurden die CIM im Jahre 1990 durch ein Änderungsprotokoll etwas modernisiert. Inhaltlich gliedert es sich in zwei Anhänge – den Anhang A: ER CIV und dem für die Güterbeförderung geltenden Anhang B, den ER CIM. Zu den CIM-Bestimmungen gehören in Form von Anlagen die RID (*gefährliche Güter*), RIP (*Privatwagen*), RICo (*Containern*), und RIEx (*Expressgut*), die jeweils Regelungen für ihre Sonderbereiche schaffen.

Im Bahnverkehr gilt bislang die Regel, dass nicht jede zwischenstaatliche Güterbeförderung automatisch den CIM-Bestimmungen unterliegt, vielmehr müssen transportrechtliche Spezialkriterien erfüllt werden. Die Voraussetzungen für die Anwendung der CIM sind in ihr niedergeschrieben:

Anwendungsbereich Art. 1 §1 CIM – Das Abkommen kann nur für Verkehre zwischen zwei COTIF-Mitgliedstaaten verwandt werden. Beförderungen, bei denen nur ein Mitgliedsstaat berührt wird, unterliegen somit nicht den CIM. Ausnahmeregelungen gelten für Durchgangsverkehre gem. Art. 2, welche aber für Deutschland keine Relevanz haben dürften. Abweichend von den übrigen

---

429 Vgl. *Koller, Transportrecht* S. 1570 Rdnr. 1.

430 Abk. (frz.): Convention relative aux transports internationaux ferroviaires du 9 mai 1980 (COTIF) - Règles uniformes concernant le contrat de transport international ferroviaire des marchandises (CIM) Vertragsstaaten **COTIF/CIM 1980** - Stand 01.08.2005: Albanien, Algerien, Belgien, Bosnien-Herzegowina, Bulgarien, Dänemark, Deutschland, Finnland, Frankreich, Griechenland, Großbritannien, Irak, Iran, Irland, Italien, Jugoslawien, Kroatien, Lettland, Libanon, Liechtenstein, Litauen, Luxemburg, Marokko, ehem. Mazedonien, Monaco, Niederlande, Norwegen, Österreich, Polen, Portugal, Rumänien, Schweden, Schweiz, Slowakei, Slowenien, Spanien, Syrien, Tschechische Republik, Tunesien, Türkei, Ukraine und Ungarn – vgl. *OTIF, Vertragsstaaten 1980*.

431 Abk. (frz.): Organisaion Intergouvernementale pour les Transports Internationaux Ferroviaires.

Abkommen führt eine Passage durch einen Nichtmitgliedstaat zur gänzlichen Unanwendbarkeit der CIM, auch wenn Start und Zielort in zwei verschiedenen CIM-Vertragsstaaten liegen.[432]

Frachtbrief Art. 11 – 13 CIM – Dem Frachtbrief kommt bei Bahnbeförderungen eine ganz besondere Rolle zu. Er ist sozusagen Dreh- und Angelpunkt des Frachtgeschehens durch den erst der Frachtvertrag besiegelt wird. Hiermit beschreitet die OTIF einen anderen Weg als es in im SHR mit den Konnossementen üblich ist, in dem sich die Regeln direkt um das Konnossement (*Frachtbrief*) drehen, erreicht damit aber prinzipiell dasselbe: Der Frachtbrief ist eine Vorraussetzung für die Einbeziehung des Abkommens. Hierdurch ist ein Frachtvertrag nach den CIM nicht als Konsensualvertrag, der durch bloße Vereinbarung zustande kommt einzustufen, sondern eher ein Formal- wie Realvertrag.[433] Dieser bedarf nämlich zum Abschluss noch der Auflieferung der Güter am Versandbahnhof und der Übergabe des Frachtbriefs zur Beförderung, sozusagen als Vertragsangebot des Absenders, zu den Bedingungen des Frachtvertrags. Der formelle Akt der Gegenstempelung des Frachtbriefes hat nicht nur eine Beweisfunktion für spätere Schadens- und Reklamationsfälle sondern zeigt auch die Annahme des Frachtvertrages an. Durch diese drei Vorgänge gilt ein CIM-Vertrag als geschlossen.[434] Besonders bei der Frachtbrieferstellung ist darauf zu achten, dass für jede Wagenladung ein Frachtbrief erstellt wird, was auch bei dem Transport von Massensendungen (*Kohle, Erze*, ..) gilt. Dieses Erfordernis hat bahntechnisch organisatorische Gründe, da die Züge beim Frachtlauf geteilt werden könnten und so eine spätere Verzollung und Zuordnung gewahrt bleibt. Ferner ist darauf zu achten, dass der Frachtbrief in mindestens zwei Sprachen und in fünffacher Ausfertigung erstellt wird, wobei die jeweiligen Eisenbahnen offizielle Musterformulare vorgeben.[435]

Linien Art. 1 § 1 CIM i. V. m. Art. 2,3,10 COTIF – Die Beschränkung auf sog. Linien (*Eisenbahnstrecken*) ist die wohl ungewöhnlichste Einschränkung des Anwendungsbereiches eines int. Abkommens. Erklären lässt sie sich aus den wirtschaftlichen und technischen Gegebenheiten des Bahnverkehrs durch die bislang staatlich geführten Bahngesellschaften mit Monopolcharakter. Hierbei ist zu bedenken, dass es sich bei dem Bahnverkehr nicht um einen sich selbst regelnden Verkehrsträger handelt, da die Verkehrssteuerung ähnlich wie im

---

432 Vgl. *Koller, Transportrecht* S. 1573 Rdnr. 4.
433 Im Gegensatz dazu CMR-Beförderungsvertrag.
434 Vgl. *Koller, Transportrecht* S. 1585 Rdnr. 1-3.
435 Vgl. *Wieske, Transportrecht schnell erfasst* S. 252 .

Luftverkehr, zentral im Hintergrund geschieht. Eine Bündelung auf wichtige Handelslinien war deshalb schon aufgrund der damaligen technischen wie personellen Ausstattung der Koordinierungsstellen geschuldet, wobei natürlich auch nationale wirtschaftliche Interessen eine Rolle spielen.

Neben den in den CIM getroffenen Aussagen bezüglich der Rechte und Pflichten der Vertragsparteien ist natürlich die Frage der Haftung von vorrangigem Interesse.

Hinsichtlich der Rechte und Pflichten der Eisenbahn als Frachtführer und des Absenders gibt es bis auf eine Ausnahme eigentlich nur kleinere Abwandlungen zum CMR-Reglement. Da die Staatsbahnen bisher über eine Monopolstellung verfügten und die Beförderungsentgelte (*Tarife*) größtenteils gem. Art. 6 CIM nicht verhandelbar sind, musste ein ausgleichendes Element geschaffen werden, dass ein klein wenig diesen großen Nachteil für den Absender aufwog: Die Beförderungspflicht der Eisenbahn. Nach Art. 3 § 1 CIM sind die Eisenbahnen verpflichtet, alle als Waggonladung aufgegeben Güter gemäß den Rechtsvorschriften umgehend zu befördern. Dies ist einmalig in der Transportbranche!

Auch bezüglich der Haftungsvorschriften lehnen sich die CIM relativ eng an die CMR und das allg. deutsche Frachtrecht an. So gilt primär das Prinzip der Obhutshaftung, nach welcher die Bahn gem. Art. 36 § 1 CIM für alle Schäden haftet, die in der Zeit von der Anlieferung bis zur Ablieferung, entstanden sind.[436] Liegt das Verschulden klar auf Seiten des Absenders, ist die Bahn nach Art. 36 § 2 CIM von jeglicher Haftung befreit. Auch kennen die CIM besondere (*Beweisvermutung zu Gunsten der Bahn gem. Art. 37 § 2 CIM*) wie allg. Haftungsbefreiungsgründe (*Beweislast bei der Bahn gem. Art. 37 § 2 CIM*), die ganz ähnlich dem deutschen Frachtrecht abgehandelt werden. Ein außerordentliche Sonderbefreiung wird allerdings bei normalem Schwund gem. Art. 41 CIM den Bahnbetriebenen zugestanden, wenn dieser zwischen ein und zwei Prozent an der Gesamtsendung beträgt.

Das ursprünglich ausdifferenzierte Verschuldenssystem mit einer Unterscheidung von grober Fahrlässigkeit und Vorsatz wurde im Gleichklang zu anderen int. Normen durch das Änderungsprotokoll von 1990 vereinfacht. Nunmehr gilt analog Art. 29 CMR und § 435 HGB, dass bei Vorliegen von qualifizierten Verschulden unbeschränkt gehaftet werden muss. In Fällen des einfachen Verschuldens kommen demnach die Höchsthaftungssätze der Art. 40

[436] Vgl. *WKÖ, Die internationale Eisenbahngüterbeförderung* S. 7.

ff. CIM in Betracht, wonach für verlorene oder beschädigte Güter 17 SZR je kg zu ersetzen sind. Für aus Lieferfristüberschreitungen resultierende Folgeschäden ist höchstens das Vierfache der ursprünglichen Fracht anzusetzen.

CIM 1999[437] – Mit der fortschreitenden Liberalisierung der Transportmärkte ergibt sich auch die Notwendigkeit der Entstaatlichung der nationalen Bahngesellschaften im Sinne des Wettbewerbs. Hier sind die Bemühungen dahingehend, eine weitgehende Trennung von Bahninfrastruktur und operativen Bahnbetrieb herbeizuführen.[438] Diesem Umstand will die neue CIM-Version Rechnung tragen. Bei der COTIF / CIM 1999 handelt es sich nicht um eine kleine Änderung in Detailfragen, sondern um die größte Umwälzung des Bahnrechtes, mit allerdings überschaubaren Konsequenzen für das eigentliche Frachtgeschäft. Nach Art. 6 § 5 COTIF müssen zwei Drittel der Mitgliedsstaaten die neuen Bestimmungen annehmen, um die CIM 1980 abzulösen, wobei hierzu mittlerweile nur noch zwei Länder fehlen. Mit dem Inkrafttreten kann also in allernächster Zeit gerechnet werden. Neben zwei großen Änderungen aus frachtrechtlicher Sicht wurde außerdem das Liniensystem,[439] und der Frachtbriefzwang aufgehoben. Ferner wird der räumliche Anwendungsbereich der CIM dermaßen ausgeweitet, dass nun auch int. Beförderungen mit Nichtvertragsstaaten der CIM unterstehen können, sofern dies frachtvertraglich vereinbart ist.[440]

Konsensualvertrag Art. 6 – Der Umbruch im Bahngewerbe führt dazu, dass sich der Markt zumindest in Teilbereichen hin zu einem Oligopol entwickeln wird. Wegen dieser Entwicklungen ist auch der bahnseitig bisher gültige Abschlusszwang nicht mehr zu rechtfertigen, da die Auftraggeber nun theoretisch auch andere Bahnunternehmen beauftragen können. Um den Wettbewerb zwischen den Bahngesellschaften stärker zu fördern, werden größtenteils die Bahntarife gekippt, wodurch die individuellen Vereinbarungen des Frachtvertrages in den Vordergrund rücken.[441] Infolgedessen musste auch der Charakter des Frachtvertrages geändert werden, der nun wie bei vielen anderen int. Abkommen konsensueller Natur ist, das heißt, es kommt auf den

---

437 Vertragsstaaten **COTIF/CIM 1999** - Stand 01.08.2005: Albanien, Algerien, Bulgarien, Dänemark, Deutschland, Finnland, Iran, Kroatien, Liechtenstein, Litauen, ehem. Mazedonien, Monaco, Niederlande, Norwegen, Österreich, Polen, Portugal, Rumänien, Schweiz, Slowakei, Slowenien, Spanien, Syrien, Tschechische Republik, Tunesien und Ungarn – vgl. *OTIF, Vertragsstaaten 1999*

438 Diese Bemühungen betreffen mannigfaltige Bereiche, die Umsetzung wurde bisher durch die Bundesregierung forciert – vgl. *BMVBW, Bahnreform.*

439 Vgl. *OTIF, Rechtsgrundlagen und Zielsetzung der Revision* Rdnr. 27.2.9; Rdnr. 29.2.

440 Vgl. *WKÖ, Die internationale Eisenbahngüterbeförderung* S.6.

441 Vgl. *OTIF, Rechtsgrundlagen und Zielsetzung der Revision* Rdnr. 29.

übereinstimmenden Parteiwillen der Vertragspartner an. Diese Stärkung des Frachtvertrags geht einher mit einer Schwächung des Frachtbriefzwanges, welcher sich zu einem Frachtbriefgebot wandelt. Die Beweisfunktion der Frachtbriefurkunde bleibt allerdings unbestritten und vonnöten.

Haftungsfolgen aufgrund Bahnreform – Die Trennung von Bahnnetz und des Betriebs macht eine Neuregelung der Beziehung zwischen Beförderer (*Frachtführer*) und Infrastrukturanbieter unumgänglich, da der Schienenverkehr sich aus technischen Gründen nicht sich selber überlassen sein kann, wie bei anderen Verkehrsträgern.[442] Daher ist es für den Beförderer zunächst obligatorisch, einen entsprechenden Nutzungsvertrag mit dem Netzbetreiber abzuschließen, um Güterbeförderungen nach den CIM überhaupt durchzuführen.[443] Die Regelungen zu diesem Nutzungsvertrag werden fortan in den neuen ER CUI festgeschrieben, die neben den CIM und CIV als Anhang des COTIF Abkommens bestehen. Da einem Frachtvertrag zwischen Absender und Beförderer auch immer ein Nutzungsvertrag zwischen Beförderer und Netzanbieter zugrunde liegt, kann dies auch Konsequenzen für die Beziehung zwischen Absender und Netzanbieter haben:

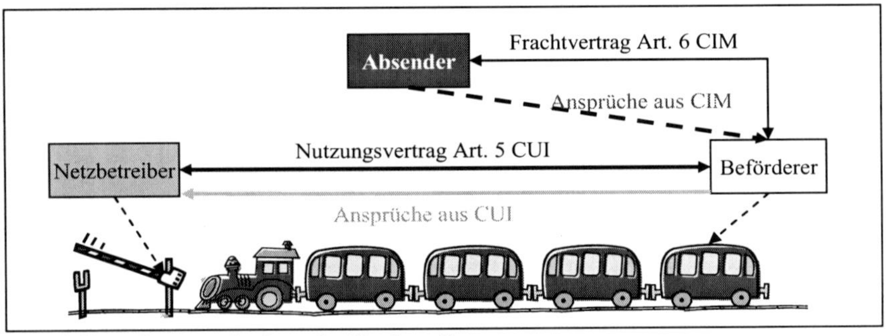

Abb. 2.41: Inanspruchnahme des Netzbetreibers

Da künftig nun nicht mehr wie bisher die althergebrachte, obligatorische Haftungsgemeinschaft aus Beförderer und Netzbetreiber gemeinsam haftet, muss der Beförderer im Innenverhältnis besser gestellt werden.[444] Der Beförderer haftet dem Absender aus den CIM auch für den durch seinen Netzbetreiber (*Erfüllungsgehilfe gem. Art. 40 CIM*) verursachten Schaden direkt, da sich der Absender aufgrund mangelnder Vertragsgrundlage nicht an den

442 Vgl. *ebd.* Rdnr. 12.
443 Vgl. *ebd.* Rdnr. 32.
444 Vgl. *WKÖ, Die internationale Eisenbahngüterbeförderung* S. 7.

Netzbetreiber halten kann.[445] Dies ist auch sinnvoll, da es der Absender in der Praxis ansonsten sehr schwierig hätte, eine Schuldzuweisung vorzunehmen. Der Beförderer befriedigt im Schadensfall zunächst einmal die Ansprüche des Absenders (*oder Empfängers*) und kann sich im Anschluss zwecks Mithaftung an den Netzbetreiber wenden. Die übrigen Haftungsprinzipien der CIM 1980 haben sich bewährt und werden im großen Umfang beibehalten.

445 Vgl. *ebd.* S. 7.

2.8.5 Deutschland – grenzüberschreitend / Luft

Der int. Luftverkehr wird durch das Montrealer Übereinkommen (MÜ) seit November 2003 neu geregelt. Vormals waren das bekannte Warschauer Abkommen von 1929 in der Fassung des Haager-Protokolls von 1955 (*WA/HP*) sowie das Zusatzabkommen von Guadalajara im Jahre 1961 (*ZAG*) die einschlägigen Vertragswerke der int. Güterbeförderung. In Deutschland ist das MÜ durch Ratifizierung seitens der EU und dem nationalen Montrealer-Übereinkommen-Durchführungsgesetz (*MontÜG*) im Juni 2004 wirksam geworden. Inhaltlich regelt es die Bereiche Personen-, Gepäck- und Güterschäden in einem Vertragswerk,[446] wobei sich die Änderungen für die Güterbeförderung in einem durchaus überschaubaren Rahmen halten. Die Rechtszuordnung wurde durch die Einführung des MÜ nicht gerade erleichtert, sodass theoretisch bis zur vollständigen Ratifizierung aller ursprünglichen WA-Länder verschiedene Abkommen maßgeblich sind.[447] Hier liegt eine ähnliche Situation wie im SHR vor, da die BRD das alte WA, WA/HP sowie das ZAG nicht gekündigt hat:

Deutschland ⇔ WA	↳ Warschauer Abkommen 1929
Deutschland ⇔ WA/HP	↳ Warschauer Abkommen i. d. F. des Haager Protokolls 1955
Deutschland ⇔ ZAG	↳ Warschauer Abkommen 1929 i. V. m. ZAG oder WA/HP i. V. m. ZAG
Deutschland ⇔ MÜ	↳ Montrealer Übereinkunft 1998
Deutschland ⇔ Drittstaaten	↳ IPR

WA 1929[448] – Das Warschauer Abkommen ist sozusagen der Urvater aller Luftfahrtabkommen und hat international eine große Reputation genossen. Es ist in Deutschland seit 1933 in Kraft und noch mit einigen, wenigen Ländern in seiner Reinform anwendbar, da diese keine der nachfolgenden Änderungen übernommen haben. Schon die Wortkombination „Certaines Règles …" aus der Abkommensüberschrift der französischen Originalfassung deutet darauf hin, dass das WA bewusst lückenhaft konzipiert wurde, weswegen es hier sehr wichtig ist, die juristische Lückenfülltechnik gut zu beherrschen.[449]

---

446 Vgl. *Wieske, Aktualisierung MÜ* S.2.

447 Vgl. *Koller, Transportrecht* S. 1478 Rdnr. 2,3; S. 1361 f. Rdnr. 2.

448 Abk. (frz.): Convention pour l'unification de certaines règles relatives au transport aérien international conclue à Varsovie le 12 octobre 1929.
Vertragsstaaten (konsolidiert) **WA 1929** Stand August 2005:, Brunei, Burkina Faso, Indonesien, Komoren, Liberia, Myanmar, Nepal, Sierra Leone, Sri Lanka, Surinam, Tadschikistan, Turkmenistan, Uganda, Uruguay – Vgl. *ICAO, Vertragsstaaten WA 1929 / WA-HP 1955* i.V.m. *ICAO, Vertragsstaaten MÜ* i.V.m. *Koller, Transportrecht S. 1478 Rdnr. 2.*

449 Vgl. *Koller, Transportrecht* S. 1363 Rdnr. 6.

Um den für beiden Seiten zwingenden Recht des WA Geltung zu verschaffen, ist es nötig, dass gem. Art 1 I,II WA eine entgeltliche, internationale Beförderung durch Luftfahrzeuge vereinbart wird. Wirft das Kriterium der Entgeltlichkeit in der Praxis relativ wenig Bestimmungsschwierigkeiten auf, so ungleich größere Abgrenzungsprobleme entstehen bei den beiden anderen Anwendungsvoraussetzungen der internationale Beförderung / Luftfahrzeuge, da diese nur frachtvertraglich vereinbart sein müssen.

Internationale Beförderung Art 1 II WA – Eine solche liegt immer dann vor, wenn laut Frachtvertrag der geplante Warenversand mindestens zwei Vertragsstaaten des WA berührt, unabhängig davon, ob der durchgeführte Transport auch tatsächlich so verläuft. Als geplant gilt eine int. Beförderung immer dann, wenn die Start- und Zielorte in zwei verschiedenen Vertragsstaaten liegen.[450]

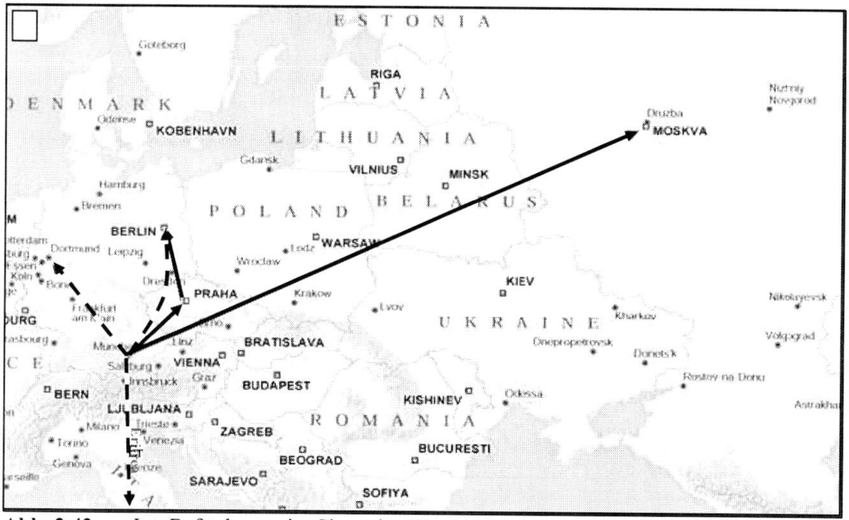

Abb. 2.42: Int. Beförderung im Sinne des WA 1929

Dies bedeutet in der Konsequenz, dass eine eigentlich inländische Beförderung zwischen München und Berlin dem WA unterliegen kann, wenn ein Zwischenstopp in Prag geplant ist (*blaue Linie*). Bloßes, geplantes Überfliegen tschechischen Luftraumes (*rote Linie*) führt demnach aber nicht zur Anwendung des Warschauer Abkommens. Dann ist es wiederum aber auch vollkommen unerheblich, ob eventuell doch eine Notlandung in Prag durchgeführt wird. Rein

450 Vgl. *ebd.* S. 1478 Rdnr. 2; S. 1373 Rdnr. 12.

inländische Beförderungen (*München – Dortmund*) und Lufttransporte zu einem Nicht-WA-Staat (*München - Eritrea*) unterliegen aber in keinen Fall dem WA, falls die Flugroute so festgelegt wurde.[451] Es ist also wichtig zu beachten, dass es bei der Einstufung der Internationalität immer auf das Element der Planung und keinesfalls auf die spätere eintretende Realität ankommt.

Luftfahrzeuge Art. 1 I WA - In diesem eigentlich recht griffigen Kriterium steckt großer juristischer Zündstoff, obwohl die Identifizierung eines Luftfahrzeuges nicht schwer fallen dürfte. Probleme bereitet hier die Zuordnung bei gemischten (*multimodalen*) Beförderungen, etwa durch den intensiven Einsatz des Luftfrachtersatzverkehrs via Straße.[452] Wie sind diese Transporte einzuschätzen, etwa als gänzliche Luftbeförderung oder zersplittet nach Verkehrsmitteln und deren gesonderten Transportrechten? Ohne tiefer in diese komplexe Materie einzusteigen, sei darauf hingewiesen, dass es im Schadens-Einzelfall darum geht herauszufinden, ob es sich um eine Beförderung mit vertragswidrigen Transportmitteln gehandelt hat, oder nicht. Generell gilt, dass vertragskonforme Verkehrsmittelwechsel (*Flugzeug auf LKW*) solange gem. Art. 18 III WA allein dem WA unterliegen, solange nicht bewiesen wurde, dass ein Transportschaden auf den anderen Verkehrsmittel (*LKW*) entstanden ist. Dann würde die CMR oder nationales Frachtrecht zur Regulierung der Haftungsfrage angewandt werden müssen. Ist etwa jedoch das Gut vertragswidrig auf einen LKW zum Weitertransport verladen worden, dann wird der Absender dadurch besser gestellt, dass der Luftfrachtführer nicht nur aus dem WA, sondern auch aus den CMR haftet.[453] Ein schuldhafter, als vorsätzlich einzustufender, Wechsel kann aber sogar zu einer gänzlich unbeschränkten Haftung gem. Art. 25 I WA führen.[454]

Wie alle anderen Transportrechte kennt auch das WA komplette Haftungsausschlüsse gem. Art. 20 und Haftungsobergrenzen gem. Art. 22 für den Luftfrachtführer. Daneben kommt noch eine anteilige Haftungsteilung nach Art. 21 in Betracht. Eine Ersatzpflicht trifft den Transporteur nicht, falls er darlegen kann, dass er alles für eine Schadensvermeidung getan hat oder der Schaden, ähnlich dem Seerecht, auf einem nautischen Fehler der Besatzung

---

451 Vgl. *ebd.* S. 1374 Rdnr. 14.
452 Vgl. *ebd.* S. 1371 Rdnr. 7; *ebd.* S. 38 ff. Rdnr. 25-27.
453 Vgl. BGH vom 17.5.1989 Nr. I ZR 211/87 in VersR Jhrg. 1990 Heft 9 S. 331 - 332 – hiervon noch abweichend OLG Frankfurt vom 11.11.1981 Nr. 21 U 108/81 in VersR Jhrg. 1982 Heft 28 S. 697 – 698.
454 Vgl. *Koller, Transportrecht* S. 37 Rdnr. 27.

beruht.[455] Um dies auch so durchzusetzen, bedarf es gem. Art. 9 allerdings der Ausstellung eines Luftfrachtbriefs spätestens zur Übernahme der Güter vom Absender mit den in Art. 8 a-i, q enthaltenen Mussangaben. Andernfalls verliert er jegliches Recht eines Haftungsausschlusses oder zur Befreiung! Von daher kann gesagt werden, dass es zwar keine ausdrückliche Frachtbriefpflicht zur Anwendbarkeit des WA gibt, wohl aber die Anfertigung dem Luftfrachtführer dringend anzuraten ist! Diese Haftungsprivilegien werden dem Luftfrachtführer auch abgesprochen, wenn er gem. Art. 25 I den Schaden vorsätzlich oder durch eine dem Vorsatz gleichstehende Fahrlässigkeit herbeigeführt hat. Durch diese Formulierung ergeben sich leicht unterschiedliche Nuancen zum allg. Frachtrecht.[456] In allen anderen Fällen des normalen Verschuldens haftet er nur bis zur Obergrenze von umgerechnet 22,6 SZR je verlorenes oder beschädigtes kg Ware.[457] Bei dieser Höchsthaftungsgrenze handelt es sich somit um die höchste Wertgrenze bei allen Transportrechten zum Vorteil des Absenders! Anzumerken bleibt, dass auch Verspätungsschäden nach diesem Prinzip gem. Art. 19 abgerechnet werden und nicht etwa ein zwei- oder vierfacher Entschädigungsanspruch in Höhe der ursprünglichen Fracht entsteht. Verspätungsschäden können danach normalerweise fruchtbarer beglichen werden, zumal es noch dass Mittel der besonderen Interessendeklaration gem. Art. 22 II S 2,3 gibt, wonach im Frachtbrief eine höhere Haftungssumme je kg. vereinbart werden kann.

---

455 Vgl. *ebd.* S. 1489 Rdnr. 2.

456 Vgl. *ebd.* S. 1492 Rdnr. 2,3.

457 Vgl. § 1 UmrechnungsVO i.V.m. dem amtlichen Umrechnungskurs von 1 € zu 1,95583 DM i.V.m. dem tagesaktuellen Umrechnungskurs des IWF 1 SZR zu 1,210870 € - Stand 07.07.05.

WA/HP 1955[458] – Das Haager Zusatzprotokoll von 1955 verdrängte das WA von 1929 nicht gänzlich.[459] Vielmehr modifizierte es lediglich das ursprüngliche Abkommen um kleinere Änderungen. Durch Neugestaltung der Art. 8 und 9 musste der Luftfrachtbrief nicht mehr so viele Pflichtangaben enthalten als auch nicht mehr sofort bei Warenübergabe unterzeichnet werden. Auch das Prinzip der verschuldensunabhängigen Haftung bei nautischen Fehlern der Flugzeugcrew wurde durch Streichung des Art. 20 II aufgegeben. Als letzte wesentliche Veränderung glich man den Verschuldensmaßstab des Art. 25 I den CMR und damit dem heutigen allg. Frachtrecht an. Die erhoffte Vereinfachung der juristischen Handhabung blieb aber aus, auch wenn der offensichtliche Widderspruch zwischen Fahrlässigkeit und Verschulden aufgehoben war.[460]

ZAG 1961[461] – Beim Zusatzabkommen von Guadalajara handelt es sich nicht um eine bloße Modifikation sondern um eine echte Ergänzung des Warschauer Abkommens. Gemäß Art. I a. ZAG ergänzt es entweder das WA in seiner Originalfassung oder das WA/HP. Dies bedeutet, dass, in Zusammenhang mit ZAG-Vertragsstaaten, das ZAG mit dem WA oder WA/HP gesehen werden muss (*je nach Stand der Ratifizierung*).

Es stellt weltweit sicher, dass sowohl der vertragliche als auch der tatsächlich ausführende Luftfrachtführer dem Absender für Schäden haften muss.[462] Art. III

---

458 Abk. (frz.): Protocole portant modification de la Convention pour l'unification de certaines règles relatives au transport aérien international.
Abk. (eng.): Protocol to Amend the Convention for the Unification of Certain Rules Relating to International Carriage by Air.
Vertragsstaaten (konsolidiert) **WA/HP 1955** Stand August 2005: Afghanistan, Algerien, Angola, Argentinien, Äthiopien, Bangladesch, Bolivien, Chile, Costa Rica, Elfenbeinküste, Domrep, Ecuador, Honduras, Indien, Jemen, Kambodscha, Kasachstan, Kirgisistan, Kongo, Korea, Kuba, Laos, Liechtenstein, Madagaskar, Malaysia, Malediven, Oman, Samoa, Senegal, Simbawe, Singapur, Sudan, Trinidad, Türkei, Vanuatu, Venezuela, Vietnam – Vgl. *ICAO, Vertragsstaaten WA 1929 / WA-HP 1955* i.V.m. *ICAO, Vertragsstaaten MÜ* i.V.m. *Koller, Transportrecht S. 1478 Rdnr. 2.*

459 Vgl. *Koller, Transportrecht* S. 1362 Rdnr. 2.

460 Vgl. *Ruhwedel* in TranspR Jhrg. 2004/04 S. 137 – 141: Haftungsbegrenzungen und deren Durchbrechung im Luftrecht Oder: Die absolute Beschränkung der Haftung bei Schäden an Luftfrachtgütern.

461 Abk. (frz.): Convention du 18 septembre 1961 complémentaire à la convention de Varsovie, pour l'unification de certaines règles relatives au transport aérien international effectué par une personne autre que le transporteur contractuel.
Vertragsstaaten (konsolidiert) **ZAG 1961** Stand August 2005: Äquatorialguinea, Aserbaidschan, Australien, Bahamas, Belarus, Bosnien und Herzegowina, Brasilien, El Salvador, Fidschi, Gabun, Ghana, Grenada, Guatemala, Guinea, Irak, Iran, Israel, Jamaika, Jugoslawien, Kroatien, Lesotho, Libyen, Litauen, Malawi, Mali, Marokko, Mauretanien, Mauritius, Moldawien, Niger, Papua-Neuginea, Philippinen, Polen, Ruanda, Russland, Salomonen, Sambia, Schweiz, Seychellen, Südafrika, Swasiland, Tschad, Tunesien, Ukraine, Usbekistan – Vgl. *ICAO, Vertragsstaaten WA 1929 / WA-HP 1955* i.V.m. *ICAO, Vertragsstaaten MÜ* i.V.m. *Koller, Transportrecht S. 1478 Rdnr. 2.*

462 Vgl. *Koller, Transportrecht* S. 1497 Rdnr. 1.

Abs. 1 korrigiert die damalige im britisch-amerikanischen Sprachraum vorherrschende Meinung dahingehend, dass auch der vertragliche Luftfrachtführer dem Absender selbstständig haften muss.[463] Durch die haftungsrechtliche Gleichschaltung von vertraglichem (*Spediteur*) und ausführendem Frachtführer als Gesamtschuldner gewinnt der Geschädigte natürlich einen erheblichen Vorteil. Er kann immer auch direkt gegen den, ihm vielleicht unbekannten, ausführenden Transporteur vorgehen. Diese Neuregelung hat u.a. den Vorteil, dass der Regress im Innenverhältnis zwischen vertraglichen (*Auftraggeber*) und ausführenden Luftfrachtführer (*Auftragnehmer*) erleichtert wird.[464] Für den tatsächlich ausführenden Frachtführer ergibt sich der große Nachteil, dass er sich nie sicher darüber sein kann, welchem Recht denn nun seine angenommene Sendung unterliegt.[465]

Beispielsweise wenn die deutsche Lufthansa von der australischen Quantas beauftragt wird, Container in Frankfurt zu übernehmen und nach Hamburg zu fliegen. Obwohl dies aus Sicht der Lufthansa eine rein inländische Beförderung ist, kommt auch für diesen Teil WA / ZAG-Recht gem. Art. II ZAG in Betracht. Die Lufthansa müsste im Schadensfall Forderungen aus dem WA seitens des Kunden der Quantas gegen sich gelten lassen. Dies bedeutet, sie haftet nicht nach dem allg. Frachtrecht mit regelmäßig 8,33 SZR sondern 22,6 SZR! Vor besonderen Abreden, wie der Interessendeklaration zwischen der Quantas und dessen Kunden, wäre sie aber geschützt.[466]

---

463 Vgl. *ebd.* S. 1505 Rdnr. 2.
464 Vgl. *ebd.* S. 1509 f. Rdnr. 1.
465 Vgl. *ebd.* S. 1503 Rdnr. 5.
466 Vgl. Art III § 2 S 3 ZAG.

MÜ 1998[467] – Das Montrealer Übereinkommen ist, nicht wie das Haager-Protokoll, eine Modifizierung des Warschauer Abkommens noch ein Zusatzabkommen, baut aber im wesentlichen auf ihnen auf, setzt aber mithin tief greifende Änderungen durch. Es ist ein komplett neues Übereinkommen, ähnlich dem WA von 1929. Die Bestimmungen des ZAG übernimmt es in Gänze, da sonst dass ZAG erneut hätte geändert und ratifiziert werden müssen.[468] Große Einschnitte gibt es, neben einer kleinen Lockerung bei der Frachtbriefgestaltung, bei der Haftung des Luftfrachtführers und dem Umfang seines Schadensersatzes.

Da beim ZAG keine Vereinfachung der Haftungsfrage vorgenommen wurde und sich die Ratifizierung eines anderen WA-Änderungsprotokolls (*Montrealer Änderungsprotokoll Nr. 4*) nicht weltweit durchsetzen ließ, wurde mit dem MÜ erneut der Versuch einer generalisierenden Lösung unternommen.[469] Das Haftungssystem wandelt sich in Teilbereichen enorm. Geblieben ist, dass der LFF Güter (*Art. 18*) und Verspätungsschäden (*Art. 19*) zu ersetzen hat, als auch die Möglichkeit einer Einrede wegen Mitverschuldens (*Art. 20*) des Absenders behält. Aufgegeben wurde jedoch aus Vereinfachungsgründen die Frage der Verschuldensqualifizierung seitens des LFF.[470] Jetzt wird die Möglichkeit eines Wegfalls jeglicher Haftungsbeschränkung und Befreiung bei Vorliegen von Absicht oder grober Fahrlässigkeit des LFF fallengelassen. Der LFF haftet, egal ob „normal“ oder vorsätzlich schuldig, immer unter den Haftungsbeschränkungen des Art. 22!

---

[467] Abk. (frz.): Convention pour l'unification de certaines règles relatives au transport aérien international - Montréal le 28 mai 1999.
Vertragsstaaten (konsolidiert) **MÜ 1998** Stand August 2005: Ägypten, Albanien, Bahrain, Barbados, Belgien, Belize, Benin, Botswana, Bulgarien, China, Dänemark, Estland, Finnland, Frankreich, Gambia, Griechenland, Irland, Island, Italien, Japan, Jordanien, Kamerun, Kanada, Kap Verde, Katar, Kenia, Kolumbien, Kuwait, Lettland, Libanon, Luxemburg, Malta, Mazedonien, Mexiko, Monaco, Mongolei, Namibia, Neuseeland, Niederlande, Nigeria, Norwegen, Österreich, Pakistan, Panama, Paraguay, Peru, Portugal, Rumänien, Saudi-Arabien, Schweden, Slowakei, Slowenien, Spanien, St. Vincent, Syrien, Tansania, Togo, Tonga, Tschechische Republik, Ungarn, Vereinigte Arabische Emirate, Großbritannien, USA, Zypern – Vgl. *ICAO, Vertragsstaaten WA 1929 / WA-HP 1955* i.V.m. *ICAO, Vertragsstaaten MÜ* i.V.m. *Koller, Transportrecht S. 1478 Rdnr. 2.*

[468] Vgl. Art. 39 – 48 MÜ mit ZAG.

[469] Vgl. *Koller, Transportrecht* S. 1534 f. Rdnr. 1.

[470] Vgl. *Koller* in TranspR Jhrg. 1994/05 S. 181: Rechtsnatur und Rechtswirkungen frachtrechtlicher Sperrpapiere.

Dies wird von manchen einerseits als Schaffung der völlig neuen juristischen Institution „Diebstahl mit beschränkter Haftung“ tituliert, andererseits aber auch für notwendig erachtet, um den jetzigen Zustand der gegenseitigen Schuldzuweisungen im Schadensfall Einhalt zu gebieten.[471]

Infolge der Modernisierung wurde die Höchsthaftung in Art. 22 für Güter und Verspätungsschäden noch weiter auf 17 SZR gestaucht.[472] Hier gehen die Abkommensväter wohl davon aus, dass künftig verstärkt Gebrauch von der besonderen Absender-Interessendeklaration gemacht wird, um mögliche Schäden besser aufzufangen. Da der Absender für diese aber dem LFF extra vergüten muss, kann nicht von einem fairen Ausgleich gesprochen werden, auch wenn in diesen Fällen der Entschädigungsanspruch für normales Verschulden des LFF ebenfalls angehoben würde. Diese Möglichkeit bestand auch schon im WA, ohne dem LFF derartige Vorteile einzuräumen.

Skeptisch kann auch die teilweise Umkehrung der Rechtszuweisung bei den sich immer bedeutungsvoller entwickelnden Luftersatzverkehren betrachtet werden.[473] Vertragskonforme Ersatztransporte unterliegen zwar immer noch regelmäßig gem. Art 38 dem jew. anderen Transportrecht. Vertragswidrig durchgeführte Transporte sollen aber allein gem. Art. 18 IV dem MÜ mit seinen frachtführerfreundlichen Haftungsregime unterstehen und nicht wie etwa beim WA zusätzlich den CMR. Hier bleibt es auf die zukünftige Rechtssprechung abzustellen, denn die Regelung des WA/HP kann ja nicht den Sinn haben, dass Straßenfrachtführer ihre int. Transporte mit Luftfrachtbriefen ausstatten, um den CMR zu entgehen.

---

471 Vgl. *Ruhwedel* in TranspR Jhrg. 2004/04 S. 138: Haftungsbegrenzungen und deren Durchbrechung im Luftrecht Oder: Die absolute Beschränkung der Haftung bei Schäden an Luftfrachtgütern.

472 Vgl. *Koller* in TranspR Jhrg. 1994/05 S. 181: Rechtsnatur und Rechtswirkungen frachtrechtlicher Sperrpapiere.

473 Vgl. *Ruhwedel* in TranspR Jhrg. 2004/04 S. 138: Haftungsbegrenzungen und deren Durchbrechung im Luftrecht Oder: Die absolute Beschränkung der Haftung bei Schäden an Luftfrachtgütern.

2.9 Lagervertrag

Der Lagervertrag regelt das zweite große Geschäft in der Logistik:[474] Die Lagerhaltung. Augenscheinlich handelt es sich um einen komplett anderen Vorgang, denn es werden ja gerade keine Güter bewegt, sondern an Ort und Stelle gehalten. Für die Rechtssouveränität des Lagerrechts sprechen auch schon seine ihm eigenen Bezeichnungen für die Vertragspartner; einerseits in Person des Lagerhalters, andererseits im Einlagerer, dessen frachtrechtliches Pendant der Absender ist. Trotzdem, betrachtet man alleine schon den identischen Grundaufbau der Vertragsparagraphen § 407 und 467 HGB, ist die Verwandtschaft mit dem Frachtrecht nicht zu leugnen. Das Fracht- und Lagerrecht sind im Grunde genommen „juristische Schwestern", was sich durch ihre systematische Anordnung im HGB (*vierter und sechster Abschnitt im viertem Buch des HGB über Handelsgeschäfte*) widerspiegelt. Die Vorschriften zum handelsrechtlichen Lagergeschäft gehen den allg. Regeln als lex specialis über die entgeltliche Verwahrung nach §§ 688 ff. BGB vor.

Allein essentielle Aspekte wie Rückgabeort *(§ 697 BGB)* und Vergütungsregelung *(§ 699 BGB)* werden im Lagerrecht des HGB nicht angesprochen, sodass diese beiden Vorschriften auch hier anzuwenden sind.

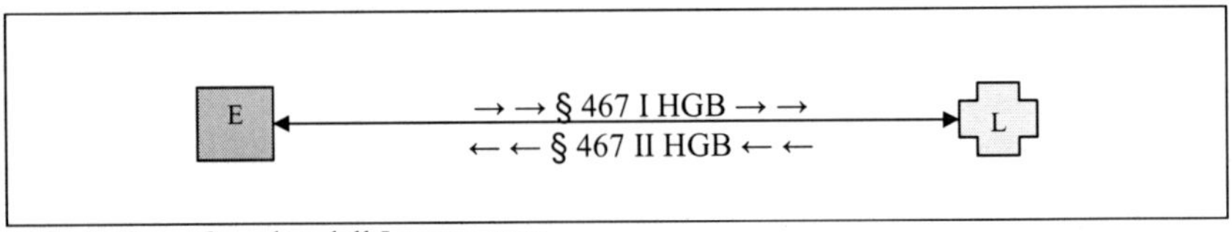

Abb. 2.43: Grundmodell Lagervertrag

Im Lagervertrag des § 467 HGB verpflichtet sich der Lagerhalter die Güter des Einlagerers gegen die vereinbarte Vergütung (*Abs. 2*) zu lagern und aufzubewahren (*Abs. 1*). Dies kann vollkommen formfrei erfolgen, da auch der Lagervertrag konsensueller Natur ist.[475] Wiederum wird durch Abs. 3 die Anwendung des Lagerrechts auch auf solche Fälle erstreckt, in denen der Lagerist die Anwendungsvoraussetzungen für das HGB an sich nicht erfüllt. Kleingewerbetreibende, die im Geschäftsverkehr als Lagerhalter auftreten, müssen folglich mit der Anwendung des Lagerrechts rechnen.[476]

Normalerweise übergibt der Einlagerer nicht grundlos dem Lagerhalter Waren

[474] Zum Marktanteil vgl. Kap. 2.
[475] Vgl. *Widmann, Kommentar zum Transportrecht* S. 261 Rdnr. 1.
[476] Vgl. *Müglich, Transportrecht & Logistikrecht* S. 119.

zur Lagerung, sondern verfolgt damit einen bestimmten Zweck. Im einfachsten Fall ist der Einlagerer auch gleichzeitig Eigentümer und möchte durch die Lagerung etwa auf höhere Verkaufspreise spekulieren oder seinen eigenen Bedarf längerfristig abdecken und sich sukzessiv aus dem Lagerbestand bedienen. Hier kommen praktisch alle betriebswirtschaftlich relevanten Lagerfunktionen als Gründe in Frage.[477]

Das HGB geht im Regelfall gem. § 470 HGB davon aus, dass der Einlagerer nicht selber zugegen ist, wenn die Waren dem Lagerhalter überstellt werden. Vielmehr wird unterstellt, dass ein vom Einlagerer beauftragter FF oder Spediteur die vorgelagerten Transportaufgaben durchführt:

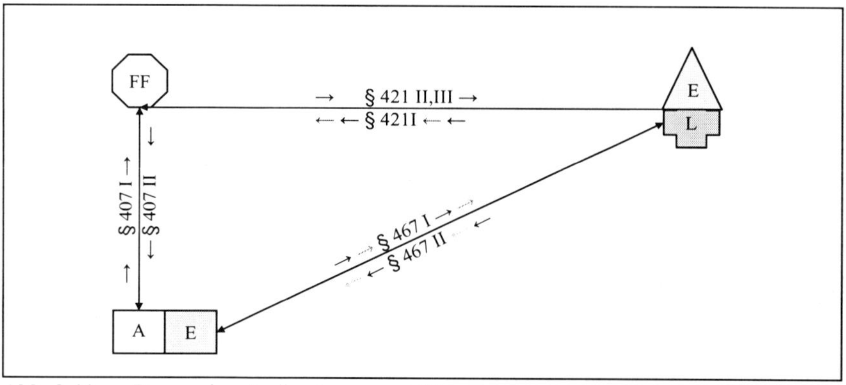

Abb. 2.44: Das vordergründige Lagergeschäft

Bei dieser Normalkonstellation nimmt der Einlagerer (*E – dunkelgrau*) gleichzeitig auch die frachtvertragliche Rolle des Absenders (*A*) gegenüber dem FF ein, bei dem der Lagerhalter (*L*) als Frachtempfänger (*E – hellgrau*) fungiert. Insofern ergibt sich eine Abnahmepflicht des L aus seiner aktiven Rolle als Lagerist, die ihm als reiner Empfänger nicht treffen würde. Bemerkenswert bleibt hier, dass der Lagerist dem Einlagerer hiernach natürlich nach Lagerrecht haftet, dass grundverschieden vom Haftungsregime der §§ 407 HGB ist. Von dieser einfachen Haftungspraxis muss in der Transportpraxis jedoch oft abgewichen werden.

[477] Vgl. *Weber, Betriebswirtschaftslehre* S. 54 f. .

Falls nämlich ein Frachtführer (*Spediteur*) transportbedingt einen Lagervertrag mit einem Lagerdienstleister abschließt, um die Zeitspanne zwischen Ankunft und Umschlag auszugleichen, erlangt der Lagerhalter den Status eines ausführenden Frachtführers gem. § 437 HGB![478]

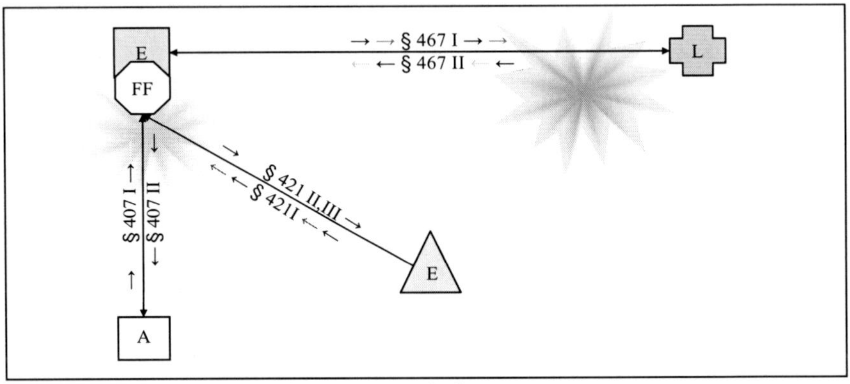

Abb. 2.45: Das transportbedingte Lagergeschäft

Da es sich hier um eine beförderungsbedingte Lagerung handelt, wird der Lagerhalter Teil der frachtrechtlichen Transportkette. Hierdurch haftet er fortan nicht mehr nach Lager- sondern nach Frachtrecht – und das obwohl ein objektiv gültiger Lagervertrag zwischen FF als Einlagerer und L geschlossen wurde.[479]

Dieses Lösungsmodell – obwohl frachtrechtlich konsequent - vermag nicht zu überzeugen, da durch die Haftungsbegrenzungen des Frachtrecht nur transportspezifische Risiken abgefedert werden sollen. Jetzt kommen diese Haftungsprivilegien dem Lagerhalter allein durch das Hintergrundmotiv des FF zugute. Auch durch das nach § 437 I, II HGB entstehende quasi-vertragliche Gesamtschuldverhältnis wird der Lagerhalter auch nicht übermäßig benachteiligt, denn er würde ansonsten dem FF sogar voll aus dem Lagervertrag haften! Ein solches Gesamtschuldverhältnis entsteht jedoch nur für die Zeit, in der der Lagerhalter die Güter in seine Obhut nimmt, sodass der Lagerhalter nicht für außerhalb dieses Zeitraums gesetzte Schäden aufkommen muss.[480] Die Ummünzung[481] des Lagervertrags in einem Frachtvertrag hat aber auch negative Konsequenzen für den Lagerhalter, denn auf ihn kommt jetzt die etwas strengere verschuldensunabhängige Haftung des § 425 HGB zu.

---

478 Vgl. *Müglich, Transportrecht & Logistikrecht* S. 328 Rdnr. 1.

479 Vgl. *Frantzioch* in *Thume, Transport und Vertriebsrecht* S. 188; vgl. *Fremuth, Kommentar zum Transportrecht* S 520 Rdnr. 12.

480 Vgl. *Fremuth, Kommentar zum Transportrecht* S. 278 f. Rdnr. 18 – 19.

481 Vgl. *Frantzioch* in TranspR Jhrg. 1998/03 S. 101: Das neue Lagerrecht.

2.9.1 Lageristenhaftung

Die Haftung nach Lagerrecht ist grundverschieden zum frachtrechtlichen Haftungsregime, da sie keinerlei Haftungsbegrenzungen für den Lagerhalter kennt. Sie wird in § 475 HGB zentral zusammengefasst und regelt dort ausschließlich Güterschäden. Neben dieser Vorschrift kennt das Lagerrecht keinerlei Sonderhaftungstatbestände oder andere Anspruchsgrundlagen gegen den Lagerhalter, wie es sie im Frachtrecht zahlreich gibt. Auch sieht das Lagerrecht im Vergleich zum Frachtrecht großzügigere Möglichkeiten der Haftungsmodifikation durch AGB vor, wobei es im weitem Maße auf die AGB-Kontrolle der §§ 305 ff. BGB vertraut *(vgl. 3.1.5)*. Gleichklang herrscht wiederum bei der Verjährung, da in § 475 a HGB direkt auf die frachtrechtliche Verjährung des § 439 HGB Bezug genommen wird.

2.9.1.1 Verlust, Teilverlust und Beschädigung von Gütern

Ob von § 475 HGB auch Güterfolgeschäden erfasst werden, ist nach der Lehrmeinung strittig, zumal die Rechtssprechung sich hierzu noch nicht geäußert hat.[482] Es liegt aber durch den Wortlaut in Parallele zu § 425 I HGB nahe, die Schadensregulierung von Güterfolgeschäden ebenfalls über § 475 HGB abzuhandeln, da im Frachtrecht der Haftungsumfang erst in § 429 HGB auf den reinen Substanzschaden beschnitten wird, der im Lagerrecht ja gerade keine Anwendung findet.

Eingangsvoraussetzungen – Nach § 475 S1 HGB haftet der Lagerhalter für den Schaden, der durch Verlust oder Beschädigung im Obhutszeitraum entstanden ist, es sei denn, der Lagerhalter legte die für einen ordentlichen Kaufmann gebotene Sorgfalt an den Tag. Hierdurch werden erfasste Schadensarten, Obhutszeitraum und Verschuldensmaßstab statuiert.

> **Schadensart** - Mag es vielleicht strittig sein, ob durch § 475 HGB auch Güterfolgeschäden erfasst werden, so ist jedenfalls klar, dass es zumindest einen Substanzschaden am Lagergut geben muss. Sonstige Schäden, bspw. infolge einer Nichtbereitstellung der Lagergüter, müssen anders sanktioniert werden. Beruhen diese aber auf Lagergutsverlusten, so ist § 475 HGB wieder einschlägig.

[482] Zustimmend: *Frantzioch in TranspR* Jhrg. 1998/03 S. 105: linke Spalte *Das neue Lagerrecht*; krit. *Fremuth, Kommentar zum Transportrecht* S. 549 Rdnr. 8, der jedoch den Wortlaut des § 475 HGB anders interpretiert und die Parallelität zu § 425 I HGB übersieht.

Obhutszeitraum – Die Schadensersatzpflicht trifft dem Lagerhalter nur für solche Schäden, die während seiner Obhut über das Lagergut entstanden sind. Erfaßt werden so nur Schäden, die zwischen Einlagerung (*Übernahmezeitpunkt*) und Auslagerung entstanden, bzw. gesetzt worden sind.

Verschulden - Hier liegt wohl der eklatanteste Unterschied zur vergleichbaren Güterschadenshaftung des allg. Frachtrechts, das eine abgemilderte Form der verschuldensunabhängigen Frachtführerhaftung vorsieht. Ganz anders im Haftungsrecht des § 475 HGB, wo es noch direkt auf ein Verschulden des Lagerhalters ankommt. Im Gegensatz zum hypothetischen BGB-Frachtrecht wird dem Lagerhalter aber schon per Gesetz – und nicht erst ausnahmsweise durch die Rechtsprechung – ein Verschulden unterstellt. So kann man diese Haftungsform treffender als „vermutete Verschuldenshaftung" bezeichnen. Im Ergebnis gibt es jedoch so kaum Unterschiede zum „BGB-Frachtrecht", wo auch vom Schaden auf die Pflichtverletzung geschlossen wird.

Genau wie schon in den „beiden" Frachtrechten, steht dem Lagerhalter eine Entlastungsbeweisführung offen. So kann sich der Lagerhalter von seiner Haftung befreien, falls er nachweisen kann, dass der Schaden auch nicht durch die Sorgfalt eines ordentlichen Kaufmanns abgewendet werden konnte. Die hier für den Lageristen zu nehmende Hürde wird durch die in § 347 I HGB beschriebene Sorgfaltspflicht des Kaufmanns gesetzt. Sie befindet sich zwischen der in § 426 HGB geforderten „größten Sorgfalt" und der nach hypothetischem BGB-Frachtrecht genügenden „verkehrsüblichen Sorgfalt eines Rechtsgenossen".

Somit fällt es dem Lageristen als Ausgleich für seine unbeschränkte Haftung im Vergleich zum Frachtführer etwas leichter, den Entlastungsbeweis anzuführen.

Regulierung – Die Regulierung stellt sich im Gegensatz zur Frachtführerhaftung sehr einfach dar: Der Lagerist hat dem Einlagerer alle (*un-*)mittelbaren Schäden, die er durch den Verlust oder die Beschädigung erlitten hat, unbeschränkt zu ersetzen.

2.9.1.2 Sonstige Schäden

Da sonstige vertragliche Schäden, die nicht auf Güterschäden beruhen, in § 475 HGB unberührt bleiben, muss das bürgerlich, schuldrechtliche Haftungsrecht diese Lücke schließen (*vgl. Kap 3.1.3.8*). Dies gilt natürlich ebenso für außervertragliche Ansprüche, die selbstständig geltend gemacht werden müssen.

2.9.2 Einlagererhaftung

Im Gegensatz zur Lageristenhaftung ist die Einlagererhaftung nicht derart karg ausgestattet, wenn sie auch nicht mit ihrem Regelungsumfang der Absenderhaftung des Frachtrechts mithalten kann. So finden sich zwei Vorschriften, die die Ansprüche des Lageristen gegen seinen Einlagerer regeln. Auch wird hier noch einmal der Verwandtschaftsgrad zwischen Lager- und Frachtrecht deutlich, da das Lagerrecht in bestimmten Fällen an seine „große Schwester" verweist. So sind die bei der Absenderhaftung angestellten theoretischen Überlegungen auch für die Einlagererhaftung unbeschränkt gültig!

2.9.2.1 Bevorrechtigte Einlagererhaftung

In § 468 III HGB findet sich eine bevorrechtigte Form der Einlagererhaftung, die der Absenderhaftung nach § 414 HGB gleichkommt. So werden hier drei Tatbestände skizziert, für die der *gewerbliche* Einlagerer verschuldensunabhängig haften soll. Als Ausgleich erhält er das frachtrechtliche Haftungsprivileg zugesprochen. Für die hier genannten drei Fälle gilt, dass die vorgesehene Haftung des Einlagerers nicht durch außervertragliche Ansprüche umgangen werden kann, weswegen auch § 434 HGB in Folge von §§ 468 III S2 i.V.m. 414 I S2 HGB Anwendung findet.

Eingangsvoraussetzungen – Um eine Haftung nach § 468 III HGB zu begründen, bedarf es dreier, miteinander verbundener Voraussetzungen:

> **Verantwortlichkeit** - Dem Einlagerer muss tatsächlich eine der in Abs. 1 oder 2 benannten Pflichten getroffen haben, denn diese werden vielmals als Zusatzgeschäft dem Lageristen übertragen. Sonst wäre es ja unsinnig, den Einlagerer für die Fehler seines Lageristen verantwortlich zu machen.

Schaden - In einem zweiten Schritt muss festgestellt werden können, dass bspw. die Verpackung und Kennzeichnung tatsächlich nicht den Anforderungen entsprochen habe – der Einlagerer oder seine Leute somit die ihnen obliegende verkehrsübliche Sorgfalt außer Acht gelassen haben.[483]

Schadenskausalität – Schlussendlich muss sichergestellt sein, dass der entstandene Schaden wirklich aus einer der drei benannten Pflichtverletzungen (*ungenügende Verpackung oder Kennzeichnung; Unterlassen der Gefahrmitteilung; Unvollständige Begleitdokumente*) entstanden ist.

Regulierung – Die Regulierung richtet sich vollständig an § 414 I S2 HGB aus. So wird wieder der Unterschied zwischen Aufwendungen, die freiwillige Vermögensopfer des Lageristen darstellen und Schäden akut (*vgl. Kap. 3.1.4.1*). Der geschädigte Lagerist erhält i.d.R. vollständigen Aufwendungsersatz zugesprochen, aber nur begrenzten Schadensersatz bis zur Höhe von 8,33 SZR je kg eingelagerter Ware. Genauso wie ein Absender kann sich der Einlagerer eventuell aber auf ein Mitverschulden des Lageristen berufen und so sich noch weitergehend von Ansprüchen befreien. Falls aber dem Einlagerer ein Verschulden gem. § 435 HGB zu Last gelegt werden kann, steht diesem keine gewichtsmäßige Haftungsbegrenzung mehr zu.

2.9.2.2 Genereller Aufwendungsersatz

In § 474 HGB wird der generelle Aufwendungsersatz geregelt. Der Lagerist erhält hierdurch einen kompletten Anspruch auf Erstattung seiner gemachten Mehraufwendungen, soweit er sie den Umständen nach für erforderlich halten durfte. Dieser subjektive Bewertungsmaßstab ist § 420 I S2 HGB wortgetreu entnommen, weswegen auch die dort entwickelten Grundsätze anzuwenden sind (*vgl. Kap.3.1.4.9*).

483 Vgl. *Koller, Transportrecht* S. 169 f. Rdnr. 6.

2.9.2.3 Sonstige Schäden

Zu den sonstigen vom Einlagerer verursachten Schäden zählen prinzipiell alle unfreiwilligen Vermögensopfer des Lageristen, soweit sie nicht unter die Bestimmung des § 468 III HGB fallen. Da das Lager- wie auch schon das Frachtrecht für diese Art von Schäden keine eigene Anspruchsgrundlage kennt, muss wieder an die Generalnorm des § 280 BGB verwiesen werden *(vgl. Kap. 3.1.3.8)*. Aber wie schon bei der Lageristenhaftung ist es natürlich auch umgekehrt möglich, Ansprüche aus dem Deliktsrecht anzuführen, solange sie nicht mit den Tatbeständen der bevorrechtigten Einlagererhaftung kollidieren.

2.10 Speditionsvertrag

Der Speditionsvertrag und seine besonderen Konsequenzen werden in den §§ 453 – 466 HGB geregelt. Dabei geht der Gesetzgeber im juristischen Normalfall des § 453 HGB zunächst von einem reinen Geschäftsbesorgungsspediteur aus, der die Interessen seines Auftraggebers ausschließlich vom „Schreibtisch“ aus wahrnimmt. Er bekommt praktisch nie das Transportgut zu Gesicht, geschweige denn nimmt es je in seine Obhut, außer er führt eine der in § 454 II HGB beschriebenen Pflichten selbst aus.[484]

Die größte Ähnlichkeit weist der Speditionsvertrag mit dem entgeltlichen Geschäftsbesorgungsvertrag nach § 675 BGB auf, dessen Recht auch anwendbar ist, wenn im Speditionsrecht nichts besonderes geregelt wird.[485]

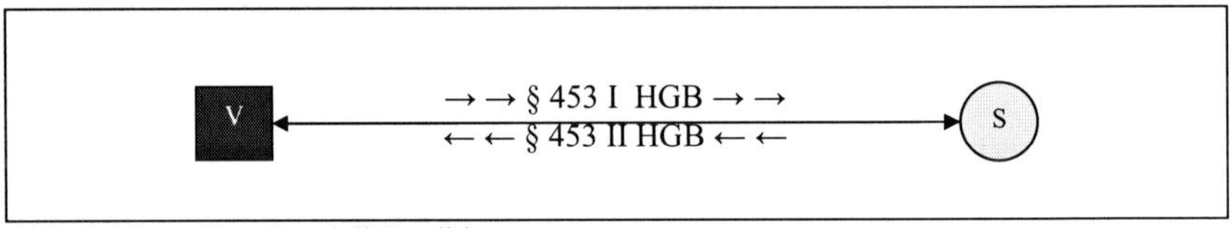

Abb. 2.46: Grundmodell Speditionsvertrag

Der Spediteur schuldet seinem Vertragspartner die Besorgung der Versendung gegen Entgelt und nicht die Beförderung an sich! Da der Spediteur üblicherweise in die frachtrechtliche Rolle des Absenders schlüpft,[486] wird sein Auftraggeber zur Unterscheidung unisono als Versender bezeichnet. Wie auch schon bei den anderen Logistikverträgen kommt es gem. Abs. 3 nicht darauf an, ob es sich beim Spediteur um einen Kaufmann i.S.d. HGB handelt (*vgl. Kap. 3.1 und 3.5*).[487] Um genauere Vorstellungen über das Vertragsziel „Besorgung der Versendung“ zu erlangen, ist der Blick auf § 454 I, IV HGB zu richten, der die Haupt- oder Kardinalspflichten eines Geschäftsbesorgungsspediteurs näher erläutert:

Interessenwahrung – Erste Kardinalspflicht eines jeden Spediteurs ist es gem. Abs. 4 die Interessen seines Versenders wahrzunehmen – und dies wann immer er für diesen tätig wird![488] Der Spediteur sollte sich also immer in die Lage seines Auftraggebers hineinversetzen und die zu treffenden Entscheidungen von

[484] Vgl. *Koller, Transportrecht* S. 756 f. Rdnr. 4.
[485] Vgl. *Müglich, Transportrecht & Logistikrecht* S. 106.
[486] Vgl. *Fremuth, Kommentar zum Transportrecht* S. 464 f. Rdnr. 26.
[487] Vgl. *Basedow, Aktualisierung Band 7a zu MüKo* S. 136 Rdnr. 9.
[488] Vgl. *Fremuth, Kommentar zum Transportrecht* S. 464 f. Rdnr. 30 – 32.

dem gemutmaßten Versenderwillen abhängig machen. Dieser wünscht ja zumeist eine möglichst kostengünstige, schnelle und sichere Beförderung. Ist er sich im Einzelfall nicht sicher, was im Sinne des Versenders zu tun wäre, hat er diesen zu fragen und seine Weisungen auszuführen.[489] Diese Weisungsgebundenheit des Spediteurs folgt aus dem allumfassenden Prinzip der speditionellen Interessenvertretung. Das Interessenaxiom geht sogar soweit, dass der Spediteur bei vorliegender Interessenkollision dazu gehalten ist, seine eigenen gewinnmaximierenden Belange beiseite zu schieben und zugunsten des Versenders zu handeln. Natürlich wird in diesem Zusammenhang nicht vom Spediteur gefordert, dass er sich im Interesse des Versender selbst zu schädigen hat.

Bestimmung des Transportmittels- und Weges – Normalerweise ist es die erste Hauptaufgabe des Spediteurs, den vorzunehmenden Transport genauer zu spezifizieren, denn gerade hier liegt traditionell seine Kernkompetenz, die er am Markt anbietet. Durch seine speziellen Markt- und Geographiekenntnisse kann er so den für den Versender günstigsten Transportweg bestimmen.

Auswahl der Unternehmer – Ist der optimale Versandweg einmal bestimmt, folgt schon der nächste Arbeitsschritt, der per Gesetz eine eigene Hauptpflicht darstellt: Die Selektion der verschiedenen Transport-, Lager- und Umschlaganbieter nach kontraktlichen Aspekten, wobei sicherlich das jeweilige Preis-/Leistungsverhältnis im Vordergrund zu stehen hat. Dazu gehört sicherlich mehr als ein purer Preisvergleich – vielmehr muss er wieder sein Spezialwissen einsetzen, um durch die Auswahl sicherzustellen, dass der Transport ein Erfolg wird. So hat er bspw. zu prüfen, ob ein Frachtführer über die erforderlichen Transportgenehmigungen wie Euro- oder CEMT-Lizenz verfügt. Aber auch weiche Faktoren, wie das Unternehmensimage sollte er berücksichtigen.

Vertragsabschluss – Nahtlos beginnt oft schon während der Selektionsphase die Vertragsanbahnung bis hin zum späteren Vertragsschluss. In jedem Fall soll der Spediteur nicht nur den Vertrag anbahnen, sondern auch selbst besiegeln, egal ob nun im eigenen oder, per Vollmacht, im Namen des Versenders. Die gesetzliche

[489] Vgl. *ebd.* S. 465 Rdnr. 33.

Normalkonstellation ist aber gem. Abs. 3 der Vertragsabschluss im Namen des Spediteurs und für Rechnung des Versenders. Der Hinweis auf die Rechnung des Versenders drückt eigentlich nur aus, dass der Spediteur die Rechnung direkt zur Begleichung an den Versender weiterleiten kann.

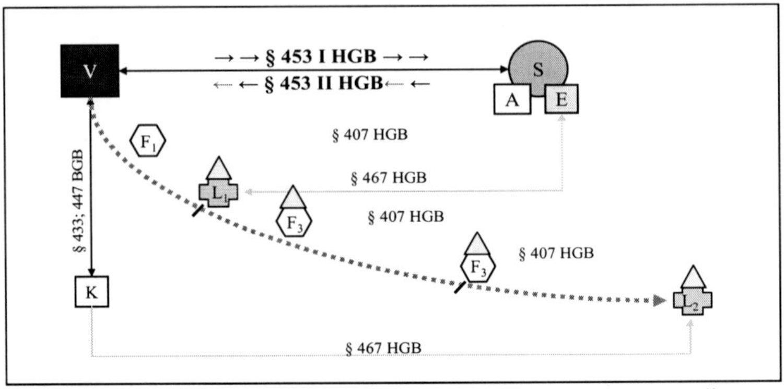

Abb. 2.47: Typisches Umfeld eines einfachen Geschäftsbesorgungsspediteurs

Durch den Vertragsabschluss im eigenen Namen wird natürlich der Spediteur zum frachtrechtlichen Absender (*weiss*) des Frachtführers (*weiss* $F_{1\text{-}3}$), mit dem er ja einen Frachtvertrag schließt. Je nachdem ob er aus strategischen oder transporttechnischen Gründen einen Lagervertrag schließt, wird er entweder lagerrechtlicher Einlagerer (*grau*) oder frachtrechtlicher Absender des Lageristen (*grau* L_1).

Nun hat der Spediteur, kommt es während oder schon vor dem Transport zu Problemen, im Sinne des Versenders korrigierend mit Weisungen einzugreifen. Hierzu ist er ja jeweils gem. § 418 I HGB als Absender des Frachtführer berechtigt.

Sicherung von Schadensersatzansprüchen – Für den Fall, dass der Versender seine Waren durch einen von ihm selbst beauftragten Frachtführer zum Spediteur bringen lässt, fungiert der Spediteur als frachtrechtlicher Empfänger.[490] Als solcher hätte er zwar das Recht, im Wege der Drittschadensliquidation Schadensersatzansprüche geltend zu machen, aber nicht die Pflicht! Der Spediteur könnte vielmehr die Waren ungeprüft in Empfang nehmen und mit der Besorgung der

[490] Vgl. *Koller, Transportrecht* S. 686 Rdnr. 12.

Versendung beginnen. Um den Versender hiervor zu schützen, kommt dem Spediteur gem. § 454 I Nr.3 HGB die Pflicht zu, die Waren auf ihren Zustand hin zu untersuchen und ggfs. eine Schadensanzeige abzusetzen. Auch sollte er tunlichst Beweise sammeln. Dagegen braucht er aber nicht direkt als Empfänger oder beauftragter Spediteur gegen den Frachtführer vorzugehen; es reicht bereits aus, wenn er seinem Versender die nötigen Beweisunterlagen überreicht.

Wie auch ein normaler Frachtführer hat der Spediteur darüber hinaus noch weitere Nebenpflichten, worunter z.B. seine Auskunftspflicht gem. § 666 BGB fällt. Eine solche bezieht sich zunächst einmal nur auf den geschuldeten Erfolg des Spediteurs, so dass dieser seinen Versender über den Stand des Selektions- und Verhandlungsprozesses aufklären muss. Ein Informationsrecht über den tatsächlichen Transportstatus steht nur dem Spediteur als frachtrechtlichen Absender zu. Er kann aber seine Auskunftsansprüche an seinen Versender gem. § 457 HGB abtreten, sodass sich dieser nötigenfalls direkt an die FF halten kann. Ferner hat der Spediteur natürlich alle Vertragsunterlagen sowie erhaltenen Rechnungen zu sammeln und an den Versender herauszugeben.

In der wirtschaftlichen Realität haben sich, vom Gesetzgeber nicht unbeachtet, noch weitere Formen des Speditionsgeschäfts herausgebildet, die teilweise speziell geregelt werden:

Systemdienstleister – Die verstärkte Outsourcing-Tendenz in der deutschen Wirtschaft führte in den letzten Jahren zu einer Ausweitung des Leistungsportfolios moderner Logistikdienstleister – den sog. 3PL's. So bieten heute viele Spediteure neben der Besorgung der Versendung ihren Kunden auch noch weitere Dienstleistungen wie Factoring, Kundenbetreuung oder aus dem immer wichtiger werdenden Bereich der Value-Added-Services an. Es ist klar, dass diese Leistungen nicht allein in einem Speditionsvertrag nachgebildet werden können, da sie nicht beförderungsbezogen sind. Da sich die Unternehmen aber häufig untereinander in einem umfassenden Vertrag über ganz verschiedene Leistungen verpflichten, liegt in der Regel ein gemischter oder zusammengesetzter Vertrag vor.

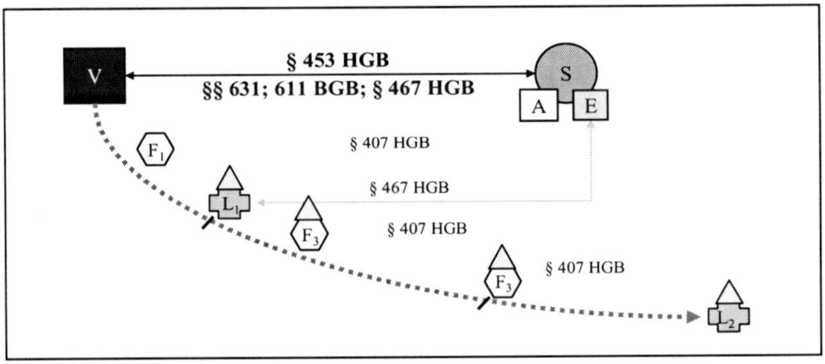

Abb. 2.48: Gemischter Vertrag

Derartig gemischte Verträge findet man in der Logistikbranche immer häufiger, und vornehmlich bei größeren Dienstleistern. Um ihnen gerecht zu werden, hat die Rechtssprechung zwei maßgebende Theorien entwickelt: Die Absorptionstheorie folgt dem Recht der Hauptleistung, so dass auch alle andere Leistungen automatisch diesem Recht unterliegen (*vgl. Lageristenhaftung bei beförderungsbedingter Lagerung – Kap. 3.5.1*). Diesem Rechtsgedanken folgt grundsätzlich auch § 454 II HGB, der einzelne Leistungen aufzählt und sofern individuell vereinbart sowie beförderungsbezogen, dem Speditionsrecht unterstellt. Bei den erweiterten Systemdienstleistern lässt sich aber nicht immer besagen, welche Leistung nun überhaupt im Vordergrund steht, da sie vielmehr gleichwertig erscheinen oder zu einer Gesamtleistung verschmelzen. Dann ist nach der Kombinationstheorie immer dasjenige Recht anzuwenden, zu dem der strittige Sachverhalt bei einzelnen Verträgen den größten Bezug hätte, so wie es auch teilweise im Multimodalrecht der Fall ist (*vgl. Kap. 3.3.2*).

Diese Verweisungstechnik auf das nächstgelegene, subsidiäre Recht scheint für die gemischten Verträge der Systemdienstleister am sinnvollsten zu sein.

Fixkostenspedition – Bei der Fixkostenspedition gem. § 459 HGB wird zwischen dem Spediteur und Versender ein fester Preis für die Besorgung der Versendung vereinbart. Dieser Betrag schließt dann auch, neben der Transportorganisation, die operativen Beförderungskosten ein.[491] Hier gibt es in der Tat die größten Ähnlichkeiten mit einem Hauptfrachtführer, der sich eigener Unterfrachtführer bedient. Interessant und gewollt ist diese Vertragsalternative, weil sie dem Versender eine bessere Kalkulierbarkeit ermöglicht und so vor überraschend hohen Transportkosten schützt. Aber auch der Spediteur profitiert hiervon. So kann er zusätzliche Ersparnisse, etwa weil ein Frachtführer noch günstiger liefert wie anfangs geplant, als Extragewinn verbuchen.

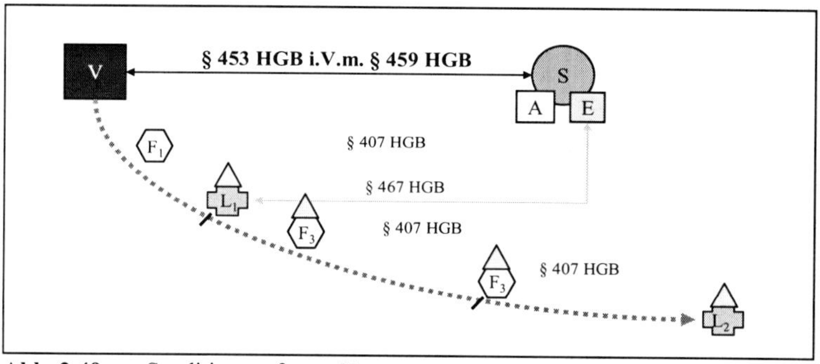

Abb. 2.49: Spedition zu festen Kosten

Obwohl der Spediteur nur die Organisation der Beförderung versprochen hat, schuldet er, kraft des § 459 S1 HGB, wie ein Frachtführer die Ortsveränderung als Erfolg. Somit ist es auch nur logisch, dass er für den Transport wie ein (*Haupt-*)Frachtführer haftet. Hierdurch wird größtenteils die Brisanz ob der Frage Fracht- oder Speditionsvertrag beseitigt. Doch gibt es immer noch ein gewisses Streitpotential. So etwa sind die frachtrechtlichen Leistungen zumeist nicht ganz deckungsgleich zu den typischen Spediteursleistungen. So bleibt ein schmaler Korridor durch § 454 II HGB für Leistungen

[491] Vgl. *Basedow, Aktualisierung Band 7a zu MüKo* S. 146 Rdnr. 2-3.

geöffnet, die trotz Fixkostenspedition immer noch der Speditionshaftung unterliegen können.

Selbsteintritt – In § 458 S1 HGB wird dem Spediteur das abdingbare Recht eingeräumt, die Beförderung ganz oder teilweise selbst durchzuführen. Er wäre so gleichzeitig Spediteur und sein „eigener" Frachtführer. Diese Konstellation kommt dem Konstrukt eines verbotenen In-sich-Geschäft sehr nahe, ist aber ausdrücklich erlaubt!

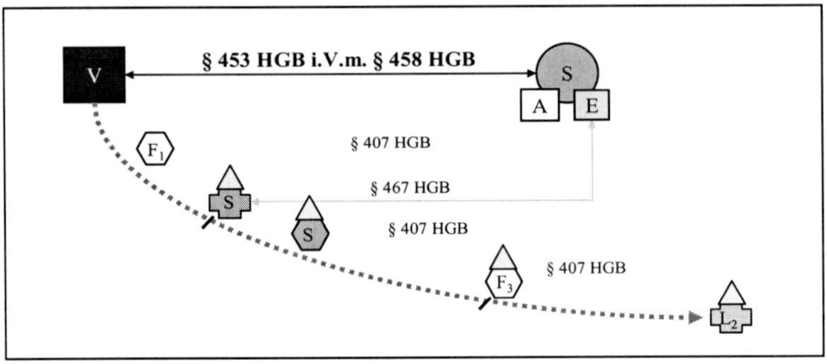

Abb. 2.50: Selbsteintritt des Spediteurs

Aus der Möglichkeit des Selbsteintritts und der aus dem Frachtrecht bekannten Möglichkeit der Beanspruchung von weiteren Unterfrachtführern durch den ersten Hauptfrachtführer besteht die Möglichkeit des unechten Selbsteintritts. An diesem Beispiel kann gut die vorzunehmende, notwendige Trennung zwischen dem Kernbereich der Spediteurspflichten und dem (*zusätzlichen*) Frachtrecht gezeigt werden. Der Spediteur könnte, falls er durch den Selbsteintritt ganz dem Frachtrecht unterliegen würde, als Frachtführer weitere Frachtführer mit dem Transport betrauen und so etwaige Differenzgewinne (*vgl. Fixkostenspedition*) für sich verbuchen. Diese Möglichkeit wird ihm aber versagt, da seine Kardinalspflicht zur Interessenwahrung des Versenders weiterhin besteht und er sich so einer Pflichtverletzung strafbar machen würde. Sie sorgt auch dafür, dass der Spediteur nur in den Fällen Transporte selbst durchführen darf, sofern er dies zu konkurrenzfähigen Preisen kann. Wäre es für seinen Versender vorteilhafter, er würde sich eines externen Frachtführers bedienen, so hat er dies auch zu tun! Weiterhin haftet er nur für die ausgeführte Beförderung als Frachtführer. Für seine

Leistungspflichten aus § 454 HGB haftet er weiterhin nach Speditionsrecht![492] So kann gesagt werden, dass sich Spediteur durch seinen Selbsteintritt ein zusätzliches Haftungsrisiko aufbürdet, für das er ansonsten gem. § 462 II S2 nur bei einem Auswahlverschulden einstehen müsste.

Sammelladungsspedition – Die Sammelladung ist die letzte juristische Ausnahme von der reinen Geschäftsbesorgung des Spediteurs. Sie ist praktisch der wirtschaftliche Hauptgrund für die Existenz mancher Spediteure, die durch das gezielte Zusammenstellen von Transportgütern Größendegressionseffekte erzielen. So minimiert sich sogar der Organisationsaufwand erheblich, da nicht mehr viele einzelne Transporte überwacht und gesteuert werden müssen. Bedeutender ist aber oftmals der bessere Nutzungsgrad des Laderaums durch konsequente Beilladung. So kommt dieses Geschäftsprinzip häufig bei „Milk-Runs“ sog. „Cross-Docking-Spediteure“ zum Einsatz. Hierbei sammeln die Spediteure schon während des Vorlaufs die Güter, sortieren sie im Lager ggfs. nochmals um, um sie anschließend gesammelt an die Kunden ihrer Versender auszuliefern. Dieses Prinzip hat sogar Vorteile für die Empfänger, denn für sie reduziert sich ebenfalls der Zeitaufwand für die In-Empfangsnahme erheblich.

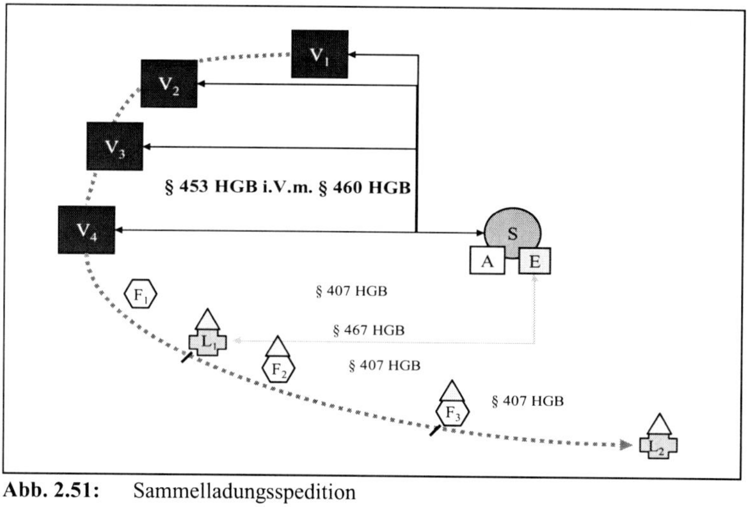

Abb. 2.51: Sammelladungsspedition

[492] Vgl. *Basedow, Aktualisierung Band 7a zu MüKo* S. 145 Rdnr. 6 - 9.

Um eine Sammelladung durchführen zu können, muss der Spediteur verschiedene Voraussetzungen erfüllen. So darf es ihm nicht untersagt sein, Sammelladeverkehre auf den Weg zu bringen.[493] Ferner muss es sich um ein planmäßiges Zusammenstellen von Transportgütern mehrerer Versender handeln. Sofern er die Beförderung jetzt selbst durchführt, würde er den Regeln des § 458 HGB über den Selbsteintritt als lex-specialis unterliegen. Sie kann aber mit der Fixkostenspedition kombiniert werden. Auch die Rechtsfolgen sind hier ähnlich. Hinsichtlich der Beförderung im Sammelverkehr untersteht der Spediteur wiederum dem allg. Frachtrecht (*vgl. Selbsteintritt*).[494]

2.10.1 Spediteurshaftung

Dreh- und Angelpunkt für die Spediteurshaftung ist der § 461 HGB, worin teils auf frachtrechtliche Haftungsgrundsätze, teils aber auch aus dem Lagerrecht bekannte Prinzipien Bezug genommen wird. Um § 461 HGB richtig einzuschätzen, darf man nicht die speziellen Verweisungen der §§ 458 – 460 HGB für transportbezogene Spediteursleistungen auf das allg. Frachtrecht vergessen. Somit steht fest, dass die §§ 461 II ff. HGB ausschließlich den geschäftsbesorgenden Spediteur im Blick haben.

Parallelität zum allg. Frachtrecht - Weitgehender Gleichlauf ist für die Leutehaftung des Spediteurs mit der des Frachtführers gegeben, indem § 462 HGB das Zurechnungsprinzip des § 428 HGB gänzlich auf den eingegrenzten Leistungsbereich des Geschäftsbesorgers übernimmt.[495] Auch die Eigenhaftung der Leute des Spediteurs wird in § 461 I S2 HGB weitgehend, bis auf Lieferfristüberschreitungen, an die des Frachtführers aus § 436 HGB angepasst. Um Missverständnissen vorzubeugen, muss der Leutehaftung trotzdem verstärkte Aufmerksamkeit zugestanden werden. So handelt es sich bei dem vom Spediteur beauftragten Unternehmen nicht um seine Erfüllungsgehilfen, wie es im Verhältnis Hauptfrachtführer zu Unterfrachtführer der Fall ist. Konsequenterweise muss er sich deren Fehler auch nicht zurechnen lassen. Sie werden nur in den Fällen §§ 458 – 460 HGB für den Beförderungsteil des Speditionsvertrags zu seinen Erfüllungsgehilfen!

---

[493] Vgl. *Basedow, Aktualisierung Band 7a zu MüKo* S. 148 Rdnr. 2.
[494] Vgl. *Basedow, Aktualisierung Band 7a zu MüKo* S. 148 Rdnr. 6.
[495] Vgl. *Basedow, Aktualisierung Band 7a zu MüKo* S. 153 Rdnr. 3 - 5.

Für die Verjährung bediente sich der Gesetzgeber gleich einer direkten Verweisung auf § 439 HGB, indem es seine entsprechende Anwendung anordnet.[496] In die Reihe der Parallelvorschriften reiht sich auch die Mitverschuldenshaftung des Versenders gem. § 461 III HGB ein, indem § 425 II HGB wortgetreu übernommen wird und an die Stelle des Absenders der Versender rückt.

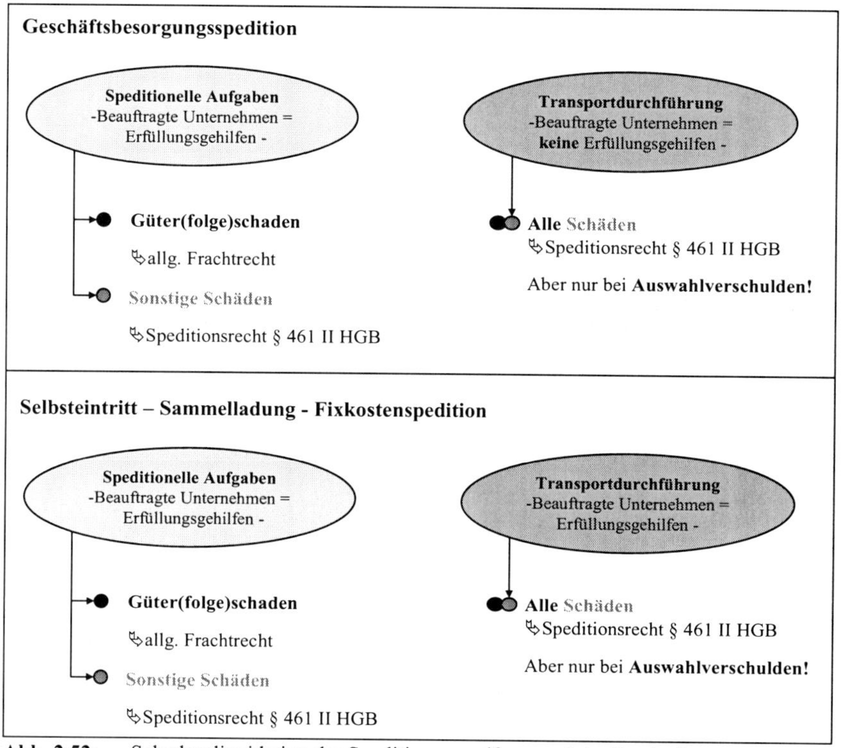

Abb. 2.52: Schadensliquidation der Speditionsgrundform und der Sonderformen

Das Haftungsrecht des § 461 HGB nimmt, ähnlich dem Lagerrecht, eine zweigliedrige Einteilung nach Schadensklassen vor. So wird zwischen Substanzschäden nach § 461 I HGB und allen anderen sonstigen Schäden unterschieden, die nach § 461 II HGB abgehandelt werden. Somit bedarf es bei vertraglichen Pflichtverletzungen nicht einer Anwendung der §§ 280 ff. BGB, wie es hierfür im Lagerrecht vorgesehen ist.

496 Vgl. *Basedow, Aktualisierung Band 7a zu MüKo* S. 154 Rdnr. 1.

2.10.1.1 Güter und Verlustschäden aus dem speditionellen Kernbereich

Der Spediteur haftet gem. § 461 I HGB für den Schaden, der durch Verlust oder Beschädigung des in seiner Obhut befindlichen Gutes entsteht, unter entsprechender Anwendung des allg. Frachtrechts für Substanzschäden. Hierbei handelt es sich um den zweiten Gleichlauf zum Frachtrecht der §§ 407 ff. HGB!

Eingangsvoraussetzungen – Die Ableitung eines Haftungsanspruchs aus § 461 I HGB folgt den Voraussetzungen, die es für eine Güterschadenshaftung nach § 425 I HGB bedarf. Natürlich müssen mancherorts die Gegebenheiten entsprechend angepasst werden, wie es schon in § 462 I S2 HGB gefordert wird. So liegt in der Abgrenzung des speditionellen Obhutszeitraumes besonderer Zündstoff für haftungsrechtliche Auseinandersetzungen, da hier nicht einfach nach den frachtrechtlichen Kriterien verfahren werden kann. Im Speditionsrecht beginnt die Obhut (*Haftungszeitraum*) mit dem Besitzerwerb und endet mit der Besitzaufgabe.[497] Die Idealkonstruktion des reinen Geschäftsbesorgers übernimmt aber eigentlich keine Obhut durch Besitzeinnahme, da er ja nur „vom Schreibtisch" aus agiert. Und doch berücksichtigt das Gesetz diese juristische Ausnahmesituation, da sie in der Realität sehr häufig vorkommt. Desöfteren offerieren Spediteure dem Versender nämlich die Transport-Kennzeichnung der Güter mit eigenen Leuten, weswegen hierdurch hervorgerufene Verluste mit dem Frachtrecht geregelt werden müssen.

Rechtsfolgen – Die Haftung lehnt sich im Ergebnis komplett an das Haftungsregime des allg. Frachtrechts für Güterschäden an, sodass hierauf verwiesen werden kann (*vgl. Kap. 3.1.3.1*), unter der Maßgabe, dass § 425 II HGB durch § 461 III HGB und § 428 durch 462 HGB ersetzt wird. Hierdurch haftet der Spediteur bei Erledigung seiner ureigensten Aufgaben im Kernbereich des § 454 HGB nach dem Frachtrecht grundsätzlich abgemildert verschuldensunabhängig.

2.10.1.2 Sonstige Schäden aus dem speditionellen Kernbereich

Richtet der Spediteur während der Durchführung seiner Kernaufgaben weitere Schäden an, die bloß zu reinen Vermögensschäden führen und die die Substanz der Güter vollkommen unbeschädigt lassen, folgt die Haftung § 461 II HGB. Denkbar sind hier massive Lieferfristüberschreitungen durch Verzögerungen bei

---

[497] Vgl. *Basedow, Aktualisierung Band 7a zu MüKo* S. 50 Rdnr. 3.

der Frachtführerauswahl. Die Sanktionierung erfolgt hier in unbegrenzter Haftungshöhe für vermutetes Verschulden des Spediteurs.[498] Es liegt also an ihm zu beweisen, dass ihm kein Verschulden i.S.d. § 347 HGB trifft.[499] Diese Exkulpationsmöglichkeit findet ihr Pendant in der Lageristenhaftung für Güterschäden (*vgl. Kap. 3.5.1.1*).

2.10.1.3 Schäden bei Transportdurchführung

Wie schon gesagt, haftet der Geschäftsbesorgungspediteur normalerweise nicht für die von ihm betrauten Fuhrunternehmer. Da er sich aber unter Umständen mit der Auswahl eines unseriösen Frachtführers eines Auswahlverschuldens gem. § 347 HGB schuldig gemacht haben könnte, muss die Möglichkeit einer Schuldzuweisung offen bleiben, da er die Interessen seines Versenders schützen sollte. In diesen Fällen werden auch Substanzschäden nicht auf § 461 I HGB verwiesen, da es an der nötigen Obhut des Spediteurs fehlte! Für sie haftet er wie für sonstige Schäden aus dem speditionellen Kernbereich. Dies gilt prinzipiell auch für Auswahlverschulden des Sammelladespediteurs oder auch beim Selbsteintritt, wenn die eigenen Spediteurs-Ressourcen einen fachgerechten Transport erkennbar nicht zuließen und hierdurch ein Schaden entstand.

2.10.2 Versenderhaftung

Die Versenderhaftung gestaltet sich sehr ähnlich zur Einlagerhaftung, nur dass der generelle Aufwendungsersatz im Speditionsrecht keinen Widerhall findet. So muss sich der Spediteur für freiwillige Vermögenseinbußen (*Frachtverträge, etc.*) über § 670 BGB am Versender schadlos halten.[500]

Unfreiwillig erlittene Schäden kann er über §§ 280 ff. BGB liquidieren, sofern sie nicht auf Verpackungs- und Kennzeichnungsfehler, einem Unterlassen der Gefahrmitteilung oder einem anderen Mitteilung- und Auskunftsmangel beruhen.[501] Basieren Schäden auf einer dieser drei Ursachen, wird für den gewerblichen Versender eine verschuldensunabhängige Haftung eingeführt, wie

---

498 Vgl. *Koller, Transportrecht* S. 762 Rdnr. 19.

499 Vgl. *Basedow, Aktualisierung Band 7a zu MüKo* S. 151 Rdnr. 8.

500 Krit. Vgl. *Basedow, Aktualisierung Band 7a zu MüKo* S. 141 Rdnr. 11 – Der vergisst, dass nur Schäden (unfreiwillige Vermögenseinbußen) unter die Haftungshöchstgrenze des § 414 II HGB fallen! – ansonsten wird diesen Ausführen gefolgt: vgl. *ebd.* S. 143 Rdnr. 8.

501 Vgl. *Fremuth, Kommentar zum Transportrecht* S. 468 f. Rdnr. 16.

es auch schon bei der Einlagererhaftung der Fall ist, nur dass § 455 HGB speziell auf die Belange eines Spediteurs ausgerichtet ist.[502] Sofern der Versender nach § 455 II HGB haften muss, ist - auch für den privaten Versender – die Haftungsbeschränkung des allg. Frachtrechts zugelassen.[503] Der bevorrechtigten Einlagererhaftung folgend werden natürlich auch außervertragliche Haftungsansprüche „neutralisiert", um dem Zweck der Haftungsbeschränkung nicht zuwiderzulaufen.

502 Vgl. *Basedow, Aktualisierung Band 7a zu MüKo* S. 140 f. Rdnr. 5 - 10.
503 Vgl. *Fremuth, Kommentar zum Transportrecht* S. 469. Rdnr. 19.

3 Die Phasen des Frachtgeschäfts

Die folgenden Ausführungen geben einen kurzen Überblick über die gesetzlich vorgesehenen Rechte und Pflichten des FF und seines Absenders sowie den Grundaufbau eines typisch innerdeutschen Transports auf der Straße. Leicht lassen sich die gewonnen Erkenntnisse aber auch auf alle anderen Verkehrsträger übertragen, da § 407 HGB intermodal und generisch konzipiert ist.[504] Auf die vielfältigen Möglichkeiten der Vertragsmodifizierung durch AGB und Individualabrede kann an dieser Stelle nicht eingegangen werden, sodass nur der gesetzliche „Normalfall" betrachtet wird. Werden solche Änderungen extra einbezogen, wissen die Vertragspartner ja gerade sehr gut um die geänderten Bedingungen und zusätzlichen Pflichten und können sich auf diese einstellen. Zu beachten ist hier besonders die AGB-Einbeziehungsproblematik (*vgl. Kap. 3.1.5*).

Der geneigte Leser erhält vielmehr Verhaltensanweisungen und eine Checkliste an die Hand, die ihm helfen wird, Transporte korrekt durchzuführen, ohne dabei in ein übermäßiges Regressrisiko zu geraten. Da durch die vorherige intensive Bearbeitung der Themen Frachtführer- und Absenderhaftung auch die drohenden Sanktionen klargestellt sind, kann der Interessent etwaige Konsequenzen eines pflichtwidrigen Handelns oder Unterlassens abschätzen. Dies ist wichtig, denn der Haftungsdruck als Sanktion weist praktisch die Stärke der Verpflichtung aus und schafft so erst das nötige Vertrauen in ein Transportgeschäft.

Das einfache Frachtgeschäft nach § 407 HGB kennt fünf Hauptphasen die für den Fortgang des Transportablaufs stehen. Phase sechs ist optional und hat die juristische Auseinandersetzung bei Streitigkeiten zum Gegenstand und folgt in der Regel auf die Entladung, da man hiernach häufig Schäden erst feststellt. Prinzipiell können jedoch Probleme zu jedem Zeitpunkt auftreten, sodass es während jeder Hauptphase zu Streitigkeiten über die Bewertung einzelner Sachlagen kommen kann.

---

[504] Vgl. *Basedow, Aktualisierung Band 7 a zu MüKo* S. 10 Rdnr. 19.

3.1 Phase 1: Vertragsanbahnung

Die Phase, beginnend mit den (*Vor-*)Verhandlungen bis hin zum späteren Vertragsschluss, ist für Juristen wie Kaufleute gleichermaßen interessant. Aus betriebswirtschaftlicher Sicht werden hier nicht unwesentlich die Weichen für den operativen Erfolg gestellt. Verhandlungsgeschick, Marktmacht und Informationen stellen die Grundlage für lukrative Vertragsergebnisse dar. Üblicherweise treffen hier konträre Interessenlagen zwischen Frachtführer und Absender aufeinander, die mehr oder weniger vertraglich ausgefochten werden. Die Palette möglicher Vertragsschlüsse reicht von langwierigen Verhandlungen mit schriftlichem Vertragsabschluss bis hin zum einvernehmlichen Handeln der Transportbeteiligten, was durchaus möglich ist, da ein Frachtvertrag grundsätzlich formfrei ist und nur auf einem Konsens zu beruhen hat (*vgl. Kap. 3.1*). Gemeinsames Merkmal der meisten Verhandlungsformen ist jedoch die unterschiedliche Interessenlage zwischen Absender und Frachtführer.

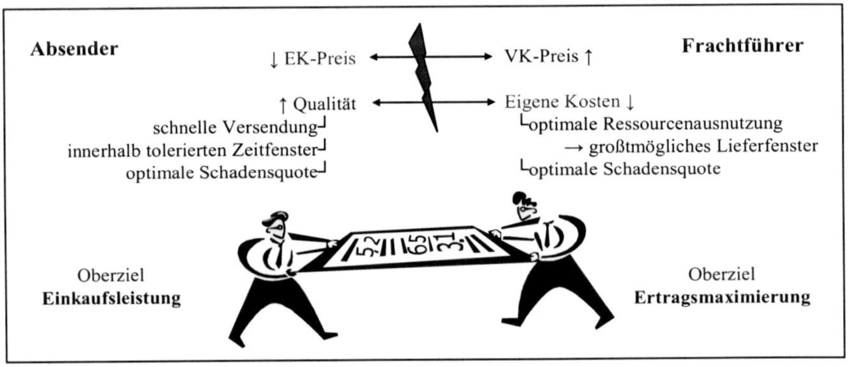

Abb. 3.1: Traditionell konträre Interessenlagen

Zwar geht allgemein in vielen Bereichen der Trend hin zu strategischen Partnerschaften zwischen den Unternehmen mit scheinbar gleichen wie gemeinsamen Zielen, doch bleibt auch hier trotz moderner Konzepte wie Supply Chain Management (*SCM*) die Grundregel von normativer Bedeutung: Die Verfolgung und Durchsetzung eigener Ziele! Der Absender wird generell bemüht sein, die benötigte Transportqualität zum niedrigsten Preis einzukaufen. Dies steht jedoch konträr zu den Bestrebungen des Frachtführers, der darauf bedacht ist, seine Leistungen so teuer wie möglich mit einer eigenen, minimalen Kostenstruktur anbieten zu können, um so den Ertrag zu maximieren. Doch nicht nur der Preis ist die einzige Stellgröße – für den Frachtführer könnte auch die Gewährung einer längeren Lieferzeit interessant sein, sodass er den Auftrag kostengünstig einplanen kann, bspw. im Sammelladungsverkehr. Dies steht natürlich oft den Absenderanforderungen entgegen, die ein immer präziseres Lieferintervall fordern, um bspw. ihre Kunden Just in Time (*JIT*) oder gar Just in Sequence (*JIS*) zu beliefern. Lieferungen vor oder nach dem vereinbarten Zeitfenster würden zu unnötigen Lagerungen oder gar Produktionsausfällen beim gewerblichen Empfänger führen.

Aus der juristischen Perspektive kommt es darauf an, beim potentiellen Vertragspartner keinen vorvertraglichen Schadensfall hervorzurufen. Der Frachtführer sollte sich also tunlichst nicht mit unhaltbaren Vertragsversprechungen in die Bredouille einer subjektiven, anfänglichen Unmöglichkeit gem. § 311 a BGB bringen (*vgl. Kap. 3.1.3.9*). Zwar dürfen die Vertragspartner mit „verdeckten Karten spielen" und brauchen demgemäß ihre Informationen nicht offen zu legen, doch sind sie unter Umständen für bewusst falsch gegebene Informationen haftbar.[505] So benötigt ein Frachtführer z. B. möglichst exakt die geplanten Sendungsdaten zur Angebotserstellung und Vorreservierung der eigenen Ressourcen.

3.2 Phase 2: Sendungsvorbereitung

Die Phase nach Vertragsschluss und vor Inobhutnahme zur Verladung durch den Frachtführer dient der beiderseitigen Sendungsvorbereitung. Absender wie Frachtführer müssen nun ihre vertraglich eingegangenen (*Neben-*)Pflichten nachkommen.

Absenderpflichten – Den Absender treffen in der Vorphase zum eigentlichen Transport zwei Hauptverpflichtungen: Die transportsichere Verpackung der zu versendenden Güter und die Erstellung sowie Beibringung der nötigen Begleitpapiere und Informationen.

Da der Frachtführer i.d.R. kein Warenfachmann ist, bürdet der Gesetzgeber es dem Absender auf, für eine transportsichere Verpackung Sorge zu tragen. Dies umschließt natürlich auch die Kennzeichnungspflicht, sodass einzelne Frachtstücke der Sendung und dem Empfänger zugeordnet werden können. Ob es sich hierbei nur um Obliegenheiten oder Pflichten des Absenders handelt, hängt von der Art des drohenden Schadens aus einer Nichtbeachtung ab. Hier gilt der Schutzpflichtgedanke: Die Verpackung als auch Kennzeichnung ist nur

---

[505] Vgl. BGH vom 20.9.1996 Nr. V ZR 173/95 in NJW-RR Jhrg. 1997 Heft 3 S. 144 – 145 | S. 145; vgl. auch BGH vom 26.9.1997 Nr. V ZR 29/96 in NJW Jhrg. 1998 Heft 5 S.302 – 305 | S. 302.

dann eine echte Absenderpflicht, wenn sie nötig sind, um den Frachtführer vor Schaden zu bewahren.[506] Falls eine mangelnde Transportverpackung lediglich zu Schäden an der Ware führt, wird es sich allein um eine Obliegenheit des Absenders handeln. Der Absender schuldet dem Frachtführer also nur eine transportsichere Verpackung, die den zu erwartenden normalen Transportbedingungen standhält, sodass keine Schäden beim Frachtführer zu erwarten sind.[507]

In jedem Fall eine echte Absenderpflicht ist jedoch die Beschaffung und Übergabe der benötigten Transporturkunden gem. § 413 I HGB, die der Frachtführer für einen sicheren und reibungslosen Transport benötigt. Die Pflicht ist eigenständig und leitet sich nicht nur aus einem entsprechenden Frachtführerrecht ab, sodass das Push-Prinzip zum Einsatz kommt: Der Absender hat aktiv von sich aus dafür zu sorgen, dass die benötigten Informationen und Dokumente dem Frachtführer bei der späteren amtlichen Behandlung vorliegen.[508] Es empfiehlt sich aber für den Absender nicht, bis zum spätest möglichen Zeitpunkt zu warten, da er ansonsten nicht mehr vom vielleicht vorhandenen Spezialwissen des Frachtführers profitieren kann, der bspw. ähnliche Verzollungen schon mehrfach durchgeführt hat und den Absender vor „falschen" Dokumenten warnen kann und soll. In dieselbe Kategorie, wenn auch mit noch drastischeren Konsequenzen (*vgl. Kap. 3.1.4.3*) zielt auch die Gefahrgutmitteilung gem. § 410 HGB. Der Absender muss hiernach rechtzeitig (*vor der Verladung!*) dafür Sorge tragen, dass der Frachtführer über die vom Transportgut ausgehende Beförderungsgefahr informiert wird – und dies immer dann, wenn das Gefahrenpotential eine anzunehmende Normalgefahr übersteigt. Somit werden nicht nur die klassischen Gefahrgüter aus den einschlägigen Gefahrgutvorschriften erfasst, sondern auch alle anderen potentiell transportgefährlichen Güter.[509] Zu informieren ist immer über die genaue Art der vom Gut ausgehenden Gefahr sowohl im Zweifelsfall auch über die zu ergreifenden Vorsichtsmaßnahmen, denn nicht immer kann davon ausgegangen werden, dass sich aus der Gefahrenkenntnis auch konkrete Sicherungsmaßnahmen ableiten lassen.

---

506 Vgl. *Koller, Transportrecht* S. 114 Rdnr. 1.

507 Vgl. *Fremuth, Kommentar zum Transportrecht* S. 71 Rdnr. 3.

508 Vgl. *Koller, Transportrecht* S. 160 f. Rdnr. 3.

509 Vgl. *Basedow, Aktualisierung Band 7 a zu MüKo* S. 24 f. Rdnr. 2.

Frachtführerpflichten – Im Vergleich zum Absender treffen den Frachtführer in dieser Phase keinerlei spezielle gesetzliche Verpflichtungen, wohl aber betriebswirtschaftliche Notwendigkeiten der weiteren Feinplanung. Diese ist nötig, will er die vereinbarten Termine der Verladung bzw. Auslieferung einhalten und sich so nicht einer späteren Lieferfristüberschreitung schuldig machen. Gegenüber der Lieferfristüberschreitung wird die reine Übernahmeverzögerung gesetzlich nicht sanktioniert, solange sie nicht zu einem Beförderungshindernis führt und vom Frachtführer ausgeht.[510] Aus wirtschaftlichen Gründen empfiehlt es sich jedoch trotzdem, den erwarteten Übernahmezeitpunkt einzuhalten, um den Kunden nicht zu verärgern. Doch nicht nur für den aktuellen Auftrag ist eine verbindliche Planung an dieser Stelle wichtig, sondern auch für andere potentielle Kundenaufträge, die sich noch in Phase 1 befinden.

Absenderrechte - Auch kann der Absender schon in dieser Phase von der Möglichkeit der nachträglichen Weisungserteilung gem. § 418 I HGB Gebrauch machen.[511] Der Frachtführer hat den Anweisungen, sofern beförderungsbezogen und ohne Schäden durchführbar, nachzukommen (*vgl. Kap. 3.1.4.9*).[512] Allerdings kann er hiervon vom Absender einen Vorschuss verlangen, da er diese unvorhergesehen Mehraufwendungen eventuell nicht genügend über sein Pfandrecht an der Ware absichern kann. Zum anderen kommt er so auch nicht in ungeplante Liquiditätsprobleme bei eigener knapper Kapitaldeckung.

Ein weiteres Absenderrecht, das direkt nach Vertragsschluss auf den Frachtführer einwirkt, ist das Kündigungsrecht nach § 415 I HGB, wonach der Absender jederzeit gegen eine Entschädigung vom Vertrag zurücktreten kann (*vgl. Kap. 3.1.4.7*). Dabei gilt für den Absender die Regel: Je früher er von einem Frachtvertrag zurücktritt, desto geringer wird die zu leistende Entschädigung ausfallen.

---

510 Vgl. *Koller, Transportrecht* S. 206 Rdnr. 5.
511 Vgl. *ebd.* S. 206 f. Rdnr. 6.
512 Vgl. *Baumbach / Hopt, Handelsgesetzbuch* S. 1269 f. Rdnr. 1.

3.3 Phase 3: Verladung

Mit der Verladung beginnt der eigentliche Transport, indem der Frachtführer die verpackten und gekennzeichneten Frachtstücke zur Beförderung in seine Obhut übernimmt (*vgl. Kap. 3.1.3*). Die Verantwortung für die Durchführung ist zwischen Absender und Frachtführer zweigeteilt.

Absenderpflichten – Der Absender und seine Leute haben im gesetzlichen Regelfall den größten physischen Anteil an der Verladung. Es ist nach § 412 I S1 HGB ihre Sache, die Transportgüter in das Fahrzeug des Frachtführers zu bringen und dort beförderungssicher zu befestigen.[513]

Frachtführerpflichten – Im Gegensatz zum Absender kennt sich der Frachtführer aber besser mit den zu erwartenden Transportverhältnissen aus und weiß um die Fahrzeugspezifika. Daher wird er in § 412 I S2 HGB angehalten, auf eine betriebssichere Verladung zu achten.[514] Hierzu gehört bspw., dass er die nötigen Befestigungsmittel wie Spanngurte oder Klemmeisen bereithält und vor Fahrtantritt die Befestigung überprüft. Auch darf das Fahrzeug nicht überladen werden oder dass Gut anderer Absender über Gebühr durch die Verladung gefährdet sein. Zusammenfassend lässt sich sagen, dass der Frachtführer darauf achten muss, dass ihm und Dritten durch die Absenderverladung kein Schaden entstehen kann. Sein Augenmerk richtet sich also nur indirekt auf die zu verladenen Waren, wenngleich er Verladefehler, die allein einen Güterschaden befürchten lassen, dem Absender aufgrund seiner vertraglichen Schutzpflichten melden muss.[515] Außerdem nimmt der Frachtführer im Zweifelsfall sonst das Risiko einer Inanspruchnahme für Transportschäden durch seine abgemilderte, verschuldensunabhängige Haftung in Kauf. Dann müsste er dem Absender im Nachhinein aus ungünstiger Position heraus einen verdeckten Verladefehler nachweisen.[516]

---

513 Vgl. *Fremuth, Kommentar zum Transportrecht* S. 71 Rdnr. 3.
514 Vgl. *Widmann, Kommentar zum Transportrecht* S. 16 Rdnr. 10 – 14.
515 Vgl. *Dörner / Schulze, BGB-Handkommentar* S. 193 Rdnr. 8.
516 Vgl. *Koller, Transportrecht* S. 137 Rdnr. 23.

Frachtführerrechte – Da der Frachtführer die Verladung nicht selbst vornimmt, hat er auch keinen direkten Einfluss auf die Dauer und Geschwindigkeit der Verladung. Lässt sich der Absender mit der Beladung allzu viel Zeit oder verzögert sie sich aus sonstigen, nicht vom Frachtführer zu vertretenden, Gründen, kann der Frachtführer vom Absender Standgeld gem. § 412 III HGB verlangen (*vgl. Kap. 3.1.4.6*). Schon deshalb sollte ein gewissenhafter Absender die Verladung nicht schuldhaft verzögern. Noch drastischer wirkt jedoch oftmals in den Fällen der Ladezeitüberschreitung das Frachtführerrecht auf Teilbeförderung, bzw. Kündigung nach verstrichener Fristsetzung gem. § 417 HGB gegen den Absender. Hat der Absender z. B. trotz Fristsetzung nur erst einen Teil der Waren verladen, kann der Frachtführer mit dem Transport bereits beginnen (*vgl. Kap. 3.1.4.8*). Der Absender kann dem jedoch durch Ausübung seines Weisungsrechtes entgegenwirken, sodass die Wirkung von § 417 III HGB deutlich eingegrenzt wird. Auf der anderen Seite ist der Anspruch auf Teilbeförderung sogar ein eigener Absenderanspruch gem. § 416 HGB, sodass beide Partner unter gewissen Umständen eine Teilbeförderung durchführen oder sie verlangen können.

Zu den weiteren Frachtführerrechten zählt außerdem das Recht auf Ausstellung eines vom Absender unterschriebenen Frachtbriefes gem. § 408 I S1 HGB. Natürlich kann auch der Absender schon von sich aus einen Frachtbrief ausstellen, um den Frachtführer entsprechend zu instruieren.[517] In jedem Fall muss der Frachtbrief die in § 408 I Nr. 1-12 HGB geforderten Angaben vollständig und wahrheitsgemäß enthalten, will sich der gewerbliche Absender nicht in die Gefahr einer verschuldensunabhängigen Haftungslage gem. § 414 HGB begeben (*vgl. Kap.3.1.4.2*). Deshalb wird es im Falle einer Frachtbriefausstellung auch meist im Absenderinteresse liegen, den Frachtbrief vom Frachtführer (*oder einem seiner Leute*) gegenzeichnen zu lassen.

Im Gegensatz zum einseitig unterschriebenen Frachtbrief entfaltet ein zweiseitig unterschriebenes Dokument eine erhöhte Beweiswirkung zugunsten des Absenders (*§ 409 I HGB*). Dieser kann jetzt sicher einen bestehenden Frachtvertrag sowie die Übernahme der Transportgüter durch den Frachtführer nachweisen.[518] Zu beachten ist die Vermutungswirkung des § 409 I HGB eines beiderseits unterschriebenen Frachtbriefs hinsichtlich Art und Menge der Sendung: Sie bezieht sich zunächst lediglich auf den geschlossenen

---

[517] Vgl. *ebd.* S. 85 f. Rdnr. 19.
[518] Vgl. *Müglich, Transportrecht & Logistikrecht* S. 36 f.

Frachtvertrag. Von einem „bloß“ beiderseitig unterschriebenen Frachtbrief geht keine erhöhte Vermutungswirkung hinsichtlich der tatsächlich übernommenen Güter aus! Der Frachtbrief begründet nur die Vermutung der Übernahme von Gut schlechthin, nicht aber bestimmter Güter in einem bestimmten Zustand.[519]

Sofern keine weiteren Eintragungen seitens des Frachtführers vorgenommen werden, geht man aber auch von einer leichten Indizwirkung aus der bestätigten Übernahme zugunsten der Absendereintragung aus.

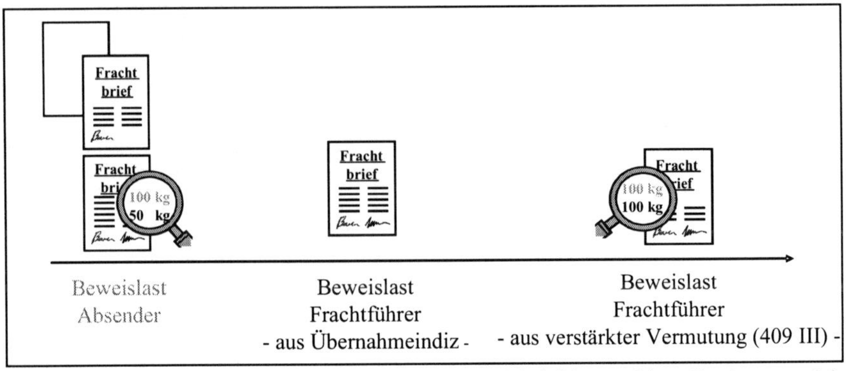

Abb. 3.2: Beweislastsituation bei unterschd. Frachtbriefeinsatz hins. Sendungsgewicht und Inhalt

Damit der Absender auch sicher ist, dass später kein Einwand seitens des Frachtführers hinsichtlich der wirklich übernommenen Menge und Art der Güter vorgebracht werden kann, kann er den Frachtführer gem. § 409 III S2 HGB zur Überprüfung verpflichten.[520] Genauso braucht aber auch der Frachtführer nicht anstandslos einfach seine Unterschrift gegen sich wirken zu lassen, denn er vermag ebenfalls selbsttätig zur Prüfung schreiten. In beiden Fällen kommt es auf das Prüfergebnis des Frachtführers an: Deckt sich das Sendungsgewicht und der Inhalt der Frachtstücke mit den Absender-Frachtbriefangaben, kommt diesen Frachtbriefangaben eine erhöhte (*qualifizierte*) Beweiswirkung zu, die später nur schwer zu erschüttern ist. Treten jedoch erhebliche Differenzen zutage und trägt der FF seine Prüfergebnisse in den Frachtbrief ein, so verliert die Frachtbriefangabe bezüglich Sendungsgewicht und Inhalt ihre einfach indizierte Beweiswirkung.[521] Der Absender steht praktisch so dar, als wenn er keinerlei dergestaltige Angabe gemacht hätte oder der Frachtbrief nur von ihm

[519] Vgl. *Koller, Transportrecht* S. 93 f. Rdnr. 4.
[520] Vgl. *Fremuth, Kommentar zum Transportrecht* S. 62 Rdnr. 12.
[521] Vgl. *Koller, Transportrecht* S. 101 Rdnr. 29.

unterschrieben worden wäre. Im Zweifelsfall muss nun der Absender beweisen, dass die Güter in der angegeben Menge auch verladen worden sind.

Es empfiehlt sich zunächst einmal immer noch einen Frachtbrief für den Frachtführer anzufertigen, da dieser dann einen Frachtvertrag nachweisen kann. Dann sollte jedoch auch der Absender den Frachtbrief vom Frachtführer gegenzeichnen lassen. So kann auch der Absender den Frachtvertrag nachweisen – der beidseitig unterschriebene Frachtvertrag strahlt zudem eine Indizwirkung auf das übernommene Sendungsrohgewicht aus. Dies bevorteilt wiederum leicht den Absender. Doch beide, Frachtführer wie Absender, haben ein Interesse an einer Überprüfung der Absenderangaben bez. Gewicht und Inhalt. Sie sollten den Frachtführer zu ihrer eigenen Sicherheit eine Überprüfung der diesbezüglichen Angaben durchführen lassen, um später nicht in Beweisnot zu geraten!

3.4 Phase 4: Streckentransport

Mit der Transportphase wird der Frachtführer erstmalig für den Absender richtig aktiv - sieht man einmal von seinen Vorbereitungs- und Kontrollaufgaben ab. Er muss nun dafür Sorge tragen, dass der Transport wie geplant ablaufen kann. Der Absender behält bis zur Ankunft der Transportgüter an der Ablieferungsstelle sein einseitiges Weisungsrecht sowie bis zum Ende der Beförderung sein jederzeitiges Kündigungsrecht. Erst direkt vor der Entladung geht das Weisungsrecht auf den Empfänger über.

Frachtführerpflichten – Der Streckentransport stellt die eigentliche Kern-Obhutszeit des Frachtführers für das Gut dar. Gerade in diesem Zeitraum unterliegt er der besonderen frachtrechtlichen Haftung (*vgl. Kap. 3.1.3.1*). Speziell für diese Zeitspanne ist auch § 419 HGB konzipiert, der dem FF Vorgaben macht, was im Falle eines Beförderungs- und Ablieferungshindernisses, zu tun ist. Theoretisch beschränkt § 419 HGB seine Gültigkeit nur einseitig bis zur vereitelten Entladung, sodass die Vorschrift mitsamt ihren Rechtsfolgen auch schon ab Vertragsschluss zum Einsatz kommen kann.[522] Ein Hindernis nach § 419 HGB liegt immer dann vor, wenn die Beförderung nicht mehr wie vereinbart vertragsgerecht durchgeführt werden kann.[523] Dabei spielt es auch keine Rolle, ob eine Alternativbeförderung mit einem anderen als dem vereinbarten Verkehrsmittel leicht möglich wäre. Entscheidend sind allein die Vertragsvereinbarungen, welche den FF je nach

522 Vgl. *Basedow, Aktualisierung Band 7 a zu MüKo* S. 42 Rdnr. 3.
523 Vgl. *Braun, Das Leistungsstörungsrecht nach dem TRG* S. 81 f. .

Ausgestaltung in seinen Dispositionsmöglichkeiten einschränken oder viel Freiraum gewähren. Stellt der FF nun ein mit eigenen Mitteln nicht zu behebendes Transporthindernis fest, muss er zunächst einmal den Verfügungsberechtigten ermitteln. Üblicherweise ist dies während des Transportes noch der Absender und nach Ankunft an der Zielstelle der Empfänger. Falls der Empfänger die Warenannahme verweigern sollte, bleibt natürlich der Absender verfügungsberechtigt.[524] In dieser Transportphase muss der FF also nun beim Absender nachfragen, wie er mit der Sendung weiter verfahren soll. In Frage kommt häufig die Rückbeförderung, die Bestimmung eines anderen Empfängers oder die Wahl eines anderen Transportmittels, mit dem die Beförderung schlechthin durchgeführt werden kann. Kann der FF ausnahmsweise den Absender nicht erreichen oder erhält er von ihm keine Anweisung, dann soll und darf der FF gem. § 419 III HGB selbständig im gewillkürten Interesse des Absenders handeln. Für seine Bemühungen erhält der FF natürlich, sofern er das Beförderungshindernis nicht zu verantworten hat, eine entsprechende Entlohnung (*vgl. Kap. 3.1.4.10*).

---

[524] Vgl. *Müglich, Das neue Transportrecht* S. 99 f. Rdnr 6.

3.5 Phase 5: Entladung

Mit der Ankunft des Transportgutes an der Ablieferungsstelle wird eine ganze Palette von neuen Pflichten, Rechten und Gegenansprüchen in Gang gebracht, die erstmalig in Phase 5 auftauchen. Zunächst kann es aber vor oder während der Entladung zu einem wie auch immer gearteten Ablieferungshindernis kommen, bei dem sich der FF wie gerade erläutert, Auskünfte vom Empfänger einholen und befolgen muss (*vgl. Kap. 4.4*).

Empfängerrechte - In diesem Zusammenhang würde der Empfänger dann sein Weisungsrecht gem. § 418 II S1 HGB ausüben, wodurch er fortan weisungsberechtigt ist. Zu seinen Befugnissen zählt natürlich auch die Benennung eines anderen Adressaten, sodass er den Transport zu einem anderen Empfänger weiterleitet – nicht umleitet! Er wird so zum neuen (*Zwischen-*) Absender.[525] Dem neuen Empfänger stehen prinzipiell dieselben Rechte zu wie dem Ursprungsempfänger, nur das er die Sendung gem. § 418 III HGB seinerseits nicht mehr weiterleiten kann. Vergütung für den Mehraufwand bezieht der FF über den neuen Absender, bzw. alten Empfänger, der die Weiterleitung veranlasst. Eventuell noch offene Anteile von der Ursprungsfracht muss dieser aber nicht begleichen, was die Sache des neuen Empfängers wäre. Diese Lösung ist pragmatisch und einleuchtend, da schließlich der neue Empfänger vom Transport profitieren kann, aber auch die Empfangsnahme ablehnen kann.

Steht schließlich einer Entladung nichts mehr im Wege, endet die frachtrechtliche Obhut des Frachtführers. Der Empfänger kann nun gegen Bezahlung der eventuell noch nicht beglichenen Fracht gem. § 421 I HGB die Entladung vornehmen.

Frachtführerrechte - Diese braucht der FF aber nur zu gewähren, bzw. zu ermöglichen, wenn er für seine Leistungen komplett vergütet wurde. Ansonsten kann er sein Pfandrecht am Transportgut gem. § 441 HGB ausspielen und dem Empfänger die Entladung verweigern. Der FF behält sogar, falls er einer Entladung trotz ausstehender Fracht zustimmt, noch weiterhin ein dreitägiges, gerichtliches Pfandrecht an der Ware gem. § 441 III HGB, solange der Empfänger im Besitz der Ware ist. So hat der FF sogar ein Pfandrecht auf die aktuelle Sendung, wenn bloß alte Frachten vom Absender unbezahlt sind![526]

---

525 Vgl. *Widmann, Kommentar zum Transportrecht* S. 26 Rdnr. 7.
526 Vgl. *Basedow, Aktualisierung Band 7 a zu MüKo* S. 81 Rdnr. 4.

Sein Pfandrecht am Transportgut erlischt jedenfalls, wenn alle offenen Posten aus Frachtverträgen mit dem Absender beglichen sind.

Frachtführerpflichten – Es ist nun Sache des Frachtführers, dem Empfänger die Entladung zu ermöglichen und nicht unnötig zu erschweren. Zwar endet der Idealtransport an der Empfängergrundstücksgrenze, welche die vertragliche Ablieferungsstelle markiert, doch ist er gehalten, auf Anweisungen zu reagieren und bspw. an einer Entladerampe anzudocken.[527]

Absenderpflichten – Der nun folgende Schritt der physischen Entladung ist gesetzlich nach § 412 I S1 HGB als Absenderpflicht ausgestaltet, da man in einem Vertrag zugunsten Dritter nicht den Empfänger mit einer absoluten Pflicht belegen kann. Der FF kann so gewiss sein, dass sein Fahrzeug entladen wird und ist nicht vom Empfängerwillen abhängig. Da normalerweise der Absender bei der Entladung nicht zugegen ist und hieran auch in den meisten Fällen kein Interesse hat – sonst hätte er den Frachtführer gar nicht erst mit den Transport zur Distanzüberbrückung beauftragt – wird der Empfänger die Entladung übernehmen. Der Empfänger schlüpft damit in die Rolle eines Erfüllungsgehilfen des Absenders.[528] Zu beachten ist natürlich, dass der Empfänger den Frachtführer nicht über Gebühr auf eine Entladung warten oder diese verzögern lassen darf, sonst macht er sich gem. § 412 II, III HGB standgeldpflichtig (*vgl. Kap. 3.1.4.6*)! Verursacht der Empfänger oder seine Leute Schäden am Transportgut, so sind sie allein dafür verantwortlich. Eine Inanspruchnahme des FF ist ausgeschlossen, da seine Obhutspflicht schon mit Beginn der Entladephase erloschen ist. Kurios aber durchaus stimmig mag auch die Lösung für durch die vom Empfänger verursachten Entladeschäden am Fahrzeug des FF oder seines sonstigen Transportguts erscheinen. Für diese Schäden ist der Absender als „Geschäftsherr des Empfängers" verantwortlich.

Gerade bei privaten Verbrauchern kommt es oft vor, dass diese nicht über die erforderlichen Gerätschaften zur Entladung verfügen, sodass der Fahrer selbständig oder auf Bitte des Empfängers bei er Entladung mithilft. Dies ist natürlich generell erlaubt, nur müssen sich Frachtführer, Fahrer und Empfänger darüber einig sein, welche Haftungskonsequenzen Entladefehler mit sich führen. Geschieht die Mithilfe gefälligkeitshalber oder unter alleiniger Leitung des Empfängers, so bleibt alles beim Alten. Der Absender/Empfänger ist weiterhin

---

527 Vgl. LG Hamburg vom 6.11.2000 Nr. 419 O 79/99 in TranspR Jhrg. 2001 Heft 7 S. 303 – 305 | S. 303 f.

528 Vgl. *Koller, Transportrecht* S. 138 Rdnr. 25.

für die Entladung verantwortlich. Anders verhält es sich, wenn der Frachtführer oder seine Hilfsperson ohne Wissen des Empfängers entlädt, wobei es dann natürlich nicht gerechtfertigt wäre, wenn der Absender/Empfänger die Verantwortung trägt.[529]

Dem Empfänger ist auf jeden Fall anzuraten, schon während des Entladevorgangs oder kurz danach eine Sichtkontrolle auf äußerlich erkennbare Schäden der Transportgüter in Gegenwart des Fahrers durchzuführen. Da es sich bei dieser ersten Sichtprüfung nur um äußerlich zu erkennende Beschädigungen oder Teilverluste handelt, muss hierzu auch nicht die Verpackung geöffnet werden.[530] Falls aufgrund des äußeren Zustands Zweifel ob eventuelle Schäden bestehen, sollten natürlich auch diese Güter stichprobenartig geöffnet werden.[531] Wenn bei dieser ersten Kontrolle bereits Schäden festgestellt werden, sollte der Empfänger unverzüglich eine formlose Schadensanzeige absetzen, am besten gegen den noch anwesenden Fahrer. So kann auch sofort ein Schadensprotokoll aufgesetzt und vom Fahrer unterschrieben werden, dass als starkes Beweisindiz zu Lasten des Frachtführers gilt.[532] Sollte der Fahrer bei der Kontrolle nicht mehr zugegen sein, empfiehlt es sich schnellstmöglich mit dem Frachtführer in Kontakt zu treten, diesem die Schäden zu melden wie auch Zutritt zu der noch unverändert belassenen Sendung zu gewähren. So können der Frachtführer oder eine von ihm beauftragte Person (*Sachverständiger*) sich so selber vor Ort vom Schadensstand überzeugen. Der geschädigte Empfänger hat dann gute Chancen, dass die Beweislast für einen Transportschaden auf den Frachtführer übergeht.[533] Zwar nimmt § 438 HGB zwischen gewerblichem und privatem Empfänger keine Unterscheidung vor, doch wirken die bestehenden Verbraucherschutzrechte des BGB für den privaten Empfänger, sodass diesem gem. § 476 BGB ohnehin eine Beweislastumkehr bis zu einem halben Jahr eingeräumt wird.[534]

Generell gilt aber losgelöst von der vertraglichen Hintergrundbeziehung zwischen Absender und Empfänger, dass der Frachtführer davon ausgehen kann, dass die Ware unbeschädigt – oder jedenfalls vertragskonform – ausgeliefert wurde, falls nicht unverzüglich eine Schadensanzeige bei ihm eingeht.[535]

---

529 Vgl. LG Hamburg vom 6.11.2000 Nr. 419 O 79/99 in TranspR Jhrg. 2001 Heft 7 S. 303 – 305 | S. 303 f.

530 Vgl. BGH vom 8.6.1988 Nr. I ZR 149/86 in TranspR Jhrg. 1988 Heft 10 S. 370 – 372 | S. 370.

531 Vgl. LG Memmingen vom 1.8.2001 Nr. 1 H O 2401/00 in NJW-RR Jhrg. 2002 Heft 7 S. 458 – 459 | S. 458.

532 Vgl. BGH vom 24.03.1976 Nr. IV ZR 222/74 in BGHZ Jhrg. 1966 S. 250 – 261 | S. 254.

533 Vgl. *Koller, Transportrecht* S. 502 f. Rdnr. 17.

534 Vgl. *Jauernig, Bürgerliches Gesetzbuch 2004* S. 586 Rdnr. 3.

535 Vgl. BGH vom 8.6.1988 Nr. I ZR 149/86 in TranspR Jhrg. 1988 Heft 10 S. 370 – 372 | S. 370.

Für äußerlich verdeckte Schäden räumt § 438 II HGB dem Empfänger zwar einen Rügezeitraum von sieben Tagen nach Ablieferung ein, doch wird durch Einhaltung dieser Anzeigefrist nicht sofort auch die Beweislast auf den Frachtführer verlagert.[536] Demnach bräuchte der Empfänger gegenüber dem Frachtführer nur zu behaupten, dass die Ware beschädigt gewesen sei. Da der Frachtführer praktisch keinen Gegenbeweis mehr antreten könnte, wäre er aufgrund seiner verschuldensunabhängigen Haftung fast immer ersatzpflichtig. Um hier nicht zu untragbaren Wertungswidersprüchen mit den allg. Beweislastregeln zu gelangen, wird vom Empfänger ein Beweis hinsichtlich eines Transportschadens gefordert. Somit erübrigt sich praktisch die Schadensanzeige nach § 438 II HGB für den Empfänger, außer er setzt auf die Kulanz des Frachtführers. Dem Empfänger ist demzufolge zu empfehlen, die Warenkontrolle genau zu dokumentieren und für Reklamationen Beweise zu sichern.

536 Vgl. *Fremuth, Kommentar zum Transportrecht* S. 294 Rdnr. 7.

3.6 Phase 6: Juristische Abwicklung

Die sechste Phase ist wie anfangs schon erwähnt optional und hat die Beilegung juristischer Streitigkeiten bei Gericht zum Gegenstand. In diesem Zusammenhang sind zwei Aspekte für die Vertragsparteien besonders von Belang: Der Gerichtsstand und die einzuhaltende Verjährungsfrist. Für beide Vertragspartner gilt hinsichtlich Beförderungsmängeln die verkürzte Verjährungsdauer des § 439 I HGB von einem, bzw. drei Jahren (*vgl. Kap. 3.1.3*). Innerhalb dieser Zeitspanne nach Ablieferung müssen die Geschädigten ihre Ansprüche vorbringen, sonst sind sie verwirkt. Trotzdem sollte so noch ausreichend Zeit bleiben, um Ansprüche geltend zu machen.

Doch nicht allein die Verjährungsfrage ist oft für das erfolgreiche Vorbringen einer Klage entscheidend. Genauso wichtig kann ebenfalls der Gerichtsstand werden, an dem man sein Begehren vortragen kann. Hier ist die Frage zu klären, an welchen Gerichtsort sich der Kläger zu wenden hat (*örtliche Zuständigkeit §§ 12 – 37 ZPO; Bsp.: München oder Hamburg*) und welche Art von Gericht er bemühen muss (*sachliche Zuständigkeit §§ 1 – 11 ZPO; Amtsgericht, Arbeitsgericht, ...*). Betreffend des örtlichen Gerichtsstandes offeriert § 440 HGB den Vertragsparteien für Rechtsstreitigkeiten aus einer Beförderung (*Frachtvertrag nötig!*) die Möglichkeit optionaler Gerichtsstände zusätzlich zu den anhand §§ 7 - 35 ZPO zu bestimmenden Gerichtsständen. Der aus der ZPO bestimmte Gerichtsstand wird durch § 440 HGB nicht verdrängt, vielmehr erhält der Kläger im Einklang mit § 35 ZPO ein Wahlrecht des Gerichtsstandes. So können sich die Parteien in jedem Fall am Übernahme- wie am Ablieferungsort verklagen.[537] Relativierend wirkt hier der Umstand, dass ein Gericht, welches seine örtliche Zuständigkeit verneint i.d.R. die Klage zum richtigen Gericht weiterleitet. Allerdings wird so die Verjährung nicht gehemmt und der Kläger unterliegt der Verjährungsgefahr.

---

[537] Vgl. *Fremuth, Kommentar zum Transportrecht* S. 321 Rdnr. 5.

4 Die Phasen des Lagergeschäfts

Auch der scheinbar einfache Lagervertrag bietet einige Fallstricke, um die man wissen muss, will man in der Praxis nicht über sie stolpern. Doch generell kann schon viel Bekanntes aus dem zum Frachtvertrag Gesagtem übernommen werden. Ebenso wie beim Frachtvertrag wird hier nur ausschließlich der gesetzliche Normalfall dargestellt, obzwar Modifikationen durch AGB und spez. Abreden eigentlich mehr der wirtschaftlichen Realität entsprechen. Da diese aber immer noch einer gewissen Kontrolle unterliegen ist nicht zu erwarten, dass sich die Rechtsverhältnisse in der Praxis komplett ändern.

4.1 Phase 1: Vertragsanbahnung

Wie auch schon beim Transportgeschäft währt die erste Phase von der Verhandlungsführung bis hin zum Moment des Vertragsschlusses. Einlagerer und Lagerist müssen sich über so grundsätzliche Vertragseckpunkte wie Preis und Lagermenge einig werden. Somit bleibt alles wie gehabt. Auch die vorvertragliche Vertrauenshaftung schwebt immer noch im Hintergrund, so dass man sich zwar egoistisch, aber nicht „unfair“ und bewusst schädigend verhalten darf (*vgl. Kap. 3.5.1.2; Kap. 3.1.3.9*). Zwischen Einlagerer und Lagerhalter besteht auf genereller Ebene ein ebensolcher Interessenskonflikt wie schon im Transportgeschäft, natürlich mit jeweils anderen Subzielen. So wird der Einlagerer neben dem Preis vor allem auf Größen wie Verfügbarkeit, Reaktionsgeschwindigkeit und Reservekapazität achten. Dem Lageristen liegt idealtypisch an langen, fixen Lagerzeiträumen und stetigen Lagerzu- und abgängen, damit er (*durch preispolitische Maßnahmen*) eine kontinuierlich hohe Auslastung erzielen kann. Der Lagernutzungsgrad und die vom Kunden geforderte Flexibilität stehen sich klassischerweise konträr gegenüber.

In der wirtschaftlichen Realität kristallisiert sich hinsichtlich der Abhängigkeit der Vertragspartner untereinander oft ein deutlicher Unterschied zum Transportgeschäft heraus: Die große Stabilität der Vertragsbeziehung, welche dem Lagergeschäft meist immanent ist. Häufig siedelt ein Lagerdienstleister mit neuen Lagerhallen direkt im Wunschgebiet seines Großkunden, um für diesen langfristig Lageraufgaben zu übernehmen. Doch nicht nur der Lagerhalter geht eine enge Bindung ein.

Vielfach gibt es im Zielgebiet des Einlagerers nicht viele Lageralternativen, sodass sich ein Lageristenwechsel als schwierig erweist. Die Standortfrage ist also beim Lagergeschäft von entscheidender Bedeutung, will man seine Kunden günstig und zeitnah mit Produkten versorgen.

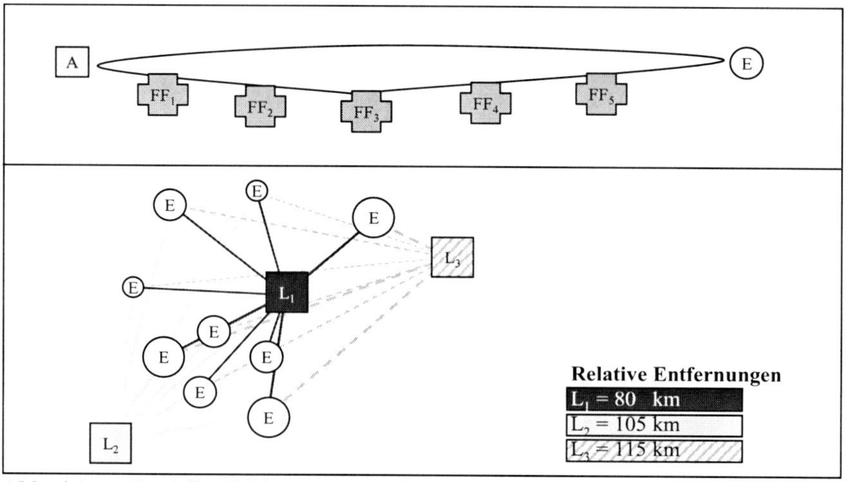

Abb. 4.1: Partieller Erklärungsansatz für die gegenseitige Abhängigkeit

Ganz anders im Frachtgeschäft. Bei den Transporteuren ist die Frage der Niederlassung nicht so wichtig, da es für den Frachtführer höchstens darauf ankommt, in der Nähe der Versendungsstrecke niedergelassen zu sein. Für die absolute Streckenlänge macht es keinen Unterschied, ob man nah oder weit entfernt vom Absender niedergelassen ist, wohl aber für die durchschnittliche Reaktionsgeschwindigkeit.

Durch diese technischen und wirtschaftlichen Gegebenheiten lässt sich das relativ enge Verhältnis zwischen Lageristen und seinem Einlagerer erklären. In der Realität wird diese Beziehung noch durch vom Lageristen durchgeführte Mehrwertdienste wie Warenkennzeichnung, Verpackung oder Retourenabwicklung verstärkt.

Lageristenpflicht - Doch auch beim Lagervertrag gibt es ein paar kleine, juristisch eigenständige Unterschiede zur frachtvertraglichen Vertragsanbahnung. So muss der Lagerist seinen privaten Einlagerer (*wirtschaftlicher Sonderfall*) gem. § 472 I HGB auf die Möglichkeit des Abschlusses einer Lagergutversicherung aufmerksam machen – und dies vor Einlagerung der Güter![538] In jedem Fall muss er, falls gewünscht, eine solche Versicherung abschließen. Es empfiehlt sich die Versicherungsvereinbarung schon in den eigentlichen Vertragsschluss miteinzubeziehen. Prinzipiell ist aber auch ein gesonderter Abschluss zu einem späteren Zeitpunkt noch möglich.

Daneben sollte es sich der Lagerhalter vom Einlagerer gem. § 472 II HGB gestatten lassen, die Lagergüter auch bei einem Dritten einlagern zu dürfen, falls er dies wünscht. Denn ansonsten sind nur er und seine Leute persönlich aufgrund des besonderen Vertrauensverhältnises zur Lagerung berechtigt.[539] Falls er hiergegen verstößt, handelt es sich um einen Fall der unberechtigten Substitution.[540] Er müsste für jeden Schaden einstehen, der durch die Weitergabe adäquat hervorgerufen wurde, gleichwohl ob es auf eine Vorhersehbarkeit oder auf ein Drittverschulden ankommt![541]

Gleichwohl für beide Vertragspartner interessant ist die optionale Bestimmung der Vertragsdauer gem. 473 I HGB, die auch indirekt Auswirkungen auf die Kündigungsdauer hat (*vgl. Kap. 5.3*). Die Vertragspartner, insbesondere aber der Einlagerer, haben nämlich die Möglichkeit, die Lagerdauer schon im Voraus zu bestimmen. Zu beachten ist für den Einlagerer aber, dass er sich so jegliches ordentliches Kündigungsrecht hinfortnimmt, was aber schlussendlich nicht weiter ins Gewicht fällt, da er seinen jederzeitigen Herausgabeanspruch behält. Für den Einlagerer gilt es somit, die subjektive Vorteilhaftigkeit einer fixen Lagerdauer gegenüber einer einmonatigen Kündigungsfrist zu ermitteln, um so zum idealen Kontraktergebnis zu gelangen. Bei den bereits angesprochenen strategischen Partnerschaften zwischen Lageristen und Einlagerer wird häufig auf eine unbestimmte Lagerdauer gesetzt oder sehr lange, verbindliche Lagerzeiten vereinbart.

---

538 Vgl. *Müglich, Das neue Transportrecht* S. 323 Rdnr. 2.
539 Vgl. *Basedow, Aktualisierung Band 7 a zu MüKo* S. 200 Rdnr. 11.
540 Vgl. *Baumbach / Hopt, Handelsgesetzbuch* S. 1328 § 472 Rdnr. 2.
541 Vgl. *Fremuth, Kommentar zum Transportrecht* S. 540 f. Rdnr. 8.

4.2 Phase 2: Vorbereitung

Gleich nach Vertragsschluss beginnt die Vorbereitungsphase, in der sich beide Partner auf die kommende Einlagerung vorbereiten können. So sollte der Lagerist Stellflächen und Lagerplätze für das neue Lagergut reservieren sowie Personal für die künftige Einlagerung einplanen. Der Einlagerer kümmert sich üblicherweise um den Transport der Ware hin zum Lageristen (*vgl. Kap. 3.5*). Natürlich kann diese Phase auch übersprungen werden, sofern es z.B. zu einem konkludenten Vertragsschluss durch Einlagerung zugesandter Ware durch einen Bestandskunden kommt, da wie schon beim Frachtvertrag Formfreiheit herrscht.[542] Zwar ist neben den schriftlichen auch ein mündlicher oder sogar ein konkludenter Vertragsschluss möglich, doch ist es zumindest dem Einlagerer sehr zu empfehlen, für eine schriftliche Empfangsquittung zu sorgen!

Einlagererpflicht – Die einschlägigen Einlagererpflichten für diese Phase sind zentral in § 468 HGB hinterlegt. So hat der Einlagerer dafür zu sorgen, dass der Lagerist rechtzeitig – also spätestens bis zur Einlagerung – schriftlich über mögliche Gefahren und zu treffende Vorsichtsmaßnahmen informiert ist. Darüber hinaus muss er dem Lageristen benötigte Begleitdokumente aushändigen sowie notwendige Auskünfte erteilen. Auch trifft dem Einlagerer eine Verpackungs- und Kennzeichnungspflicht, sodass die Waren eine Lagerung unbeschädigt überstehen können, was aber in der wirtschaftlichen Realität keine große Bedeutung hat, da die Lagergüter in aller Regel sowieso für den Transport zum Lagerhalter verpackt werden müssen. So übererfüllt sicherlich zumeist die Transportverpackung die Anforderungen an eine sachgerechte Lagerverpackung. Wahrscheinlicher ist, dass vielmehr vom Lagerhalter Teile der Transportverpackung (*Umschrumpfung*), die als Transportsicherung dienten, zur Eingangskontrolle oder Teilentnahme entfernt werden müssen. Dem privaten Einlagerer wird demgegenüber einiges von diesen Pflichten erlassen. So reicht für ihn eine einfache, formlose Gefahrmitteilung aus. Auch braucht er nicht für Verpackung und Kennzeichnung zu sorgen.

---

[542] Vgl. *Baumbach / Hopt, Handelsgesetzbuch* S. 1323 Rdnr. 8.

4.3 Phase 3: Einlagerung

Steht schließlich die physische Einlagerung an, ist es an dem Lageristen, seine Vertragsleistung zu erbringen, was er natürlich nur richtig kann, wenn der Einlagerer seinen Pflichten aus Phase 2 nachgekommen ist. Hauptsächlich sind vom Lageristen zwei Arbeitsschritte zu erledigen: Die Annahme und Kontrolle der angelieferten Waren sowie die eigentliche Einlagerung, die gesetzlich nicht gesondert geregelt wird.

Lageristenpflichten - Der Lagerhalter schuldet seinem Einlagerer die Empfangsnahme der Lagergüter, die er üblicherweise von einem zwischengeschalteten Frachtführer zu übernehmen hat. Durch § 470 HGB wird dem Lageristen die Pflicht zugesprochen, im Falle der äußeren Beschädigung von Lagergütern (*vgl. Kap. 3.5)* Schadensersatzansprüche seines Einlagerers gegen den Frachtführer zu sichern und ihm unverzüglich Nachricht zu geben. Als frachtrechtlicher Empfänger könnte er sogar eigenständig gegen den Frachtführer vorgehen, wäre hierzu wie auch zur Warenprüfung, nicht verpflichtet. Außerdem dient die Sichtprüfung auch seinem eigenen Interesse,[543] falls er – aus welchen Gründen auch immer – einen Lagerschein ausstellt. In diesem könnten gem. § 475 II HGB die Prüfergebnisse eingetragen werden.

Lageristenrecht – Genau in diesem Punkt liegt erhöhtes Streitpotential! Im Frachtrecht kann der Absender seinen Frachtführer zumindest durch einen von ihm ausgestellten Frachtbrief zur Quittierung der Empfangsnahme bewegen.[544] Im Lagerrecht stellt sich die Situation für den Einlagerer schlechter dar, da es hier kein vergleichbares Papier zum Frachtbrief gibt! Die Rolle der Empfangsquittierung übernimmt im Lagerrecht gem. § 475 c HGB der Lagerschein, welcher sich am frachtrechtlichen Ladeschein gem. § 444 HGB ausrichtet, der dort für den Empfänger bestimmt ist. Genau wie im Frachtrecht ist die Ausstellung eines Lagerscheins als ausschließliches Lageristenrecht (*dort Frachtführerrecht*) ausgestattet, wodurch dem Einlagerer faktisch das Recht auf eine qualifizierte Empfangsquittung versagt bleibt. Dies kann natürlich nicht überzeugen, weswegen es dem Einlagerer anzuraten ist, sich schon in Phase 1 über das Verfahren zur Erstellung eines Lagerscheins oder sonstigen Empfangsquittung gesondert mit dem Lageristen einig zu werden. Vorschläge,

---

543 Vgl. BGH vom 24.06.1964 Nr. Ib ZR 222/62 in VersR Jhrg. 1964 Heft 38 S. 1014 – 10016 | S. 1014 f.

544 Vgl. *Basedow, Aktualisierung Band 7 a zu MüKo* S. 21 Rdnr. 2.

einen Anspruch auf Quittierung mit den Grundsätzen aus Treu und Glauben abzuleiten, erscheinen dagegen nicht so sicher.[545]

Einlagererrecht - Falls man sich im Lagervertrag nicht über ein Ende der Lagerung geeinigt hat (*gesetzlicher Standardfall*)[546], haben die Parteien gem. § 473 HGB einen unbefristeten Lagervertrag geschlossen. Das Kündigungs-, nicht das sofortige Herausgaberecht, beträgt hier für beide Seiten einen Monat. Wenn sich die Vertragspartner auf einen befristeten Lagervertrag einigen, müssen sie das gesetzliche Paradoxon des § 473 I HGB (*abdingbar*) zum Vorteil des Einlagerers hinnehmen. So ist eine ordentliche Kündigung im Normalfall gar nicht erst erforderlich! Sofern nämlich der Einlagerer sein Lagergut hinausverlangt, endet mit der Rückgabe das Vertragsverhältnis und die Vergütung wird gem. § 699 BGB nur bis zum Auslagerungszeitpunkt fällig. Damit wird aus Sicht des Lageristen der Sinn eines fixen Lagerungsendes ad absurdum geführt, da es für seine Kunden nun leichter ist, vom Vertrag zurückzutreten. Einem Einlagerer ist also hinsichtlich eines späteren, unvorhergesehen Kündigungswunsches generell anzuraten, auf ein definiertes Vertragsende zu beharren. So umgeht er praktisch die einmonatige Kündigungsfrist. Der Lagerist kann dagegen normalerweise kein Rückgabeverlangen vorbringen, sodass er beim Auslagerungswunsch (*Vorlage eines lukrativeren Kundenauftrags*) bis zum Vertragsende warten müsste.

4.4 Phase 4: Lagerung

Bei der eigentlichen Lagerungsphase geschieht in technischer Hinsicht bis auf die anliegenden Routinekontrollen nicht viel, sofern es nicht zu unvorhergesehen Ereignissen kommt. Der Lagerhalter ist natürlich frei in seiner Entscheidung, dass Lagergut innerhalb seiner Lagerflächen umzulagern, etwa um eine Lagerzone gänzlich frei zu stellen.[547] Dies ist problemlos möglich, da ja gerade kein Lagervertrag mit Mietelementen geschlossen wird, bei dem der Einlagerer Anspruch auf einen ganz bestimmten Lagerplatz hat. Im Großen und Ganzen hat der Lagerist für die Erhaltung des Lagergutes zu sorgen – auch mit präventiven Mitteln.

---

545 Vgl. *Fremuth, Kommentar zum Transportrecht* S. 562 Rdnr. 14.
546 Vgl. *Müglich, Das neue Transportrecht* S. 324 f. Rdnr. 4.
547 Vgl. e*bd.* S. 535 Rdnr. 9.

Lageristenpflichten – Diese besondere Obhutspflicht gem. § 471 HGB stellt ja gerade die vertragliche Hauptleistung dar, die der Einlagerer vom Lagerhalter nutzen will. Er setzt i.d.R. auf das technische Wissen des Lagerhalters, dass dieser nicht nur Lagerfläche zur Verfügung stellt, sondern auch die nötige Sicherheit gewährleisten kann. Dies ist z.B. besonders bei kleinvolumigen und hochwertigen Geräten der Fall oder aber auch bei Medienerzeugnissen vor ihrem Erscheinungsdatum. So hat der Lagerist seinen Kunden vor bevorstehender Beschädigung seiner Waren zu warnen und nötigenfalls selbst schützend einzugreifen. Im Notfall und bei Gefahr in Verzug ist er sogar zum eigenmächtigen Verkauf der Ware im Interesse seines Einlagerers und zum Selbstschutz befugt. Diese Regelung ähnelt zwar sehr der Vorgehensweise bei bestimmten Transporthindernissen im Frachtrecht nach § 419 III HGB, hat aber verstärkt die Interessen des Einlagerers im Blick und nicht die des Lageristen.[548]

Einlagererrechte – Der Fürsorge für das Gut wird im Lagerrecht erhöhte Aufmerksamkeit geschenkt. Dies spiegelt sich auch im Recht des Einlagerers auf Besichtigung und Pflege der Lagergüter wieder. Ihm muss zu den üblichen Geschäftszeiten Einlass gewährt werden, damit er den Zustand seiner Waren kontrollieren und ggfs. Pflegemaßnahmen einleiten kann.[549] Im Normalfall wird er aber diese Tätigkeiten an seinen beauftragten Lageristen delegieren, der sich häufig auf die Lagerung bestimmter Warengruppen spezialisiert hat.

Zu beachten ist natürlich für beide Parteien die jeweilige Kündigungssituation. Bei Hinausverlangen des Einlagerers sollte beachtet werden, dass der Lagerist nicht gleich „alles stehen und liegen lassen muss“ und sich nur um die Auslagerung kümmert. Ihm ist ausreichend Zeit zu gewähren, allerdings darf er die Auslagerung auch nicht mutwillig verschleppen.[550]

---

548 Ähnlich *Müglich, Das neue Transportrecht* S. 321 Rdnr. 11.
549 Vgl. *Basedow, Aktualisierung Band 7 a zu MüKo* S. 197 Rdnr. 2f.
550 Vgl. *Müglich, Das neue Transportrecht* S. 324 Rdnr. 3.

4.5 Phase 5: Auslagerung

Mit der Auslagerung, egal ob geplant oder vorzeitig herbeigeführt, wird das Vertragsende markiert.[551] In diesem Zusammenhang wird der Unterschied zwischen frachtrechtlicher Ablieferung und lagerrechtlicher Auslieferung wichtig.[552]

Lageristenpflichten – Während es im Transportrecht bereits ausreicht, wenn der Frachtführer dem Absender/Empfänger die Entladung zumutbar ermöglicht (*vgl. Kap. 4.5*), so hat der Lagerist die Waren aktiv an einen geeigneten Übergabeort (*LKW-Rampe*) zu bringen. Es reicht nicht, wenn er dem Einlagerer Zutritt zum Lager gewährt, denn der Einlagerer ist auch bei der Auslagerung oft auf technische Hilfsmittel angewiesen. Die eigenmächtige Warenentnahme durch den Einlagerer würde vielmehr zu einem nicht mehr durchschaubaren Wirrwarr führen, denke man nur an die automatische, chaotische Hochregallagerung! Folgerichtig gehört die physische Rückgabe zu seinen wesentlichen Vertragspflichten, die er im Zweifelsfall auch zu beweisen hat.[553] Dies mag zum Teil auch erklären, warum der Gesetzgeber auf ein ausdrückliches Einlagererrecht zwecks Ausstellung eines Lagerscheins verzichtet hat (*vgl. Kap. 5.2*).

Lageristenrecht – Bei, oder genauer vor, Rückgabe der Ware kann der Lagerist seine vertragliche Vergütung vom Einlagerer verlangen, denn dieser ist spätestens jetzt hierzu gem. § 699 I BGB verpflichtet. Um nicht auf seinen Forderungen bei säumigen Kunden sitzen zu bleiben, wird dem Lageristen gem. § 475 b HGB ein Pfandrecht ähnlich dem frachtrechtlichen Vorbild eingeräumt (*vgl. Kap. 5.4*). So kann der Lagerhalter sogar wegen aller (*berechtigten*) inkonnexer Forderungen aus jeglichen Logistikverträgen mit seinem Kunden ein Pfandrecht geltend machen und die Ware zurückbehalten.[554] Wurde ein Lagerschein zur Order (*Herausgabe*) an jemand anderen ausgestellt, so genießt derjenige einen gewissen Schutz vor dem Pfandrecht des Lageristen.[555] Er kann im Zweifelsfall mit Bezahlung des im Lagerschein aufgeführten Lagerungspreises die Waren hinausfordern, ohne auf weitere Forderungen des Lageristen gegenüber dem Einlagerer Rücksicht zu nehmen. Hierdurch kann

551 Vgl. *Fremuth, Kommentar zum Transportrecht* S. 542 Rdnr. 3.
552 Vgl. *ebd.* S. 548 Rdnr. 3.
553 Vgl. BGH vom 2.2.1973 Nr. I ZR 8/72 in VersR Jhrg. 1973 Heft 15 S. 342 – 344 | S. 343.
554 Vgl. *Basedow, Aktualisierung Band 7 a zu MüKo* S. 211 Rdnr. 5.
555 Vgl. *Müglich, Das neue Transportrecht* S. 333 Rdnr. 5.

aber nicht systematisch das Pfandrecht des Lageristen ausgehebelt werden, wofür § 475 II HGB sorgt!

Wie auch schon bei der transportrechtlichen Übergabe sollte der Einlagerer oder einer seiner Leute die herausgegeben Waren überprüfen, denn zu diesem Zeitpunkt endet die Obhut des Lageristen.[556] Zur Beweissicherung empfiehlt es sich für den Einlagerer, die Kontrolle wenn möglich noch vor Ort durchzuführen und im Schadensfalle eine Schadensanzeige abzusetzen, damit gemeinsam die weitere Vorgehensweise abgestimmt werden kann.

4.6 Phase 6: Abwicklung

Deckt die durchgeführte Kontrolle lagerungsbedingte Beschädigungen auf und können sich die Parteien nicht über eine Entschädigung gütlich einigen, so kann der Einlagerer den Lageristen gerichtlich verklagen (*vgl. Kap. 3.5.1*). Dasselbe gilt natürlich auch für den Lageristen, der den Einlagerer aufgrund erlittener Schäden in Anspruch nehmen will.

Da das Lagerrecht des HGB wie auch das Verwahrungsrecht des BGB keine eigenständige Gerichtsstandregelung treffen, ist allein die ZPO bei der Bestimmung der örtlichen Zuständigkeit eines Gerichtes maßgeblich.[557] Falls keinerlei andere Abreden getroffen wurden, muss der Einlagerer wahrscheinlich das Gericht im Ortsbezirk des Lageristen (*vgl. §§ 17,29,32 ZPO*) oder dessen Niederlassung (*§ 21 ZPO*) anrufen.

Bei der Bestimmung der Verjährungsfrist zeigt sich das Lagerrecht in § 475 a HGB nur verhalten autonom. Es richtet die Verjährungsdauer für Beschädigungen und Teilverluste (*vgl. Kap. 4.6*) komplett am Frachtrecht (*§ 439 HGB*) aus, sodass vertragliche wie außervertragliche Ansprüche mit Lager- und Vertragsbezug einer regelmäßig einjährigen Verjährungsfrist (*ab dem Tag der Auslieferung*) unterliegen. Falls Vorsatz oder grobes Verschulden eine Rolle spielen, verlängert sich die Verjährungsdauer auf drei Jahre. Nur für Totalverluste musste eine Sonderregelung hinsichtlich des Verjährungsbeginns geschaffen werden – allerdings mit unveränderten Verjährungszeiträumen. So beginnt die Verjährung gem. § 475 a S2 HGB schon bei Bekanntmachung des Totalverlustes durch den Lageristen, da bei einem unbefristeten Lagervertrag schlecht auf ein hypothetisches Lagerungsende abgestellt werden kann.[558]

---

556 Vgl. *Baumbach / Hopt, Handelsgesetzbuch* S. 1329 § 475 Rdnr. 1.
557 Vgl. *Thomas/Putzo, Zivilprozessordnung* S. 50 f. Rdnr. 1-5.
558 Vgl. *Fremuth, Kommentar zum Transportrecht* S. 553 Rdnr. 7.

Literatur - Printmedien

Basedow, Aktualisierung Band 7a zu MüKo
Basedow, J; u. a.: Münchener Kommentar zum Handelsgesetzbuch – Band 7a Aktualisierungsband zum Transportrecht, München 2000.

Basedow, Münchener Kommentar zum Transportrecht
Basedow, J; u. a.: Münchener Kommentar zum Handelsgesetzbuch - Viertes Buch. Handelsgeschäfte §§ 407 - 457 Transportrecht, München 1997.

Baumbach / Hopt, Handelsgesetzbuch
Baumbach, A; Hopt, K: Handelsgesetzbuch mit GmbH & Co., Handelsklauseln, Bank- und Börsenrecht, Transportrecht (ohne Seerecht), , 31. neu bearb. und erw. Aufl., München 2003.

BGL, Texte für die Praxis
BGL (Hrsg): BGL-Texte für die Praxis, Frankfurt 2004.

BGL, VWZ 2002
BGL (Hrsg): Verkehrswirtschaftliche Zahlen (VWZ) 2002, Frankfurt 2002.

Braun, Das Leistungsstörungsrecht nach dem TRG
Braun, T: Das frachtrechtliche Leistungsstörungsrecht nach dem TRG - Eine Untersuchung der frachtrechtlichen Leistungsstörungstatbestände der $$ 407 ff HGB unter besonderer Berücksichtigung der Bezüge zum bürgerlichen Recht, zugl. Diss., München 2002.

Brüning-Wildhagen, Pfand- und Zurückbehaltungsrechte
Brüning-Wildhagen, U: Pfandrechte und Zurückbehaltungsrechte im Transportrecht, zugl. Diss., Hamburg 2000.

DAV, Haftungsrisiken beim Transport vermeiden
DAV (Hrsg.): Haftungsrisiken beim Transport vermeiden, Bonn 1998.

Didier, Risikozurechnung bei Leistungsstörungen
Didier, T.: Risikozurechnung bei Leistungsstörungen im Gütertransportrecht, zugl. Diss., Duisburg 2001.

Dörner/Schulze, BGB-Handkommentar
Dörner, H. [u.a,]; Schulze, R. (Schriftleitung): Bürgerliches Gesetzbuch – Handkommentar, 4. Auflage, Baden-Baden 2005.

Dubischar, Grundriß Gütertransportrecht
Dubischar, R: Grundriß des gesamten Gütertransportrechts, Frankfurt 1987.

Eckhardt, Die Rechtsstellung des Empfängers
Eckhardt, P.: Die Rechtsstellung des Empfängers im Frachtrecht, zugl. Diss., Hamburg 1999.

Eickelberg, Lückenfüllung Einheitstransportrecht
Eickelberg, J: Lückenfüllung im Einheitstransportrecht in Deutschland, England und den USA, zugl. Diss., Heidelberg 2004.

Erman, BGB I
Westermann, H. P. (Hrsg.): Bürgerliches Gesetzbuch Band I, 11. neubearb. Auflage, Köln 2004.

Erman, BGB II
Westermann, H. P. (Hrsg.): Bürgerliches Gesetzbuch Band II, 11. neubearb. Auflage, Köln 2004.

Fremuth, Frachtrecht
Fremuth, F.; Thume, K. H. (Hrsg.): Frachtrecht - Kommentar zu §§ 425 - 452 HGB, CMR, GüKG, KVO, AGNB und GüKOMB, Heidelberg 1997.

Fremuth, Kommentar zum Transportrecht
Fremuth, F; Thume, K. (Hrsg.): Kommentar zum Transportrecht - §§ 407 – 475 h HGB, CMR, WA und ADSp, Heidelberg 2000.

Gass, Das neue Transport- und Speditionsrecht
Gass, W.: Das neue Transport- und Speditionsrecht - Ein Überblick nach Verkehrsträgern, München 1999.

Giefers, Beweislast und Beweisführung
Giefers, P: Beweislast und Beweisführung bei der Haftung des Frachtführers nach der CMR, zugl. Diss., Frankfurt 1997.

Gröhe, Kabotage im Güterkraftverkehr in Italien
Gröhe, Ch. : Kabotage im Güterkraftverkehr in Italien, zugl. Diss., München 1995.

Gündisch, Absenderhaftung
Gündisch, N.: Die Absenderhaftung im Land- und Seetransportrecht, zugl. Diss., Hamburg 1999.

Hackert, Reichweite der Haftungsbegrenzung
Hackert, M: Die Reichweite der Haftungsbegrenzung bei sonstigen Vermögensschäden gem. § 433 HGB, zugl. Diss., Hamburg 2001.

Herber, Aktuelle Fragen Landtransportrechts
Herber, R (Hrsg.): Aktuelle Fragen des deutschen und internationalen Landtransportrechts, Nürnberg 1994

Herber, CMR
Herber, R; Piper, H: CMR Internationales Straßentransportrecht Kommentar mit Anhang Innerstaatliches Straßentransportrecht europäischer Staaten, München 1996.

Herber, Transportgesetze
Herber, R. (Hrsg): Transportgesetze - deutsche Gesetze, internationale Übereinkommen, 2. Auflage, München 2000.

Hinz, Frachtvertrag und Frachtführerhaftung
Hinz, R.: Frachtvertrag und Frachtführerhaftung - Eine Darstellung von Frachtvertrag und frachtvertraglicher Haftung für Güter und Verspätungsschäden im System des Allgemeinen Schuldrechts, zugl. Diss., Hamburg 2005.

Hübsch, Haftung des Güterbeförderers
Hübsch, M: Haftung des Güterbeförderers und seine selbständigen und unselbständigen Hilfspersonen für Güterschäden, zugl. Diss., Berlin 1997.

Jauernig, Bürgerliches Gesetzbuch
Jauernig, O. (Hrsg.): Bürgerliches Gesetzbuch - Kommentar, 10. neubearb. Auflage, München 2003.
Jauernig, Bürgerliches Gesetzbuch 2004
Jauernig, O. (Hrsg.): Bürgerliches Gesetzbuch - Kommentar, 11. neubearb. Auflage, München 2004.

Janßen, Die Reform des Frachtrechts
Janßen, R.: Die Reform des Frachtrechts: Auswirkung für die Strasse, Bahn und Binnenschifffahrt, zugl. Diss., Göttingen 2004.

Kehl, Haftung des Unterfrachtführers
Kehl, M: Die Haftung des Unterfrachtführers im Straßengüterverkehr, zugl. Diss., Münster 2004.

Klaus, Top 100 der Logistik
Klaus, P: Die Top 100 der Logistik, 3. Auflage, Hamburg 2003.

Köst, Juristisches Wörterbuch
Köst, E.: Juristisches Wörterbuch, 4. neubearb. Auflage, Bremen 1961.

Koller, Transportrecht
Koller, I.: Transportrecht, 5. neubearb. Auflage, München 2004.

Korf, Der Güterverkehr nach neuem Recht
Korf, W.(Hrsg): Der Güterverkehr nach neuem, Hamburg 1998.

Kropholler, Internationales Einheitsrecht
Kropholler, J.: Internationales Einheitsrecht – allgemeine Lehren, Tübingen 1975.

Krummeich, Fracht- und Speditionsrecht
Krummeich, K.: Fracht- und Speditionsrecht - Ein Praxishandbuch mit Kommentaren und Erläuterungen für den Straßengüterverkehr und die Spedition, 4. neubearb. Auflage, Düsseldorf 2003.

Kulke, Wirtschaftsgeographie Deutschlands
Kulke, E (Hrsg.): Wirtschaftsgeographie Deutschlands, Gotha 1998.

Maier, Industriegeographie
Maier, J: Allgemeine Industriegeographie, Stuttgart 2000.

M-Rehfueß, Das frachtvertragliche Weisungsrecht
Meyer-Rehfueß, M.: Das frachtrechtliche Weisungsrecht, zugl. Diss., Neuwied 1995

Müglich, Das neue Transportrecht
Müglich, A.: Das neue Transportrecht – Einführung in das TRG - Einführung, Kommentar, Texte, Köln 1998.

Müglich, Transportrecht & Logistikrecht
Müglich, A: Transport- und Logistikrecht, München 2002.

Nöcker, Beleglose Spedition
Nöcker, G: Die beleglose Spedition, zugl. Diss., Münster 2002.

Palandt, Kurz-Kommentar BGB
Bassenge, P; u. a.: Palandt – Bügerliches Gesetzbuch, 61. neu bearb. Aufl., München 2000.

Palandt, Kurz-Kommentar BGB - 63 A
Bassenge, P; u. a.: Palandt – Bügerliches Gesetzbuch, 63. neu bearb. Aufl., München 2002.

Pfeiffer, Das Aushandeln im Transportrecht
Pfeiffer, T.: Das Aushandeln im Transportrecht - Ein Beitrag zum Verhandeln im Recht, zugl. Diss., Berlin 2004

Rabe, Seehandelsrecht
Rabe, D.: Band 9 b - Seehandelsrecht, 4. neubearb. Auflage, München 2000.

Ritter, Wirtschaftsgeographie
Ritter, W: Allgemeine Wirtschaftsgeographie - Eine systemtheoretisch orientierte Einführung, 2. Auflage, Oldenburg 1993.

Rossmann, Schadensersatz nach §§ 421 I, 425 HGB
Rossmann, M.: Die Berichtigung zum Schadensersatz für Schäden am Frachtgut nach §§ 421 I; 425 HGB - Zugleich ein Beitrag zum Versendungskauf, zugl. Diss., Frankfurt 2004.

Roth, Handels- und Gesellschaftsrecht
Roth, G: Handels- und Gesellschaftsrecht - Das Recht des kaufmännischen Unternehmens, 4. Auflage, München 1994.

Rothe, Unvermeidbare Umstände und unabwendbare Folgen
Rothe, R.: Unvermeidbare Umstände und unabwendbare Folgen im internationalen Straßengüterverkehr – Eine Untersuchung zu Artikel 17 Abs. 2, 4. Fall CMR, zugl. Diss., Regensburg 1991.

Saur, Änderung der Haftungsgrundsätze
Saur, H: Die Änderung der Haftungsgrundsätze im Fracht-; Speditions- und Lagerrecht durch das Transportrechtsreformgesetz, zugl. Diss., Hamburg 1999.

Schmidt, Handelsrecht
Schmidt, K: Handelsrecht, 5. neu bearb. Aufl., Köln 1999.

Schuster, Haftung der –Frachtführer im deutschen Gütertransportrecht
Schuster, M: Haftung der teil-, Zwischen-, Samt- und Unterfrachtführer im deutschem Gütertransportrecht - Eine Untersuchung des deutschen Frachtrechts unter besonderer Berücksichtigung der Rechtsfigur des Ausführenden Frachtführers, zugl. Diss., Frankfurt 2002.

Seyffert, Haftung des ausführenden Frachtführers
Seyffert, W: Die Haftung des ausführenden Frachtführers im neuen deutschen Frachtrecht, zugl. Diss., Münster 2000.

Spangemacher, Handels- und Gesellschaftsrecht
Spangemacher, G; Spangemacher, K: Handels- und Gesellschaftsrecht, 7. Auflage, Achim 1990.

Staudingers, Kommentar zum BGB
von Staudingers, J. (Hrsg.); Jagmann, R.; Rieble, V.; Kaiser, D.: Kommentar zum Bürgerlichen Gesetzbuch mit Einführungsgesetz und Nebengesetzen, 14. neubearb. Auflage, Berlin 2001.

Thomas/Putzo, Zivilprozessordnung
Putzo, H. [u.a,]: Zivilprozessordnung, 26. neubearbeitete Auflage, München 2004.

Thume, Transport und Vertriebsrecht
Thume, K. H. (Hrsg.): Transport- und Vertriebsrecht 2000, FS, Neuwied 1999.

Weber, Betriebswirtschaftslehre
Weber, W.: Einführung in die Betriebswirtschaftslehre, 3. neu bearb. Auflage, Wiesbaden 1999.

Widmann, Kommentar zum Transportrecht
Widmann, H: Kommentar zum Transportrecht - §§ 407 - 475 h HGB und weitere fracht- und speditionsrechtliche Bestimmungen, 3. neu bearb. und erw. Aufl., Neuwied 1999.

Wieske, Transportrecht schnell erfasst
Wieske, T.: Transportrecht schnell erfasst, Berlin 2002.

Literatur – Zeitschriften / laufende Publikationen

BR-Drucks
Deutscher Bundesrat (Hrsg.): Bundesrat Drucksachen

371/97: Denkschrift zum Übereinkommen

368/97: Begründung zum Regierungsentwurf des TRG

BT-Drucks
Deutscher Bundestag (Hrsg.): Bundestag Drucksachen

13/8446: Gesetzentwurf der Bundesregierung – Entwurf eines Gesetzes zur Änderung der Haftungsbeschränkung in der Binnenschiffahrt

13/8445:

Handelsblatt
Verlagsgruppe Handelsblatt (Hrsg.): Handelsblatt Zeitung

Stölzle, W.: Es gibt noch einige lukrative Nischen; in Handelsblatt 25.05.2005 S. c01

JZ
Brandner, H-E., u.a. (Hrsg.): JZ – Juristenzeitung

Alisch, H.: Zur Kontrolle von allgemeinen Geschäftsbedingungen bei Verwendung im rein kaufmännischen Geschäftsverkehr; in JZ Jhrg. 1982 Heft 20 S. 706 – 709.

NJW
Hamm, R.; u.a. (Hrsg.): NJW – Neue Juristische Wochenschrift

Hensen, H-D.: Die Auswirkungen des AGB-Gesetzes auf den kaufmännischen Verkehr; in NJW Jhrg. 1987 Heft 33 S. 1986 – 1988.

Herber, R.: Die Neuregelung des deutschen Transportrechts; in NJW Jhrg. 1998 S. 3297 – 3308.

NJW-RR
Weber, H. (Hrsg.): NJW-Rechtssprechungsreport-Zivilrecht

TranspR
Herber, R. (Hrsg.): Transportrecht – Zeitschrift für das gesamte Recht der Güterbeförderung

Andresen, B.: Beförderung von Umzugsgut; in TranspR Jhrg. 1998/03 S. 97 – 100.

Bästlein, H-G.: Einbeziehung von Haftungsbeschränkungsklauseln in Transportverträge; in TranspR Jhrg. 2003/02 S. 61 – 66.

Czerwenka, B.: Globale Haftungsbeschränkung in der Binnenschifffahrt – Empfiehlt sich eine Revision der CLNI?; in TranspR Jhrg. 2005/04 S. 133 – 138.

Demuth, K.: Ist der Totalschaden als Verlust zu behandeln?; in TranspR Jhrg. 1996/07 S. 257 – 260.

Frantzioch, F.: Das neue Lagerrecht; in TranspR Jhrg. 1998/03 S. 101 – 106.

Fremuth, F.: Die Vorschläge des Kommissionsentwurfs für den Frachtvertrag; in TranspR Jhrg. 1997/02 S. 48 – 58.

Herzog, D.: Die Einbeziehung der ADSP in den Verkehrsvertrag; in Jhrg. TranspR Jhrg. 2001/06 S. 244 – 247.

Heuer, K.: Zur außervertraglichen Haftung des Frachtführers (und seines Kfz-Haftpflichtversicherers) für Güterfolgeschäden; in TranspR Jhrg. 2002/09 S. 334 – 335.

Koller, I.: ADSp´99 – Bedenken gegen Einbeziehung und Wirksamkeit nach AGBG; in TranspR Jhrg. 2000/01 S. 1 – 11.

Koller, I.: Nochmals: Einbeziehung der ADSp in Transportverträge; in TranspR Jhrg. 2001/09 S. 359 – 363.

Koller, I.: Rechtsnatur und Rechtswirkungen frachtrechtlicher Sperrpapiere; in TranspR Jhrg. 1994/05 S. 181 – 189.

Koller, I.: Reklamation sowie Ausschussfristen bei internationalen Lufttransporten mit gekoppelten Zubringerleistungen; in TranspR Jhrg. 2001/02 S. 69 – 72.

Koller, I.: Schadensverhütung und Schadensausgleich bei Güter- und Verspätungsschäden nach dem Montrealer Übereinkommen; in TranspR Jhrg. 2004/05 S. 181 – 194.

Rabe, D.: Auswirkungen des neuen Frachtrechts auf das Seefrachtrecht; in TranspR Jhrg. 1998/11 S. 429 – 440.

Ramming, K.: Die Entlastung des Frachtführers von seiner Haftung nach § 425 I HGB, in TranspR Jhrg. 2001/02 S. 1445 – 1447.

Ramming, K.: Probleme der Rechtsanwendung im neuen Recht der multimodalen Beförderung; in TranspR Jhrg. 1999/09 S. 325 – 345.

Ruhwedel, E.: Haftungsbegrenzungen und deren Durchbrechung im Luftrecht Oder: Die absolute Beschränkung der Haftung bei Schäden an Luftfrachtgütern; in TranspR Jhrg. 2004/04 S. 137 – 141.

Schmidt, R; Kehl, F.: Die Haftung des CMR-Frachtführers nach den Grundsätzen der culpa in contrahendo; in TranspR Jhrg. 1996/03 S. 89 – 92.

Theunis, J.: Die Haftung des Straßenfrachtführers bei der Ro/Ro-Beförderung; in TranspR 1990/07 S. 263 – 275.

Thyes, V.: Die Entwicklung des deutschen Binnenschiffahrtsrechts in den Jahren 1999 bis 2002; in TranspR Jhrg. 2003/06 S. 221 – 231.

VersR
Lorenz, E. (Schriftleitung): VersR – Versicherungsrecht / Juristische Rundschau für die Individualversicherung

Butzer, H.: Die Ermittlung des Ersatzwertes für Unikate im Frachtrecht; in VersR Jhrg. 1991 Heft 22 S. 854 – 860.

Koller, I.: Die Erstattungspflicht von Frachten, Zöllen und sonstigen Kosten gem. Art. 23 Abs. 4 CMR; in VersR Jhrg. 1989 Heft 1 S. 2 – 14.

Koller, I.: Die Haftung des Multimodalbeförderers beim bekannten Schadensort; in VersR Jhrg. 2000 Heft 28 S. 1187 – 1199.

Thume, K.: Die Rechte des Empfängers bei Vermischungsschäden in Tanks oder Silos als Folge verunreinigt angelieferter Güter; in VersR Jhrg. 2002 Heft 7 S. 267 – 272.

ZHR
Schmidt, K. (Hrsg.): Zeitschrift für das gesamte Handels- und Wirtschaftsrecht

Basedow, J.: Hundert Jahre Transportrecht: Vom Scheitern der Kodifikationsidee und ihrer Renaissance; in ZHR Jhrg. 1997 Bd. 161 S. 186 – 212.

Literatur - Internet

AA, Kopenhagener Kriterien 1993
Site: www.auswaertiges-amt.de; Auswärtiges Amt Deutschland; HTML; 01.06.05;
http://www.auswaertiges-amt.de/www/de/eu_politik/aktuelles/e_raete/kop_kriterien_html

BAG, CEMT-Genehmigungen
Site: www.bag.bund.de; Bundesamt für Güterverkehr; PDF; 01.06.05;
http://www.bag.bund.de/downloadcenter/pdf/cemt.pdf

BAG, Genehmigungserfordernisse
Site: www.bag.bund.de; Bundesamt für Güterverkehr; PDF; 01.06.05;
http://www.bag.bund.de/formulare/hinw_strassengueterverkehr.pdf

BAG, Liberalisierung 1999
Site: www.bag.bund.de; Bundesamt für Güterverkehr; PDF; 12.05.05;
http://www.bag.bund.de/downloadcenter/pdf/Liberalisierung.pdf

BAG, Marktbeobachtung Güterverkehr 2004
Site: www.bag.bund.de; Bundesamt für Güterverkehr; PDF; 31.05.05;
http://www.bag.bund.de/downloadcenter/pdf/Marktbeobachtung2004-2.pdf

BAG, Sonderbericht Deutschland – Polen 2001
Site: www.bag.bund.de; Bundesamt für Güterverkehr; PDF; 12.05.05;
http://www.bag.bund.de/downloadcenter/pdf/Sonderbericht_de-pl.pdf

BAG, Sonderbericht EU-Osterweiterung 2004
Site: www.bag.bund.de; Bundesamt für Güterverkehr; PDF; 12.05.05;
http://www.bag.bund.de/downloadcenter/pdf/Bericht_EUost.pdf

BAG, Sonderbericht Strukturwandel 2004
Site: www.bag.bund.de; Bundesamt für Güterverkehr; PDF; 12.05.05;
http://www.bag.bund.de/downloadcenter/pdf/sonderber_strukturwandel.pdf

BMVBW, Bahnreform
BMVBW (Hrsg.): Die Bahnreform;
Site: http://www.bmvbw.de;Bundesverkehrsministerium ; HTML ; 05.07.05 ;
http://www.bmvbw.de/Verkehr/Schiene-,1462/Bahnreform.htm

BGL, Daten & Fakten - Transportleistung
Site: www.bgl-ev.de; Bundesverband Güterkraftverkehr Logistik und Entsorgung e. V.; PDF; 01.06.05;
http://www.bgl-ev.de/images/daten/verkehr/transportleistung_tabelle.pdf

CMI, Status of Ratifications Hamburg Rules 1978
CMI (Hrsg.): Status of Ratifications of Maritime Convention – Hamburg Rules;
Site:http://www.comitemaritime.org; Comite Maritime International (CMI) ; HTML ; 28.06.05 ;
http://www.comitemaritime.org/ratific/uninat/uni02.html

CMI, Status of Ratifications H-VR
CMI (Hrsg.): Status of Ratifications of Maritime Convention – Hague-Visby Rules;
Site: http://www.comitemaritime.org; Comite Maritime International (CMI) ; HTML ; 28.06.05 ; http://www.comitemaritime.org/ratific/brus/bru06.html

CMI, Status of Ratifications Haager Rules
CMI (Hrsg.): Status of Ratifications of Maritime Convention – Hague Rules;
Site:http://www.comitemaritime.org; Comite Maritime International (CMI) ; HTML ; 28.06.05 ;
http://www.comitemaritime.org/ratific/brus/bru05.html

DNJV, Überblick Transportrecht 1998
Site: www.dnjv.org; Deutsch Nordische Juristenvereinigung; HTM; 20.05.05;
http://www.dnjv.org/transp.htm

DGTR, Vertragsstaaten CMR
DGTR (Hrsg.): Geltungsbereich der CMR 1956 & 1978;
Site: http://www.Transportrecht.org; Deutsche Gesellschaft für Transportrecht ; PDF ; 13.07.05 ; http://www.transportrecht.org/dokumente/CMRgeltung.pdf

EDA, Vertragsstaaten CMNI
UNECE (Hrsg.): Ratifizierungsstand Budapester Übereinkommen;
Site: http://www.eda.admin.ch; Eidgenössisches Departement für auswärtige Angelegenheiten; HTML ; 13.07.05 ;
http://www.eda.admin.ch/intagr/g/foreign/e_20021983.html

EDA, Vertragsstaaten CLNI
UNECE (Hrsg.): Ratifizierungsstand Straßburger Übereinkommen;
Site: http://www.eda.admin.ch; Eidgenössisches Departement für auswärtige Angelegenheiten; HTML ; 13.07.05 ;
http://www.transportrecht.org/dokumente/CLNI_Geltung.pdf

EG, Beitrittsakte 2003 – Anhänge V-XIV /Übergangsfristen Beitrittsländer
Site: www.europa.eu.int; Europäische Gesellschaften; PDF; 12.05.05;
http://europa.eu.int/comm/enlargement/negotiations/treaty_of_accession_2003/de/treaty_of_accession_2.htm

EG, Beitrittsakte 2003 – Anhang IV /Zollunion
Site: www.europa.eu.int; Europäische Gesellschaften; PDF; 12.05.05;
http://europa.eu.int/comm/enlargement/negotiations/treaty_of_accession_2003/de/pdf/3_beitrittsakte/aa00031-re03.de03.pdf

EG, Beitrittsakte 2003 – erster Teil
Site: www.europa.eu.int; Europäische Gesellschaften; PDF; 12.05.05;
http://europa.eu.int/comm/enlargement/negotiations/treaty_of_accession_2003/de/pdf/3_beitrittsakte/aa00003-re03.de03.pdf

EG, Kommissionsbericht zur Umsetzung der Kabotageverordnung
Site: www.europa.eu.int; Europäische Gesellschaften; PDF; 12.05.05;
http://europa.eu.int/eur-lex/lex/LexUriServ/site/de/com/2000/com2000_0105de01.pdf

EG, Erweiterung
Site: www.europa.eu.int; Europäische Gesellschaften; HTML; 12.05.05;
http://europa.eu.int/comm/enlargement/intro/criteria_de.htm#introduction

EG, Seekabotage 2003
Site: www.europa.eu.int; Europäische Gesellschaften; DOC; 01.06.05;
http://europa.eu.int/eur-lex/lex/LexUriServ/site/de/com/2003/com2003_0595de01.doc

EG, Vertrag zur Gründung der europäischen Gemeinschaft
Site: http://europa.eu.int/eur-lex/de; Europäische Gemeinschaften; HTML; 03.06.05;
http://europa.eu.int/eur-lex/de/treaties/selected/livre2_c.html

Eurostat EG, Entwicklung des Güterkraftverkehrs 90 - 02
Site: http://epp.eurostat.cec.eu.int; Statistisches Amt der Europäischen Gemeinschaften; PDF; 01.06.05;
http://epp.eurostat.cec.eu.int/cache/ITY_OFFPUB/KS-NZ-04-007/DE/KS-NZ-04-007-DE.PDF

IHK Regensburg, Verkehrsinfos 2004
Site: www.ihk-regensburg.de; IHK Regensburg; PDF; 01.06.05;
http://www.ihk-regensburg.de/publikationsdateien/Verkehrsinfos2004.pdf

IHK München, Güterkraftverkehr im erweiterten Europa
Site: www.ihk-muenchen.de; IHK München und Oberbayern; PDF; 01.06.05;
http://www.ihk-muenchen.de/internet/mike/ihk_merkblaetter/EU-Erweiterung715.pdf

ICAO, Vertragsstaaten WA 1929 / WA-HP 1955
ICA (Hrsg.): Vertragsstaaten Luftfahrtabkommen WA und WA/HP;
Site: http://www.icao.int ;International Civil Aviation Organization; HTML ; 13.07.05 ;
http://www.icao.int/icao/en/leb/wc-hp.htm

ICAO, Vertragsstaaten MÜ
ICA (Hrsg.): Vertragsstaaten Luftfahrtabkommen MÜ;
Site: http://www.icao.int ;International Civil Aviation Organization; HTML ; 13.07.05 ;
http://www.icao.int/icao/en/leb/mtl99.htm

IMO, LondHBÜ
IMO (Hrsg.): Status of Multilateral Convention and Instruments in Respect of which the international Maritime Organization or its Secretary-General performs depositary or other Functions as at 31.12.2003
Site: http://www.imo.org; International Maritime Organization (IMO) ; PDF ; 28.06.05 ;
http://www.imo.org/includes/blastDataOnly.asp/data_id%3D10439/8687.pdf

IMO, LLMC Circular Titles
IMO (Hrsg.): LLMC.3 Circular Titles;
Site: http://www.imo.org; International Maritime Organization (IMO) ; HTML ; 28.06.05 ;
http://imo.amsa.gov.au/public/circular-titles/llmc3.html

IMO, Summary of Conventions
IMO (Hrsg.): Summary of Status of Conventions as at 31.05.2005;
Site: http://www.imo.org; International Maritime Organization (IMO) ; ASP / HTML ; 28.06.05 ;
http://www.imo.org/home.asp

ISF, Top 20 beneficial owner countries
Site: http://www.marisec.org; International Shipping Organization (ISF) ; HTML ; 28.06.05 ;
http://www.marisec.org/shippingfacts/keyfactsbenowners.htm

IVR, IVR Kongress 2005
IVR(Hrsg.): IVR Kongress 2005 / Keynote Speaker
Site: http://www.ivr.nl; Abkürzung für IVR; HTML; 19.06.05;
http://www.ivr.nl/nieuws.php

Kommission, zur Auslegung der Zeitweiligkeit
Site: http://europa.eu.int; Europäische Kommission; PDF; 09.06.05;
http://europa.eu.int/comm/transport/road/policy/marketaccess/roadhaulage/doc/18612-de.pdf

Kommission, Richtlinienentwurf zur Dienstleistungsfreiheit
Site: http://europa.eu.int; Europäische Kommission; PDF; 09.06.05;
http://europa.eu.int/eur-lex/de/com/pdf/2004/com2004_0002de02.pdf

OTIF, Vertragsstaaten 1980
OTIF (Hrsg.): Vertragsstaaten COTIF/CIM 1980;
Site: http://www.otif.org ; Organisaion Intergouvernementale pour les Transports Internationaux Ferroviaires ; PDF; 13.07.05 ; http://www.otif.org/otif/_defpdf/COTIF-1980-ratifications_04.02.2004_fde.pdf

OTIF, Vertragsstaaten 1999
OTIF (Hrsg.): Vertragsstaaten COTIF/CIM 1999;
Site: http://www.otif.org ; Organisaion Intergouvernementale pour les Transports Internationaux Ferroviaires ; PDF; 13.07.05 ;
http://www.otif.org/otif/_defpdf/Prot-1999-ratifications_07.04.2005_fde.pdf

OTIF, Rechtsgrundlagen und Zielsetzung der Revision
OTIF (Hrsg.): Bericht des Zentralamtes über die Revision der COTIF durch das Änderungsprotokoll von 1999 (Protokoll von Vilnius);
Site: http://www.otif.org ; Organisaion Intergouvernementale pour les Transports Internationaux Ferroviaires ; PDF; 16.07.05 ;
http://www.otif.org/pdf_external/d/p_publr/rapport-octi-d.pdf

Trost, Haftungsbeschränkungsrecht in der Binnenschifffahrt
Trost, J.; Das neue Haftungsbeschränkungsrecht in der Binnenschifffahrt; John Pritchard (Hrsg.): Site: http://www.der-syndikus.de;HTML; 19.06.05;
http://www.der-syndikus.de/briefings/se/se_011.htm

UNECE, Vertragsstaaten CMNI
UNECE (Hrsg.): Budapest Convention;
Site: http://www.unece.org; United Nations Economic Commission for Europe; HTML ; 13.07.05 ; http://www.unece.org/trans/conventn/sc3_cmni_legalinst.html

WDB, Infobrief 2003
Site: www.bundestag.de/bic; Wissenschaftliche Dienste des Bundestages; PDF; 14.05.05; http://www.bundestag.de/bic/analysen/2003/2003_06_30_eu_beitritt.pdf

Wieske, Aktualisierung MÜ
Wieske, T.: Das Recht des internationalen Lufttransports – Das Montrealer Übereinkommen; Site: http://www.springer.de; Springer Verlag; PDF ; 13.07.05 ; http://www.springeronline.com/sgw/cda/pageitems/document/cda_downloaddocument/0,1090 0,0-0-45-124465-0,00.pdf

WKÖ, EU-Erweiterung 2004
Site: www.wko.at ; Wirtschaftskammer Österreich; PDF; 23.05.05; http://wko.at/eu/brosch/uebergangsfristen_2004.pdf

WKÖ, EU-Erweiterung 2004
Site: www.wko.at ; Wirtschaftskammer Österreich; PDF; 23.05.05; http://wko.at/eu/brosch/uebergangsfristen_2004.pdf

WKÖ, Die internationale Eisenbahngüterbeförderung
WKÖ (Hrsg.), Logotrans GmbH: Die internationale Eisenbahngüterbeförderung; Site: http://portal.wko.at ; Wirtschaftskammer Österreichs ; PDF; 16.07.05 ; http://portal.wko.at/wk/dok_detail_file.wk?AngID=1&DocID=353915&DstID=327&StID=1 82963